LATIN BY THE NATURAL METHOD

VOL. II

by

FR. WILLIAM MOST
Professor of Latin and Greek
at Loras College
Dubuque, IA

SECOND EDITION

MEDIATRIX PRESS

MMXV

ISBN: 0692590072

Reprinted and edited from *Latin by the Natural Method, Second Year* 1960.

Nihil Obstat:
Bernardus Henricus Kahill
Censor Librorum

Imprimatur
✠ Leo Binz
Archiepiscopus Dubuquensis
Die 22 Aprilis, 1960

TABLE OF CONTENTS

LECTIO PRIMA
Recensio

Summarium Narrationis Veteris Testamenti ex Ultimo Anno

Ultimo anno audivimus multas narrationes ex historia Romana, et legimus in Vetere Testamento, Legimus narrationes multas de creatione mundi, de Adam et Eva, qui erant primi parentes nostri et de peccato originali. Audivimus etiam quod Adam et Eva multos filios habuerunt: inter hos filios erant Cain et Abel. Hi viri, id est, Cain et Abel, fratres erant. Sed Cain interfecit fratrem suum Abel. Vidimus etiam narrationem de Noe et arca et diluvio maximo, quod super omnem terram venit. In libro nostro etiam erat narratio de turri Babylonica, et de Abraham, Isaac et Iacob. Filius unus huius viri Iacob erat Iosephus. Iosephus factus est vir magnus in Aegypto. Fratres Iosephi vendiderant eum ut esset servus in Aegypto, sed Deus auxilium dedit ei, et Iosephus magnam potestatem obtinuit.

Post mortem Iosephi venit alius rex in thronum Aegypti, qui nescivit Iosephum. Hic rex crudelis erat, et coegit Iudaeos laborare in laboribus duris. Deus autem voluit salvare populum suum, misitque Moysen ad eos. Moyses et frater eius Aaron multa miracula fecerunt in Aegypto. Rex ergo, multis miraculis visis (remember the ablative absolute? many miracles having been seen), permisit eis ut discederent ex Aegypto.

Filii Israel venerunt itaque ad Mare Rubrum. Moyses, manu extensa super mare, fecit miraculum maximum! Ecce, mare divisum est, ita ut filii Israel possent ambulare in terra per locum in quo mare fuerat.

Sed exercitus regis Aegypti secutus est Iudaeos in Mare Rubrum. Pharao enim, rex Aegypti, permiserat Iudaeis ut discederent, sed postquam dimisit, cor eius durum factum est, ita ut eos capere vellet. Moyses itaque, Deo monente, manum suam iterum super mare extendit, et ecce, Aegyptii omnes submersi sunt in aquis magnis Nemo remansit ex eis. Filii autem Israel Deum laudaverunt voce magna.

Usque ad hunc locum venit narratio nostra ultimo anno.

ultimus - last
legere - read
VT - Old Testament
peccatum - sin
filius - son
vir - man
frater - brother
interficiunt - kill
vidére - see
diluvium - flood
liber - book
turris - tower
vendere - sell
auxilium - help
dedit (dare) - give
ei (dat. of is) - to him
qui - who
nescire - not know
coegit (cogere) - force
durus - hard
autem - however
voluit (velle) - wish
salvare - save
-que (enclitic) - and
permittere - permit
discedere - depart
itaque - and so
manus - hand
extendere - extend
mare - sea
ambulare - walk
postquam - after
cor - heart
durus - hard
capiunt - seize
monére - advise
iterum - again
nemo - no one
laudare - praise
vox - voice

Veteribus Studeamus

Since you are probably a bit rusty from last summer, we are going to make things very easy for you. In the first twelve lessons, we shall review various things from the first year book. You may use the first year book to do that. The tape script will also help you to review. If you do not have tape machines, the teacher will read the pattern practices from the script for you.

For this lesson, let us review the following items (numbers in parentheses indicate the numbers of first year lessons, and the numbers of sections in the tape script).

The objective of the first three declensions; perfect indicative active, third singular and plural (4 A,C). Ablative of three declensions (3:5). Nominative of three declensions (6B).

Vocabularium

For the first four lessons, there will be no new vocabulary, so that you can review the vocabulary of first year. For this lesson, please go over the vocabularies of lessons 1 to 10 of first year.

LECTIO SECUNDA

De Murmuratione Populi in Deserto

Postquam Aegyptii mersi sunt in mari, Moyses populo suo imperavit ut iter facerent per desertum. Cum per tres dies fecissent iter, aquam ut biberent non invenerunt. Aqua enim quam invenerunt amara erat. Murmuraverunt itaque contra Moysen dicentes: "Quid bibemus?" Moyses autem oravit ad Deum, ostenditque ei Deus lignum. Cumque Moyses lignum in aquam amaram proiecisset, aqua dulcis facta est.

Cumque longius in desertum fecissent iter, populus Israel iterum murmuraverunt, videntes se non habere (remember indirect statement with objective and infinitive?) cibum. Interrogaverunt Moysen: "Quare duxisti nos in hunc locum desertum ut moriamur sine cibo?" Re vera Deus debuit punire eos ob hanc murmurationem sed Deus plenus misericordia (ablative after plenus) est, et eos non punivit, sed promisit cibum in abundantia. Vespere enim coturnices venerunt in maxima multitudine super castra Israelitica, et mane cibus mirabilis in terra iacebat. Populus videns hunc cibum mirabilem qui de caelo venerat exclamavit: "Manhu?" quod significat: "Quid est hoc?" Ignorabant enim quid esset. Moyses dixit eis: "Hic est panis quem Dominus vobis ut comedatis dedit." Et imperavit eis ut unusquisque colligeret unam mensuram huius cibi per singulos dies. Sed ut colligerent duas mensuras in die sexta, ante sabbatum. Hoc facientes, omnes satis cibi habebant. Si quis plus collegerat, amplius non habuit. Et si quis minus collegerat, nihilominus satis habuit. Moyses etiam imperavit ne servarent partem huius cibi in crastinum. Quidam ex Iudaeis non obediverunt, sed partem huius cibi servaverunt: sed cibus servatus coepit scatere vermibus, quia contra mandatum Moysi servaverant. Sed cibus quem servabant pro sabbato, non est corruptus, quia contra mandatum non erat servatus. Per annos quadraginta Iudaei comedebant hunc cibum, donec in terram promissam pervenerunt.

Profecta itaque est omnis multitudo filiorum Israel et venerunt in Raphidim. In illo loco non erat aqua ut populus biberet. Illi igitur iterum murmuraverunt contra Moysen dicentes: "Da nobis aquam, ut bibamus." Quibus respondit Moyses: "Quare

mersus - sunk
imperare - order (+dat.)
iter - journey
invenire - find
amarus - bitter
orare - pray
ostendere - show
lignum - wood, tree
proiciunt - throw
dulcis - sweet
longius - farther
cibus - food
quare - why
re vera - really
punire - punish
ob - because of
plenus - full (of)
murmuratio - murmuring
vespere - in evening
coturnix - quail
mane - in morning
iacére - lie (on the ground)
unusquisque - each one
colligere - gather
mensura - measure
quis - anyone
amplius - more
minus - less
crastinus - of tomorrow
coepisse - began
scatere - gush
vermis - worm
mandatum - command
donec - until
pervenire - arrive
proficisci - set out
igitur - therefore
tentare - tempt, try
cur - why

murmuratis contra me? Quare tentatis Dominum?" Cui populus respondit: "Cur fecisti nos exire de Aegypto, ut occideres nos et liberos nostros siti?" Clamavit autem Moyses ad Dominum dicens: "Quid faciam populo huic? Adhuc paululum, et lapidabit me." Et ait Dominus ad Moysen: "Antecede populum, et sume tecum quosdam seniores ex populo. Et porta tecum virgam qua percussisti fluvium. Ego autem stabo ibi tecum, ad montem Horeb: percutiesque petram, et exibit ex ea aqua, ut bibat populus." Fecitque Moyses sicut Deus imperaverat et aqua de petra venit et omnis populus bibere poterat.
Fere hoc tempore venit populus inimicus qui vocatus est Amalec, et pugnabat contra Israel in Raphidim. Dixitque Moyses ad Iosue: "Elige viros, et egressus pugna contra Amalec. Cras ego stabo in vertice collis, habens virgam Dei in manu mea." Fecitque Iosue sicut Moyses iusserat, et pugnavit contra Amalec. Moyses autem et Aaron, et Hur ascenderunt super verticem collis. Cumque levaret Moyses manus suas, vincebat Israel. Sin autem manus remisisset, vincebat Amalec. Manus autem Moysi graves erant. Sumentes igitur lapidem, posuerunt lapidem sub Moyse, ita ut sedére posset: Aaron autem et Hur tenebant manus eius ex utraque parte. Hoc modo Iosue vicit Amalec, interfecitque populum eius in ore gladii.

occidere - kill
sitis - thirst
adhuc - yet
paululum - a little
lapidare - stone
antecedere - go before
sumere - take
portare - carry
virga - rod
percutiunt - strike
fluvius - river
petra - rock
fere - about, almost
eligere - choose
egredi - go out
vertex - top
collis - hill
iussit (iubére) - order
levare - raise
sin - but if
remittere - let down
gravis - heavy, weary
lapis - stone
sedére - sit
uterque - each, both
pars - part, side
os, ore-mouth
gladius - sword

Veteribus Studeamus

For this lesson, let us review the following: Objective and ablative of 4th and 5th declensions (7A). Ablative without prepositions (7B). Present active infinitive and neuter plurals (9;10 A,B). Agreement of adjectives (11 B,C,D; 13,D,E,F).

Vocabularium

Please review the vocabularies of lessons 11 to 20 of first year.

LECTIO TERTIA
De Decalogo

Mense tertio postquam Israel egressus est de terra Aegypti, in solitudinem Sinai venerunt. Ibique Israel fixit tentoria ante montem Sinai. Moyses ipse autem ascendit montem ad Deum. Vocavitque eum Dominus de monte et ait: "Haec dices domui Iacob, et annuntiabis filiis Israel: Vos ipsi vidistis quae fecerim Aegyptiis, quomodo portaverim vos super alas aquilarum. Si ergo audiveritis vocem meam, et custodiveritis pactum meum, eritis mihi populus dilectus meus ex omnibus populis: mea est enim omnis terra. Et vos eritis mihi populus sacerdotalis et gens sancta." Venit ergo Moyses et convocatis omnibus maioribus ex populo explicavit eis omnia verba quae imperaverat Deus. Responderuntque maiores: "Omnia quae locutus est Dominus faciemus."

Moyses itaque retulit omnia verba populi ad Dominum. Qui dixit ei: "Nunc veniam ad te in caligine nubis ut audiat me populus loquentem ad te, et credat tibi in perpetuum. Vade itaque ad populum, et sanctifica illos hodie et cras, laventque vestimenta sua. Et sint parati in diem tertium. In die enim tertio, descendet Dominus coram omni plebe super montem Sinai. Constituesque terminos populo, et dices ad eos: Cavete ne ascendatis in montem, nec tangatis terminos illius. Omnis enim qui tetigerit montem, morte morietur. Sed cum coeperit clangere buccina, tunc ascendant in montem." Descenditque Moyses de monte ad populum et sanctificavit eum. Cumque lavissent vestimenta sua, ait ad eos: "Estote parati in diem tertium. Dominus enim loquetur in monte."

Iamque advenerat tertius dies, et mane inclaruerat; et ecce! coeperunt audiri tonitrua, ac micare fulgura, et nubes densissima operire montem, et clangor buccinae vehementer perstrepebat. Et timuit populus qui erat in castris. Cumque eduxisset eos Moyses ante Deum de loco castrorum, steterunt ad radices montis. Totus autem mons Sinai fumabat, quia descenderat Dominus super eum in igne, et ascendebat fumus ex eo quasi de fornace: eratque omnis mons terribilis. Et sonitus buccinae paulatim crescebat. Moyses loquebatur, et Deus respondebat ei. Descenditque

decalogus - decalog (10 commandments)
figere - fix
tentor, -ium - tent
quomodo - how
ala - wing
aquila - eagle
custodire - keep
pactum - covenant
dilectus - loved
sacerdotalis - priestly
gens - race, people
maiores - elders
retulit (ferre) - report
loqui-speak
caligo - mist
nubes - cloud
sanctificare - sanctify
cras - tomorrow
lavare - wash
coram - before
constituere - set
terminus - bounds
cavére - beware
tangere (tetigit) - touch
clangere - sound
buccina - trumpet
ait - he says (said)
estote (imperative) -be
mane - morning
inclaresco - shine
tonitruum - thunder
fulgur - lightning
micare - flash
operire - cover
clangor - sound
perstrepere - to sound
castra - camp
radix (root) - foot
fumare - smoke
ignis - fire;
fornax - furnace;

Dominus super montem Sinai in ipso montis vertice, et vocavit Moysen in verticem eius. Cumque ascendisset, dixit ad eum Deus: "Descende, et impera populo, ne forte velit trans terminos ire ut videat Dominum, et pereat ex eis magna multitudo. Tu autem et Aaron tecum ascendite, sed populus ne ascendat, ne forte interficiat illos Dominus." Descenditque Moyses ad populum, et omnia narravit eis.

sonitus - sound;
paulatim - gradually
crescere - grow
vertex - top
forte - by chance
perire - perish

Veteribus Studeamus

Let us review: Perfect passives and agent construction (14; 15; 16;). ablative absolutes (17).

Vocabularium

Please review vocabularies of lessons 21 - 30 of first year.

LECTIO QUARTA
Plura de Decalogo

Locutusque est Dominus cunctos sermones hos: "Ego sum Dominus Deus tuus, qui eduxi te de terra Aegypti, de domo servitutis. Non habebis Deos alienos coram me. Non facies tibi sculptile, neque omnem similitudinem rei quae est in coelo vel quae est in terra, vel quae est in aquis: non adorabis ea, neque coles. Ego enim sum Dominus Deus tuus fortis. Non assumes nomen Domini Dei tui in vanum: nec enim habebit Dominus eum insontem qui assumpserit nomen Domini Dei sui in vanum. Memento, ut diem sabbati sanctifices. Sex dies operaberis et facies omnia opera tua. Septimo autem die sabbatum Domini Dei tui est. Non facies omne opus in eo die, tu, et filius tuus, et filia tua, servus tuus et ancilla tua, iumentum tuum, et advena qui intra portas tuas est. Sex enim diebus (ablative of time within which) fecit Dominus coelum et terram, et mare, et omnia quae in eis sunt; et requievit in die septimo. Benedixit itaque Dominus diei sabbati, et sanctificavit eum. Honora patrem tuum et matrem tuam, ut sis longaevus super terram quam Dominus Deus tuus tibi dabit. Non occides. Non moechaberis. Non furtum facies. Non loqueris contra proximum tuum falsum testimonium. Non concupisces domum proximi tui: nec desiderabis uxorem eius, vel servum, vel ancillam, vel bovem, vel asinum , vel alia quae eius sunt."

Cunctus autem populus videbat fulgura et tonitrua, audivitque sonitum buccinae, viditque montem fumantem. Et perterriti ac terrore percussi, steterunt procul. Dixeruntque Moysi: "Loquere (passive imperative form) nobis, et audiemus. Ne loquatur nobis Dominus, ne forte moriamur."

Et ait Moyses ad populum: "Nolite timére. Ut enim probaret vos venit Deus, et ut terror illius esset in vobis, et non peccaretis." Stetitque populus de longe. Moyses autem accessit ad caliginem in qua erat Deus. Dixit praeterea Dominus ad Moysen: "Haec dices filiis Israel: Vos vidistis quod de coelo locutus sim vobis. Non facietis deos argenteos nec deos aureos facietis vobis."

Deus etiam multa alia mandata Moysi dedit. Post quae venit

cunctus - all
sermo - word
educere - lead out
servitus - slavery
sculptile - statue
similitudo - likeness
res - thing
colere - worship
assumere - take
habére - have, consider
insons - innocent
memento - remember
sanctificare - sanctify
operari - work
opus - work
ancilla - maidservant
iumentum - beast
advena-stranger
benedicere (w. dat) - bless
intra - within
porta - gate
requiescere - rest
longaevus - long-lived
occidere - kill
moechari - commit adultery
furtum - theft
proximus - neighbor
concupiscere - desire
uxor- wife
bos - ox
asinus - ass
cunctus - all
sonitus - sound
perterriti - terrified
percussus - struck
procul - far off
nolite - do not
probare - test
peccare - sin

Moyses et plebi omnia verba Domini narravit. Responditque omnis populus una voce dicens: " Omnia verba Domini, quae locutus est, faciemus." Scripsit autem Moyses universos sermones Domini; et mane consurgens, aedificavit altare ad radices montis. Cumque sacrificia obtulissent, assumpsit Moyses partem sanguinis de sacrificio, et aspersit populum dicens: "Hic est sanguis foederis, quod pepigit Dominus vobiscum."
Post haec ascenderunt Moyses et Aaron, Nadab et Abiu, et septuaginta de senioribus Israel, et Deum Israel viderunt. Dixitque Deus ad Moysen: "Ascende ad me in montem, et dabo tibi tabulas lapideas, et legem, ac mandata quae scripsi, ut doceas eos." Surrexerunt Moyses et Iosue minister eius, ascendensque Moyses in montem Dei, ait senioribus: "Expectate hic donec revertamur ad vos. Habetis Aaron et Hur vobiscum: si quid quaestionis (if any question: literally what?) erit, referetis ad eos." Cumque ascendisset Moyses, operuit nubes montem, et habitavit gloria Domini super Sinai, tegens montem nube per sex dies. Septimo autem die vocavit eum Deus de medio caliginis. Erat autem species gloriae Domini quasi ignis ardens super verticem montis in conspectu filiorum Israel. Moyses autem fuit in monte quadraginta dies et quadraginta noctes. Deditque Dominus Moysi duas tabulas lapideas, scriptas digito Dei.

accedere - approach
caligo - cloud
praeterea - besides
argenteus - of silver
aureus - golden
consurgere - rise
aedificare - build
obtulit (ferre) - offer
sanguis - blood
aspergere - sprinkle
foedus - covenant
pepigit - pledged
septuaginta - 70
senior - elder
tabula - tablet
lapideus - of stone
hic - here cover
surgere - get up
donec - until
reverti - return
operire - cover
tegere - cover
species - appearance;
quasi- as if
conspectus - sight
quadraginta - 40
digitus - finger

Veteribus Studeamus

Let us review: Possessive case (18). Hic and ille in three cases (19 B; 21 A—only first section of 21 A). Present indicative active, third singular and plural; pluperfect indicative (24 A). Is and idem in three cases (25).

Vocabularium

Please review vocabularies of lessons 31 - 40 of first year.

LECTIO QUINTA

De Vitulo Aureo

Videns autem populus quod moram faceret Moyses in monte, ad Aaron venerunt, dixeruntque: "Fac nobis deos, qui nos praecedant: Ignoramus quid acciderit Moysi." Dixitque ad eos Aaron: "Tollite inaures aureas de auribus uxorum filiarumque vestrarum, et afferte ad me." Fecitque populus quae iusserat, afferens inaures ad eum. Quae cum ille accepisset, fecit ex eis vitulum conflatilem. Populusque dixit: "Hic est deus tuus, Israel, qui te eduxit de terra Aegypti." Quod cum vidisset Aaron, aedificavit altare coram vitulo, et per praeconem clamavit dicens: "Cras solemnitas Domini est."

Aaron haec faciens probabiliter voluit facere imaginem veri Dei, et non imaginem falsi dei, vel idolum. Imago enim vituli probabiliter significavit fortitudinem Dei fortis. Certe, Aaron peccavit haec faciens, quia Deus imperaverat omnibus ne facerent imagines Dei—sed peccatum minus est facere imaginem veri Dei quam facere idolum et adorare idolum. Quidam enim scriptores putaverunt Aaron et populum Israel voluisse facere et adorare idolum. Sed hoc probabiliter, sicut diximus, non est verum. Sed revertamur ad narrationem nostram.

Locutus est autem Dominus ad Moysen dicens: "Vade, descende, peccavit populus tuus, quem eduxisti de terra Aegypti. Discesserunt cito de via quam eis ostendisti, feceruntque sibi vitulum conflatilem, et adoraverunt, atque immolantes ei victimas laudaverunt eum et dixerunt: 'Hic est Deus tuus, Israel, qui te eduxit de terra Aegypti.' Video quod populus hic durae cervicis sit. Dimitte me, ut irascatur furor meus contra eos, et deleam eos, faciamque te in gentem magnam."

Moyses autem orabat Dominum Deum suum, dicens: "Cur, Domine, irascitur furor tuus contra populum tuum, quem eduxisti de terra Aegypti in fortitudine magna, et in manu forti? Ne dicant Aegyptii: 'Callide eduxit eos, ut interficeret in montibus, et deleret e terra.' Quiescat ira tua, et esto placabilis super nequitia populi tui. Recordare Abraham, Isaac, et Israel servorum tuorum, quibus iurasti per temetipsum, dicens: 'Multiplicabo semen vestrum sicut stellas coeli: et universam terram hanc, de qua

mora - delay
praecedere - go before
ignorare - not know
accidere - happen
tollere - take
inaures aureas - gold ear rings
vitulus - calf
conflatilis - molten

dii - gods
praeco, -onis, - herald
fortitudo - strength

scriptor - writer
sicut - as

cito - quickly
ostendere - show
immolare - immolate
laudare - praise
durus - hard, stiff
cervix - neck
dimittere - let go
irasci - be angry
delére - destroy
orare - pray
irasci - be angry
callide - cleverly
quiescere - come to rest
esto - be (imperative)
placabilis - appeased
super (+ abl) - in regard to
nequitia - wickedness

locutus sum, dabo semini vestro, et possidebitis eam semper.'" Placatusque est Dominus, ne faceret malum, quod locutus fuerat adversus populum suum. Et reversus est Moyses de monte, portans duas tabulas testimonii in manu sua, scriptas ex utraque parte. Et cum Moyses appropinquavisset ad castra, audivit voces cantantium, et vitulum vidit. Iratusque valde, proiecit de manu tabulas, et eas ad radicem montis confregit. Eripiensque vitulum quem fecerant, in ignem coniecit, et contrivit usque ad pulverem. Et stans in porta castrorum, ait: "Si quis est Domini, sequatur me." Congregatique sunt ad eum omnes filii Levi. Quibus Moyses ait: "Haec dicit Dominus Deus Israel: Assumite gladium, et interficite proximos et amicos vestros qui vitulum conflatilem coluerunt.!" Feceruntque filii Levi sicut Moyses imperaverat, cecideruntque in die illa fere tria millia hominum.

Proximo die locutus est Moyses ad populum: "Peccavistis peccatum maximum. Ascendam ad Dominum, ut pro vobis orem." Reversusque Moyses ad Dominum, ait: "Oro te Domine, peccavit populus hic peccatum maximum, feceruntque sibi deum aureum, Sed rogo te, aut dimitte eis hoc peccatum, aut, si non vis dimittere, dele me de libro tuo quem scripsisti." Cui respondit Dominus: "Qui peccaverit mihi, delebo eum de libro meo. Tu autem discede, et duc populum hunc in locum de quo locutus sum tibi. Angelus meus praecedet te. Ego autem in die ultionis puniam hoc peccatum eorum."

Post haec Deus iterum locutus est ad Moysen, dixitque: "Praecide duas tabulas lapideas similes prioribus tabulis, et scribam super eas verba quae habuerunt tabulae quas fregisti. Et esto paratus mane, ut ascendas statim in montem Sinai, stabisque mecum super verticem montis. Nullus ascendat tecum, nec videatur quisquam per totum montem." Moyses praecidit itaque duas tabulas lapideas sicut antea fecerat. Et ascendit in montem Sinai, sicut praeceperat ei Dominus, portavitque secum tabulas. Cumque descendisset Dominus per nubem, stetit Moyses cum eo, invocans nomen Domini.

Locutusque est Dominus multa cum Moyse, imperavitque ut scriberet verba legis in tabulis. Fuit ergo ibi cum Domino quadraginta dies et quadraginta noctes. Panem non comedit, et aquam non bibit. Et scripsit in tabulis decem verba foederis. Cumque descenderet Moyses de monte Sinai, tenebat duas tabulas

recordari (w. poss.) - remember (imperative)
iurare - swear
temetipsum - yourself

multiplicare - multiply
semen - seed descendants
stella - star
possidére - possess
placare - appease
adversus (w. obj.) - against
testimonium - testimony
portare - carry
appropinquare - approach
cantare - sing
proicere - throw forth
confringere - break
radix - root
arripere - seize
conterere - crush
pulvis - dust
Si quis. . . if anyone belongs to the Lord as
sumere - take
gladius - sword
cadere - fall
orare - pray
mille - 1000
ultio - vengeance
punire - punish
tabula - tablet
lapideus- of stone
prior - former
praecidere - cut
frangere - break
statim - at once
quisquam - anyone, someone
antea - before
nubes - cloud
invocare - call on

foederis, et ignorabat quod gloriosa esset facies sua claritate quia cum Deo fuerat. Videntes autem Aaron et filii Israel faciem Moysi gloriosam, timuerunt prope accedere. Vocatique ab eo, reversi sunt. Et postquam locutus est ad Aaron et principes populi venerunt ad eum etiam omnes filii Israel, quibus praecepit omnia quae audierat a Domino in monte Sinai.

quadraginta - 40
panis - bread
foedus - covenant
facies - face
claritas - brightness
prope - near
accedere - approach
praecipere - command

Veteribus Studeamus

Let us review Qui and relative clauses (26). Quidam, ipse and sui in three cases (27). Present indicative passive, third singular and plural; deponent verbs; passive infinitives (29;31 A). Dative case (30).

Vocabularium

Please review vocabularies of lessons 41-46 of first year, and learn the following words:

accedere, -cessit, -cessus - approach ait - he says laudare, (1)* - praise orare, (1) - pray portare, (1) - carry possidére, -sedit, -sessus - possess praecidere, -cidit, -cisus - cut proiciunt, (3), -iecit, -iectus - cast forth or out	statim-at once nubes, -e (poss. pl ium) magna-cloud quisquam, quidquam (quicquam) - anyone, someone

*The number 1 means that a verb has the regular parts of first conjugation: -are, -avit, -atus)

Notice that these vocabularies may be repeating words that you already know. For if you went beyond lesson 64 in first year, some of these words, and the words in the following vocabularies will be old to you.

LECTIO SEXTA
De Rebellione Core

Quidam vir erat ex tribu Levi, cuius nomen erat Core. Hic cum ducentis quinquaginte aliis, surrexit contra Moysen et dixit ad eum: "Iam satis te audivimus! Non solummodo tu, sed omnis multitudo sancta est, et Dominus est in ipsis. Cur vis te ipsum elevare super populum Domini?" Quod cum audisset Moyses, cecidit in faciem suam, locutusque ad Core et ad omnem multitudinem: "Mane," ait, "notum faciet Dominus qui pertineant ad se. Hoc igitur facite: Tollat unusquisque thuribula sua, tu, Core, et omne concilium tuum, et accipite incensum et ignem, et ponite incensum super ignem coram Domino. Et quem elegerit Dominus, ipse erit sanctus."
Dixitque rursus ad Core: "Audite filii Levi. Nonne satis vobis est quod separavit vos Deus Israel ab omni populo, et iunxit sibi, ut serviretis ei in cultu tabernaculi, et staretis coram omni populo, et ministraretis Deo?" Proximo die locutus est Moyses ad Core: "Tu et omnis congregatio tua state seorsum coram Domino, et Aaron stabit seorsum. Tollite singuli thuribula vestra, et ponite in eis incensum, offerentes Domino ducenta quinquaginta (250) thuribula. Aaron quoque teneat thuribulum suum." Quod (which) cum fecissent, stantibus Moyse et Aaron, et congregavissent omnem multitudinem ad ostium tabernaculi, apparuit omnibus gloria Domini. Loquensque Dominus ad Moysen et Aaron ait: "Separamini de medio congregationis huius, ut eos repente disperdam." Qui (and they) ceciderunt proni in faciem, atque dixerunt: "Fortissime Deus spirituum universae carnis, num, uno peccante, contra omnes ira tua veniet?" Et dixit Dominus ad Moysen: "Praecipe universo populo, ut separetur a tabernaculis Core." Surrexitque Moyses, et abiit ad populum, dixitque: "Discedite a tabernaculis hominum impiorum, et nolite tangere ea quae ad eos pertinent, ne involvamini in peccatis eorum." Et ait Moyses: "In hoc scietis quod Dominus miserit me: Si consueta hominum morte hi viri morientur, non misit me Dominus. Sin autem novam rem fecerit Dominus, ut terra aperiens, os suum deglutiat duces rebellionis, et omnia quae ad illos pertinent, descenderintque viventes in infernum—scietis quod

Levi - Levi (name of the tribe)
Core (indecl.) - Core
ducenti - 200
quinquaginta - 50
surgere - rise
iam - now, already
elevare - raise
cadere - fall
ait - he said
notum facere - make known
pertinére - pertain
thuribulum - censer
coram (w. abl.) - before
eligere-choose
separare - separate
iungere - join
servire (w. dat) - serve
cultus - worship
tabernaculum - tabernacle, tent
ministrare - minister
proximus - nearest, neighbor
congregatio - congregation
seorsum - separately
tollere - take, remove
singuli - each, one at a time
congregare - gather
ostium - door
apparere - appear
separamini - passive imperative
repente - suddenly
disperdere - destroy
pronus - prostrate
fortissime - most mighty
spiritus - spirit

blasphemaverint Dominum." Statim igitur ut cessavit loqui, dirupta est terra sub pedibus eorum, et aperiens os suum, deglutivit illos cum tabernaculis suis, et cum universa substantia eorum. Descenderuntque vivi in infernum et perierunt. Sed et ignis egressus a Domino, interfecit ducentos quinquaginta viros qui offerebant incensum.

Murmuravit autem omnis multitudo filiorum Israel sequenti die contra Moysen et Aaron, dicens: "Vos interfecistis populum Domini." Cumque oriretur seditio et tumultus cresceret, Moyses et Aaron fugerunt ad tabernaculum foederis. Quod (and it), postquam ingressi sunt, operuit nubes, et apparuit gloria Domini. Dixitque Dominus ad Moysen: "Recedite de medio huius multitudinis. Etiam nunc delebo eos." Cumque iacerent in terra, dixit Moyses ad Aaron: "Tolle thuribulum et ignem de altari, et pone incensum in thuribulum, et perge cito ad populum, ut ores pro eis. Iam enim egressa est ira a Domino. Quod (and this) cum fecisset Aaron, et cucurrisset ad mediam multitudinem (remember: medius, a, um, means: middle of) quam iam vastabat incendium, obtulit incensum, et stans inter mortuos ac viventes, pro populo oravit, et plaga cessavit.

Fuerant autem illi qui percussi sunt, quatuordecim (14) millia hominum et septingenti (700) praeter illos qui perierunt in seditione Core.

universus - all
caro - flesh
num - expects answer "no", does not translate
involvere - involve, roll in
consuetus - customary
mori - die
sin - but if
aperire - open
os - mouth
deglutire - swallow
infernus - underworld, sheol

De Dubitatione Moysis

Cum filii Israel in deserto Sin essent, et aquam non haberent, sicut saepe antea fecerant, murmuraverunt contra Moysen et Aaron. Et versi in seditionem, dixerunt: "Utinam periissemus inter fratres nostros coram Domino. Cur eduxistis ecclesiam Domini in solitudinem, ut et nos et nostra iumenta moriamur?" Dimissa multitudine, Moyses et Aaron, ingressi tabernaculum foederis, ceciderunt proni in terram, clamaveruntque ad Dominum atque dixerunt: "Dominus Deus, audi clamorem huius populi, et aperi eis thesaurum tuum, fontem aquae vivae, ut satiati sint, et cesset murmuratio eorum." Et apparuit gloria Domini super eos, locutusque est Dominus ad Moysen dicens: "Tolle virgam tuam, congrega populum, tu et Aaron frater tuus,

blasphemare - blaspheme
igitur - therefore
ut (w. ind.) - as, when
cessare - cease
dirumpere - break apart
substantia - possessions
perire - perish
egredi - come forth
sequens - following
oriri - arise
seditio - sedition
crescere - grow
tabernaculum foederis - tabernacle of the covenant

et loquimini (imperative) ad petram coram eis, et illa dabit aquas. Cumque eduxeris aquam de petra, bibet omnis multitudo et iumenta eius."

Tulit igitur Moyses virgam, sicut Dominus praeceperat ei, et, congregata multitudine ante petram, ait: "Audite rebelles et increduli! Num de petra hac vobis aquam poterimus educere?" Cumque elevasset Moyses manum, percussit silicem non semel, sed bis (probabiliter quod dubitavit in fide). Egressae sunt aquae multae, ita ut populus biberet, et iumenta. Dixitque Dominus ad Moysen et Aaron: "Quod non credidistis mihi, sed percussisti petram bis, non introducetis hunc populum in terram quam dabo eis."

Cumque Israelitae ad montem Hor venissent, Dominus locutus est ad Moysen: "Aaron non introibit in terram quam dedi filiis Israel, quod non credidit ori meo. Duc itaque Aaron et filium eius in montem Hor. Ibique indue Eleazarum filium eius, vestibus Aaron, quia Aaron ipse morietur ibi." Fecit Moyses sicut praeceperat Dominus, et ascenderunt in montem Hor coram omni multitudine. Cumque Aaron mortuus esset, descendit Moyses cum Eleazaro. Omnis autem multitudo, videns occubuisse Aaron, flevit super eo triginta diebus (ablative of extent of time).

ingredienter
operire - cover
recedere - go back
multitudo - crowd
iacére - lie down
pergere - continue, go
cito - quickly
currere - run
vastare - devastate
incendium - fire
plaga - blow
percutere - strike
praeter, w. obj.) - besides
vertere - turn;
utinam (starts a wish: We wish that we had perished);
ecclesia - assembly, church
solitudo - solitude;
iumentum - beast of burden
dimittere - dismiss
clamor - cry
thesaurus - treasure
fons - font
satiare - satisfy
virga - rod; ait- he says;
incredulus - unbelieving;
elevare - raise
silex - rock
semel, bis - once, twice
quod - because
dubitare - doubt
introire - enter
induere - put on clothe
vestis - garment
occumbere - fall, die
flére - weep

Veteribus Studeamus

Let us review:
Imperfect indicative active and passive, third singular and plural (33;34A). Possessive of pronouns (34B). Present participles (35).

Vocabularium

Please review vocabularies of lessons 47-52 of 1st year and learn the following:

cessare, (1) - cease, stop
currere, cucurrit, cursurus - run
dubitare, (1) - doubt, he s itat e
eligere, elegit.electus-choose
elevare, (1) - raise
iacére, iacuit - lie down
induere, -duit, -dutus - put on
ingrediuntur, -gredi, -gressus est - enter
introire, -iit, -iturus - enter
iungere, iunxit, iunctus - join
operire, operuit, opertus - cover
percutiunt, (3) -cussit, -cussus - strike
pergere, perrexit, perrectus-go on, continue
pertinére, -tinuit -tentus - reach unto
recedere, -cessit, -cessurus - go back
separare, (1) - separate

igitur - therefore
quod - because
seorsum - separately
sin - but if
ut (w. ind.) - as, when
proximus, a, um - near, next (as noun: neighbor)
singuli, ae, a - one at a time, each

LECTIO SEPTIMA

De Serpentibus Ignitis

Profecti sunt Israelitae de monte Hor, per viam quae ducit ad Mare Rubrum, ut terram Edom circumirent. Et taedere coepit populum (and the people began to be weary: note the impersonal structure) itineris ac laboris. Locutusque contra Deum et Moysen, populus ait: "Cur eduxisti nos de Aegypto ut moreremur in solitudine? Deest panis, non sunt aquae. Anima nostra iam nauseat de cibo hoc levissimo (loquebatur de manna, quod Dominus mittebat eis de caelo quotidie)." Quam ob rem, misit Dominus in populum ignitos serpentes. Cumque multi ex populis mortui essent, venit populus ad Moysen, dixeruntque: "Peccavimus, quia locuti sumus contra Dominum et te. Sed ora ut tollat a nobis serpentes." Oravitque Moyses pro populo, et locutus est Dominus ad eum: "Fac serpentem aeneum, et pone eum pro signo (as a sign). Qui percussus (he who, having been struck...) aspexerit eum, vivet." Fecit ergo Moyses serpentem aeneum, et posuit eum pro signo. Quem cum percussi aspicerent (which, when those struck looked at) sanabantur.

Christus Dominus noster in evangelio locutus est de serpente aeneo dicens: "Et sicut Moyses exaltavit serpentem in deserto, ita exaltari oportet Filium hominis, ut omnis, qui credit in ipsum, non pereat, sed habeat vitam aeternam." Deus enim dedit prophetiam quando imperavit Moysi ut faceret serpentem aeneum ut populus eum aspiceret et sanarentur. Prophetia data est non verbis, sed factis. Id est, serpens aeneus erat obumbratio, vel figura Christi in cruce. Serpens aeneus non erat idolum, et populus antiquus non adoravit serpentem: sed accipiebant sanitatem aspicientes serpentem quia Deus voluit dare figuram sanitatis quam Christus dedit in cruce.

ignitus - fiery
proficisci - set out
circumire - go around

deesse - be lacking
nauseare - be sick
levis - light
quotidie - daily
ob (w. obj.) - on account of

aeneus - bronze
aspicere - look at
sanare - heal

evangelium - Gospel
exaltare - exalt
oportet - it is necessary

prophetia - prophecy

obumbratio - foreshadowing
figura - figure
crux - cross
sanitas - health, salvation

De Morte Moysis

Moyses etiam debebat mori, nec licebat ei ut terram promissam a Domino ingrederetur, quod dubitavisset percutiens petram bis. Quodam itaque die, locutus est Dominus ad Moysen dicens: "Ascende in montem Nebo, qui est in

morere (imperat.) - die
praevaricari - sin
contradictio -

terra Moab contra Jericho. Et vide terram Chanaan, quam ego tradam filiis Israel, et morere in monte, sicut mortuus est Aaron frater tuus in monte Hor, quia praevaricati estis contra me in medio filiorum Israel ad Aquas contradictionis. Videbis terram, et non ingredieris in eam, quam ego dabo filiis Israel." Ascendit ergo Moyses de campis Moab in montem Nebo. Ostenditque ei Dominus omnem terram. Dixitque Dominus ad eum: "Haec est terra pro qua iuravi Abraham, Isaac et Iacob dicens: "Semini tuo dabo eam! Vidisti eam oculis tuis, et non transibis ad illam."
Mortuusque est ibi Moyses servus Domini, in terra Moab, iubente Domino. Et sepultus est in valle terrae Moab. Moyses autem centum et viginti annorum erat quando mortuus est. Non caligavit oculus eius, sed plenum vigorem habuit. Fleveruntque eum filii Israel in campis Moab triginta diebus. Josue vero, filius Nun, repletus est spiritu sapientiae, quia Moyses posuit super eum manus suas. Et obedierunt ei filii Israel, feceruntque sicut praecepit Dominus Moysi. Et non surrexit ultra propheta in Israel sicut Moyses, quem Dominus nosset (same as novisset) facie ad faciem.

contradiction
campus - plain, field
ostendere - show
iurare - swear
semen - seed, descendant (s)
oculus - eye
sepelire - bury
vallis - valley
caligare - be misty
plenus - full
vigor - strength
sapientia - wisdom
ultra - any more, further
facies - face
brevis - short
vocare - call
significare - mean

De Josue

Nomen huius viri in lingua Hebraica erat Jehoshua (vel Jesus, in forma breviore). Nos autem in lingua nostra vocamus eum "Josue." Hoc nomen (quod significat: "Deus est salus") accepit Josue a Moyse—nomen enim eius fuerat "Osee." Josue fidelis servus Moysis erat, et spiritus Dei habitabat in eo. Cum Josue fere quadraginta annorum esset, non longo tempore post Exodum Iudaeorum ex Aegypto, Moyses fecerat Iosue ducem exercitus contra Amalec (iam legimus de hac occasione).
Et factum est post mortem Moysi, servi Domini, ut loqueretur Dominus ad Josue, filium Nun, ministrum Moysi, et diceret ei: "Moyses servus meus mortuus est. Surge, et transi (from transire: imperative) Jordanem flumen, tu et omnis populus tecum, in terram quam ego dabo filiis Israel. Omnem locum, quem calcaverit pes vester, vobis tradam, sicut locutus sum Moysi: a deserto et monte Libano usque ad fluvium magnum Euphraten, omnis terra usque ad mare magnum erit terminus vester. Nemo poterit vobis resistere omnibus diebus vitae tuae. Sicut ego fui eum Moyse, ita ero tecum. Non derelinquam te."

salus - salvation, health
fidelis - faithful
quadr. annorum - was 40 yrs old
Exodus - departure
dux - leader
Nun (Father of Josue)
transire - cross
flumen - river
calcare - tread on
Libanus - Lebanon
fluvius - river
Euphrates - Euphrates
terminus - boundary
derelinquere - abandon

Veteribus Studeamus

Let us review: Future indicative, active and passive, third singular and plural (37). Perfect infinitive active and passive (38 A,B). Indirect discourse with the objective-infinitive (39).

In addition, it is now time to recall the word order practice we did last year, be-ginning in lesson twenty.e.g., Maria—Mary is doing something or involved in something; agnum—she is doing something to the lamb; habet—she has the lamb. The teacher will put on the board, a word or phrase at a time, several practice sentences. (Or tape machines may be used instead). You will find that sort of practice even more helpful this year than it was last year.

Vocabularium

Please review vocabularies of lessons 53-58 of 1st year and learn the following:

aspiciunt,(3) -spexit, -spectus - look at	ultra - any more, further
calcare, (1) - tread (on)	facies, -e (5) - face, appearance
deesse, -fuit, -futurus - be lacking, fail (+dat)	fidelis, -e, -i - faithful
derelinquere, -liquit, -lictus - leave, abandon	salus, salute, bona - safety, health, salvation
iurare, (1) - swear	semen, -mine, bonum - seed, descendant (s)
licet, -ére, licuit - it is permitted (+dat)	
oportet, ére, oportuit - it is proper, fitting	
sanare, (1) - heal	
transire, -iit, -iturus - cross	

LECTIO OCTAVA

De Bellis Iosue

Duos exploratores misit Iosue in urbem Iericho, ut terram et populum eius urbis spectarent. Qui, cum urbem ingressi essent, et multa de loco didicissent, ad Iosue reversi sunt, narraveruntque ei omnia quae acciderant. Atque dixerunt: "Omnem terram hanc in manus nostras Dominus tradidit: huius enim urbis populus nos vehementer timet."

Haec omnia audivit Iosue, et castra ex illo loco movit, et ad Iordanem venerunt ipse et omnes filii Israel. Ibi tres dies morati sunt. Quibus diebus finitis, per media castra praecones misit Iosue, qui exclamaverunt: "Arcam Domini quando videritis, et sacerdotes portantes arcam foederis, vos quoque surgite et sequimini." Dixitque Iosue ad populum: "Sanctificamini (passive imperative); cras enim faciet Dominus inter vos mirabilia." Et ait ad sacerdotes: "Tollite arcam foederis, et praecedite populum. Qui iussa complentes tulerunt, et ambulaverunt ante eos. Dixitque Dominus ad Iosue: "Hodie te coram omni populo exaltare incipiam, ut sciant, quod sicut cum Moyse fui, ita et tecum sim. Tu autem praecipe sacerdotibus qui arcam foederis portant, et dic eis: 'Cum ingressi fueritis partem aquae Jordanis, state in ea.'" Processerunt itaque arcam Domini portantes, Jordanemque ingressi sunt. Et ecce! steterunt aquae descendentes in uno loco, et sicut mons apparuit aqua ex una parte. Sed aquae quae in inferiore parte fluminis erant omnino defecerunt. Populus autem Israel contra Iericho ibant, et sacerdotes qui arcam foederis portabant, super siccam humum in medio Iordanis stabant, omnisque populus per siccam terram in medio flumine transibat.

Quibus transgressis, dixit Dominus ad Iosue: "Elige duodecim viros, singulos per singulas tribus. Et praecipe eis, ut duodecim lapides durissimos de medio Iordane tollant, quos ponetis in loco castrorum, ubi hac nocte tentoria fixeritis." Vocavitque Iosue duodecim viros, quos de filiis Israel elegerat, singulos de singulis tribubus, et ait ad eos: "Ite ante arcam Domini Dei vestri ad Iordanis medium, et singulos lapides inde singuli portate in humeris vestris, ut sit signum inter vos. Et quando

explorator - scout, spy
spectare - look at
discere, didicisse - learn

vehementer - greatly
castra - camp

morari - delay, stay
finire - finish
media castra - middle of camp
praeco - herald
arca - ark
sacerdos - priest
sanctificare - make holy
cras - tomorrow
mirabilis - wonderful
iussa (n. pl.) - orders
complére - fill, fulfill
exaltare - exalt
incipere - begin

deficere - fail
siccus - dry
humus - ground (feminine gender)

transgredi - cross over
tribus - tribe
lapis - stone
durissimus - very hard
tentorium - tent
figere - fix, fasten

interrogaverint vos filii vestri cras, dicentes: 'Quid significant isti lapides?' respondebitis eis: Defecerunt aquae Iordanis ante arcam foederis Domini cum transiret arca flumen. Idcirco positi sunt lapides hi in monumentum filiorum Israel usque in aeternum.'" Fecerunt ergo filii Israel, sicut praecepit eis Iosue portantes de medio alveo Iordanis duodecim lapides, ut (here in sense of as) Dominus imperaverat. In die illo magnificavit Dominus Iosue coram omni Israel, ut timerent eum, sicut timuerant Moysen, dum adhuc viveret. Dixitque ad Iosue Deus: "Praecipe sacerdotibus qui arcam foederis portant, ut de Iordane ascendant. "Qui (and he) praecepit eis dicens: "Ascendite de Iordane." Cumque ascendissent portantes arcam foederis Domini, et siccam humum calcare coepissent, reversae sunt aquae in alveum suum, et fluebant, sicut ante consueverant.

Postquam ergo audierunt omnes reges Amorrhaeorum, qui trans Iordanem habitabant ad occidentem, quod Dominus siccavisset Iordanem coram filiis Israel donec transirent, dissolutum est cor eorum, et non remansit in eis spiritus, sed timebant introitum filiorum Israel. Filii autem Israel castra posuerunt in Galgalis, et comederunt de frugibus terrae Chanaan. Et postquam comederunt de frugibus terrae illius, defecit manna, nec filii Israel ultra usi sunt illo cibo (*uti* uses abl. instead of objective). Cum autem esset Iosue in agro ante urbem Iericho, levavit oculos suos, et vidit virum stantem ante se, tenentem gladium. Perrexitque ad eum Iosue et ait: "Noster es ? an adversariorum?" Qui respondit: "Nequaquam sum ex adversariis, sed sum princeps exercitus Domini." Cecidit Iosue pronus in terram, et adorans ait: "Quid Dominus meus loquitur ad servum suum?" "Solve," inquit, "calceamentum de pedibus tuis. Locus enim, in quo stas, sanctus est." Fecitque Iosue ut sibi fuerat imperatum. Urbs Iericho autem clausa erat atque munita, ob timorem filiorum Israel. Et nullus egredi audebat aut ingredi. Dixitque Dominus ad Iosue: "Ecce dedi in manu tua Iericho et regem eius, omnesque fortes viros. Circumeat urbem exercitus tuus semel per diem. Sic facietis sex diebus. Septimo autem die, sacerdotes tollant septem buccinas, et praecedant arcam foederis. Septiesque civitatem circuibitis, et sacerdotes buccinis clangent. Cumque insonuerit vox tubae longior, exclamabit omnis populus voce maxima, et muri corruent civitatis. Ingredientur singuli per

humerus - shoulder
idcirco - for that reason
in monumentum - for a memorial
usque in aeternum - forever
alveus - bed
magnificare - exalt
adhuc - yet
fluere - flow
consuescere - be accustomed

Amorrhaei - Amorrhites
ad occidentem -towards west
siccare - dry
donec - until, as long as
dissolutus - weakened
spiritus - breath, spirit
introitus - entry
Galgala - Galgala
frux - fruit
uti (w. abl.) - use
levare - raise
oculus - eye
gladius - sword
pergere - go on
an - or
adversarius - opposed, enemy
nequaquam - by no means
princeps - prince, leader
solvere - loose, pay
inquit - he said
calceamentum - shoe
munitus - fortified
ob (w. obj.) - because of
audére - dare
circumire - go around

locum contra quem steterint." Vocavit ergo Iosue sacerdotes et dixit ad eos: "Tollite arcam foederis, et septem alii sacerdotes tollant septem buccinas, et incedant ante arcam Domini." Ad populum quoque ait: "Ite, et circuite civitatem armati, praecedentes arcam Domini." Cumque Iosue verba finisset, et septem sacerdotes septem buccinis clangerent ante arcam foederis Domini, omnisque praecederet armatus exercitus, reliquus populus arcam sequebatur. Praeceperat autem Iosue populo dicens: "Non clamabitis, nec audietur vox vestra, neque ullum verbum ex ore vestro egredietur, donec veniat dies in quo dicam vobis: "Clamate!" Circuivit ergo arca Domini civitatem semel per diem, et reversa in castra mansit ibi. Circuieruntque civitatem secundo die semel, et reversi sunt in castra. Sic fecerunt sex diebus. Die autem septimo, diluculo consurgentes, circuierunt urbem, sicut dispositum erat, septies. Cumque septimo circuitu clangerent buccinis sacerdotes, dixit Iosue ad omnem Israel: "Exclamate! Tradidit enim vobis Dominus civitatem." Igitur omni populo exclamante, et clangentibus tubis, muri civitatis statim corruerunt. Et ascendit unusquisque per locum qui contra se erat: ceperuntque civitatem.

semel per diem - once a day
buccina - trumpet
septies - seven times
clangere - sound
insonare - sound
tuba - trumpet
longior - longer
murus - wall
corruere - fall, rush together
incedere - go, walk
armatus – armed
clamare - cry
semel - once
diluculum - daybreak
consurgere- rise
disponere - arrange
circuitus - circuit

In quo anno cecidit Iericho? Difficile est dicere. Difficile est enim scire quo tempore Israelitae ex Aegypto egressi sint. Quidam putant Israel egressum esse fere anno millesimo quadringentesimo quadragesimo primo, (1441) tempore quo rex Aegypti erat Thutmoses tertius. Si revera egressi sunt hoc tempore, ergo, quia erraverunt in deserto quadraginta annos, venerunt ad muros Iericho fere anno millesimo quadringentesimo primo (1401). Sed alii putant Israelitas egressos esse ex Aegypto tempore quo rex erat Rameses secundus, fere anno millesimo ducentesimo nonagesimo (1290). Si hoc verum est, venerunt ad Iericho fere anno millesimo ducentesimo quinquagesimo (1250). Haec sententia secunda videtur esse melior, sed res incerta est.

unusquisque - each & every one
putare - think
errare - wander, err
fere - about, almost

sententia - opinion
videtur - it seems
melior - better
incertus - uncertain

Veteribus Studeamus

Let us review: Imperfect subjunctive, active and passive, third singular and plural; purpose clauses (41;42;). Pluperfect subjunctive active and passive, third singular and plural; cum and result clauses (43; 45).

Let us recall also the way subjunctive tenses are used:

Secondary, or Historical Sequence.
If the whole sentence is in a past setting, that is, if the main clause tells about past time, then we must pick between the imperfect and the pluperfect subjunctive, according to what the sense requires. If the dependent clause is contemporaneous with or in the future from the main clause, we use the imperfect subjunctive. But if it is antecedent to the main clause, then we will use the pluperfect subjunctive.

Contemporaneous:
Moyses eis imperavit ut exploratores essent.
Moses commanded them to be scouts.

Antecedent:
Moyses scivit ut exploratores boni fuissent.
Moses knew that they were good scouts.

Vocabularium

Please review the vocabularies of lessons 59-64 of first year and learn the following:

audére, ausus est (half deponent) - dare	cras - tomorrow
complére, -plevit, -pletus - fill, fulfill	donec - while , until as long as
corruere, -ruit, -rutus - rush, fall	ob (w. obj.) - because of
disponere, (3) -posuit, -positus- arrange, dispose	semel - once
fluere, fluxit, fluxurus - flow	diluculum, -o - daybreak
incedere, -cessit, -cessurus - go walk	lapis, lapide, durus - stone
levare, (1) - raise, lift	mirabilis, e, i - wonderful
munire, (4) - fortify	murus, o - wall
spectare, (1) - look at, face	oculus, o - eye
	sententia, a - opinion
	siccus, a, um - dry

Scramble Exercise

Iordanem sacerdotes qui arcam portabant ingressi sunt. Cum aquam tetigissent sacerdotum pedes, flumen siccum factum est. Cum haec vidisset Iosue, duodecim viros, quos de filiis Israel elegerat ad se vocavit. Eisque ut duodecim lapides qui in monumentum ponerentur colligerent imperavit.

LECTIO NONA

De proelio quod fecit Iosue ad Gabaon

Multa proelia fecit Iosue, ut totam terram Chanaan caperet. Iericho, sicut audivimus, omnino delevit. Idem fecit etiam urbi quae vocabatur Hai. Quae cum audisset Adonisedec, rex Ierusalem, timuit valde. Misit ergo Adonisedec, rex Ierusalem ad quattuor alios reges: ad Oham, regem Hebron; ad Pharam, regem Ierimoth; ad Iaphia, regem Lachis; et ad Dabir regem Eglon. Dixitque Adonisedec: "Ad me ascendite, et ferte auxilium, ut expugnemus Gabaon urbem magnam quae pacem cum Iosue fecit." Congregati igitur ascenderunt quinque reges: rex Ierusalem, rex Hebron, rex Ierimoth, rex Lachis, rex Eglon, simul cum exercitibus suis, et castra posuerunt circa Gabaon, oppugnantes eam. Viri autem qui habitabant in Gabaon miserunt ad Iosue, qui tunc morabatur in castris ad Galgala, et dixerunt ei: "Ne retrahas manus tuas ab auxilio servorum tuorum. Ascende celeriter, et libera nos. Fer auxilium: convenerunt enim adversum nos omnes reges Amorrhaeorum, qui in montibus habitant." Ascenditque Iosue de Galgalis, et omnis exercitus militum cum eo, viri fortes. Dixitque Dominus ad Iosue: "Ne timeas, in manus enim tuas tradidi illos. Nullus ex eis tibi resistere poterit. Irruit itaque Iosue super eos repente, tota nocte ascendens de Galgalis. Et conturbavit eos Dominus, contrivitque eos Israel plaga magna in Gabaon, ac persecutus est eos per viam Bethhoron, et percussit eos usque ad Azeca et Maceda. Cumque fugerent filios Israel, Dominus misit super hostes lapides magnos de caelo usque ad Azeca. Et mortui sunt multo plures lapidibus grandinis quam quos gladio percusserant filii Israel. Tunc Iosue, videns se non posse omnino vincere quinque reges ante noctem, et nolens amittere eos tenebris , oravit ad Dominum, dixitque: "Sol! ad Gabaon ne te moveas! et luna! ne te moveas ad vallem Aialon!" Steteruntque sol et luna, donec gens Iudaica se ulcisceretur de inimicis suis. Sicut scriptum est in Libro Iustorum: "Stetit sol in medio coeli, et non festinavit ad occidentem per spatium unius diei. Non fuit antea, nec postea, tam longa dies, Domino obediente voci hominis, et pugnante pro Israel."

Difficile est interpretationem huius narrationis dare. Quaedam

proelium - battle

ad - near, at
ferte (imperat.) - carry
expugnare - storm, capture

oppugnare - be seige
habitare - live (dwell)
retrahere - draw back
celeriter - swiftly
liberare - free
convenire come together
adversum (w. obj.) - against

resistere (w. dat.) - resist

irruere - rush on
repente - suddenly
conturbare - throw into disorder
conterere - crush
plaga - blow
persequi - follow
usque ad - even to
grando - hail
amittere - lose
tenebrae - darkness
vallis - valley
gens - people, tribe
ulcisci se de - avenge self on
festinare - hasten

certa et clara sunt. Sed quid debemus dicere de sole et luna stante? Quidam dicunt quod Deus per miraculum fecit ut lux videri posset a Iudaeis et aliis hominibus in illo loco per tempus longius, ita ut unus dies videretur non habuisse noctem. Certe Deus hoc facere poterat multis modis, exempli gratia, per refractionem lucis. Certe non erat necesse ut Deus turbaret ordinem totius systematis solaris ut faceret hoc miraculum. Sed alii scriptores moderni aliam dant interpretationem: dicunt quod Iosue revera oravit, non ut lux prolongaretur, sed ut tenebrae fierent per obscurationem solis: Deus hoc fecit, sicut hi scriptores putant, per grandinem. At haec secunda interpretatio non videtur vera esse—Scriptura enim non dicit quod nox longior erat, sed quod dies longior erat. Dies autem non prolongari potest per obscurationem solis, sed per miraculosam prolongationem lucis. Post proelium, Iosue cum omni Israel in castra Galgalae reversus est. Interea, quinque reges fugerant, et se in spelunca urbis Maceda absconderant. Nuntiatumque est ad Iosue, quod inventi essent quinque reges latentes in spelunca urbis Maceda. Qui praecepit sociis suis, et ait: "Volvite saxa ingentia ad os speluncae, et ponite viros bonos qui clausos reges custodiant. Vos autem nolite stare, sed persequimini hostes, et extremos quosque fugientium caedite. Nec dimittatis eos urbium suarum intrare praesidia, quos tradidit Dominus Deus in manus vestras." Caesis ergo adversariis plaga magna, reversus est omnis exercitus ad Iosue in Maceda, ubi tunc erant castra. Praecepitque Iosue, dicens: "Aperite os speluncae, et producite ad me quinque reges de spelunca." Cumque deducti essent ad eum, vocavit omnes viros Israel, et ait ad principes exercitus, qui secum erant: "Ite, et ponite pedes super colla regum istorum." Qui cum perrexissent, et subiectorum colla pedibus calcarent, rursus ait ad eos: "Nolite timére—sic enim faciet Dominus cunctis hostibus vestris adversum quos dimicatis." Percussitque Iosue eos et interfecit, atque suspendit super quinque arbores.

occidens - west
pugnante (w . domino - abl. abs.)
scriptor - writer
popularis - popular
exempli gratia - for example

refractio - bending
turbare - disturb
systema - system
at - but
prolongare - prolong
obscuration - hiding
abscondere - hide
spelunca - cave
latére - lie hidden
volvere - roll
saxum - stone
ingens - huge
os - mouth
custodire - guard
quisque - each, all
dimittere - let go
intrare - enter
praesidium - protection
caedere - cut, kill
adversarius - opponent
collum - neck
subiectus - lying beneath
cunctus - all
adversum (w. obj.) - against
dimicare - fight to finish
suspendere - hang
arbor - tree
evolvere - unroll
promissio - promise

De Morte Iosue

Evoluto autem multo tempore, postquam Iosue multos reges vicit, divisitque terram promissionis tribubus Israel, cum Iosue ipse iam senuisset, vocavit omnem Israel, maioresque natu, et principes ac duces, et magistros, dixitque ad eos: "Ego senui et magnae aetatis sum. Vos cernitis omnia quae fecerit Dominus Deus vester cunctis nationibus per circuitum, quomodo pro vobis ipse pugnaverit. Et nunc divisi vobis omnem terram, ab orientali parte Iordanis, usque ad mare magnum. Multae adhuc sunt nationes in eis: sed Dominus Deus vester disperdet eas, et auferet eas a facie vestra, et possidebitis terram, sicut vobis pollicitus est. Solummodo confortamini, et estote solliciti ut custodiatis cuncta quae scripta sunt in volumine legis Moysi, et non declinetis ab eis neque ad dexteram, neque ad sinistram, ne, postquam intraveritis ad gentes quae inter vos futurae sunt, iuretis in nomine deorum illarum gentium, et serviatis eis, et adoretis illos. Sed adhaereatis Domino Deo vestro. Et tunc auferet Dominus Deus in conspectu vestro gentes magnas et robustissimas, et nullus vobis resistere poterit. Unus e vobis persequetur mille viros hostium: quia Dominus Deus vester pro vobis ipse pugnabit, sicut pollicitus est. Quod si volueritis gentium harum erroribus adhaerere, et cum eis miscére matrimonia—iam nunc scitote (future imperative) quod Dominus Deus vester non eas deleat ante faciem vestram, sederunt vobis in foveam, ac laqueum, donec auferat vos Deus, atque disperdat de terra hac bona quam tradidit vobis. Ecce, ego hodie ingredior viam universae terrae. Vos autem custodite mandata Domini Dei vestri." Et post haec mortuus est Iosue, filius Nun, servus Domini, centum et decem annorum. Sepelieruntque eum in monte Ephraim. Ossa quoque Iosephi, quae tulerant filii Israel de Aegypto, sepelierunt in Sichem, in parte agri quem emerat Iacob a filiis Hemor.

tribus-tribe
maiores natu-elders
senescere-grow old
aetas-age
cernere-see, decide
per circuitum - around you
quomodo-how
mare magnum - Mediterranean
disperdere - ruin
auferre - take away
pollicitus est-promised
solummodo - only
confortare - strengthen
estote (imperat.) - be
sollicitus - careful
volumen - book
declinare - decline
dexter - right
sinister - left
intrare - enter
servire (w. dat.)- serve
adhaerere - stick to
conspectus - sight
robustissimus - very strong
mille-1000
quod si - but if
miscére - mix, mingle;
in foveam - as a pit & snare
viam universae terrae - death
mandatum - command
os - bone

Veteribus Studeamus

Let us review: Present subjunctive active and passive, third singular and plural; hortatory subjunctive (46). First and second person active forms on all regular verbs (except perfect subjunctive and future perfect indicative) (55 A).

Vocabularium

amittere, -misit, -missus - lose	at - but
cernere, crevit, cretus - see, determine	quod si - but if
conterere, -trivit -tritus - crush, wear down	quomodo - how
custodire, (4)* - guard, keep	aetas, -tate, longa - age
dexter, -tera, -terum - right	os, osse, durum - bone
disperdere, -didit, -ditus - spoil, ruin	plaga, a - blow, plague
expugnare, (1) - attack, storm	praesidium, o - protection, garrison
intrare, (1) - enter	quisque, quaeque, quodque - each, every one
latére, latuit - lie hidden, escape notice (of)	tenebrae, -is - darkness
miscére, miscuit, mixtus - mix, join	
resistere, -stitit (w. dat.) - resist	
oppugnare, (1) - beseige	
servire, (4) (w. dat.)-serve, be slave to	
turbare, (1) - disturb	
volvere, volvit, volutus - roll	

*4 indicates usual parts: -ivit, -itus

Scramble Exercise

Imperator Iosue ut hostes malos, qui contra populum Israel pugnabant, vincere ante noctem posset, dixit soli: Ne ad Gabaon, ut inimicos nostros capere possimus, moveas sol. Ille ergo cum hostes quos sequebatur cepisset, etiam reges hostium, ne rursus contra populum quem Dominus amavit pugnare possent, interfecit.

LECTIO DECIMA

De Iudicibus

Tempore quo Iosue populum Israel in terram promissionis duxit, gentes multae in terra habitabant. Hae gentes inter se non iungebantur, sed erant multae urbes separatae. Sed omnes subiciebantur Aegypto fere ab anno millesimo quingentesimo quinquagesimo (1550) usque ad annum millesimum ducentesimum vigesimum quintum (1225). Potestas autem Aegypti in hac terra (Chanaan) non erat fortis tempore Iosue, sicut vidére possumus ex quibusdam epistulis quae scriptae sunt ad Amenophin quartum, regem Aegypti a gubernatoribus Aegyptiacis in hac terra.

De iudicibus legimus in quodam libro Veteris Testamenti qui nominatur Liber Iudicum. “Iudices”, quorum facta in hoc libro narrantur, non erant reges Iudaeorum. Multi ex eis etiam non erant iudices in sensu legali, sed potius erant liberatores—populus enim Dei saepe peccavit in Deum, et Deus eos punivit pro his peccatis. Saepe Deus eos punivit subiciens eos aliis gentibus, sed quando Iudaei ad poenitentiam versi sunt, Deus misit illis liberatorem, id est, unum ex his iudicibus. Difficile est definire tempus horum iudicum—incipiunt a tempore mortis Iosue, et descendunt usque ad Samuelem prophetam. Iosue mortuus est postquam populum Dei in Chanaan duxit, et aliquas gentes (sed non omnes) terrae illius vicit. Sed, quia non possumus certe scire tempus quo Iudaei ex Aegypto discesserunt, nec possumus certe scire tempus mortis Iosue. Probabiliter Iosue mortuus est in parte ultima saeculi decimi tertii ante Christum, id est, quodam tempore ante annum millesimum ducentesimum (1200 BC). Tempus Samuelis (de quo postea legemus) clarius est—ille iudex et propheta erat fere anno millesimo quinquagesimo (1050 BC). Non omnes ex his iudicibus erant viri sancti—immo vero, non omnes erant viri,— Debora femina erat. Sed unus ex maioribus iudicibus, Samson, quaedam bona, et quaedam bona, et quaedam peccata commisit. Sed videamus narrationem de uno ex iudicibus maioribus, id est, de Gedeon.

iungere - join
subicere - subject
usque ad - even to

potestas - power
Amenophis - Amenhotep, King of Egypt
gubernator - governor

iudex, -cis - judge
nominare - name
sensus - sense
legalis - legal
potius - rather more
liberator - liberator
in (w. obj.) - against
poenitentia - repentance
definire - define
incipere - begin
clarius - clearer
sanctus - holy
immo vero - rather, furthermore
conspectus - sight
Madianitae - Madianites
pen. Sin. -peninsula of Sinai
invadere - invade
camelus - camel
vehere - bear, convey

De Magno Iudice: Gedeon

Temporibus Gedeon, fecerunt filii Israel malum in conspectu Domini. Qui tradidit illos in manu Madianitarum septem annis. Madianitae autem ex terra circum peninsulam Siniaticam venerunt, et Palestinam invaserunt. Hi Madianitae camelos habuerunt, et vecti (riding on—literally, carried on) his, in terram Iudaeorum incursiones faciebant omni anno, tempore messis. Iudaei, oppressi valde ab eis, fecerunt sibi speluncas in montibus, et munita loca ut repugnarent. Sed tempore messis, ascendebat Madian et Amalec, ceterique orientalium nationum et cuncta vastabant. Nihilque omnino ad vitam pertinens relinquebant in Israel—non oves, non boves, non asinos. Madianitae enim et universi greges eorum veniebant cum tabernaculis suis, et sicut locustae omnia complebant; innumera multitudo hominum et camelorum, devastantes quidquid tetigerant humiliatusque est Israel valde in conspectu Madian, et clamavit ad Dominum, postulans auxilium contra Madianitas.

Et Dominus misit ad eos virum prophetam, et locutus est: "Haec dicit Dominus Deus Israel: 'Ego vos feci exire de Aegypto, et eduxi vos de domo servitutis, et liberavi vos de manu Aegyptiorum et omnium inimicorum qui affligebant vos. Eiecique eos ante vos, et tradidi vobis terram eorum. Et dixi: 'Ego Dominus Deus vester—ne timeatis deos Amorrhaeorum, in quorum terra habitatis. Et noluistis audire vocem meam."

Quodam die venit angelus Domini et sedit sub arbore in agro Ioas, patris Gedeon. Cumque Gedeon purgaret frumenta in torculari ut ea a Madianitis servaret, apparuit ei angelus Domini, et ait: "Dominus tecum, fortissime virorum." Dixitque ei Gedeon: "Obsecro, mi Domine, si Dominus nobiscum est, cur apprehenderunt nos haec omnia? Ubi sunt mirabilia eius, quae narraverunt patres nostri, atque dixerunt: 'De Aegypto eduxit nos Dominus'? Nunc autem dereliquit nos Dominus, et tradidit in manu Madian." Respexitque ad eum Dominus, et ait: "Vade in hac fortitudine tua, et liberabis Israel de manu Madian. Scito (future imperative) quod miserim te." Et Gedeon respondens ait: "Obsecro, mi Domine, quomodo liberabo Israel? Ecce, familia mea infima est in tribu Manasse, et ego minimus in domo patris mei." Dixitque ei Dominus. "Ego ero tecum: et percuties Madian quasi

vectus - riding on

incursio - attack
messis - harvest
opprimere - crush
spelunca - cave
repugnare - fight back (w. dat.)
ceteri- the rest
cunctus - all
oves, boves, asinos - sheep, oxen, asses
grex - flock
tabernaculum - tent
locusta - locust
innumerus - countless
humiliare - humiliate
clamare - cry
postulare - ask
vos feci exire - I made you go out
servitus - slavery
affligere - afflict
eicere - throw out

sedére - sit
arbor - tree
purgare - cleanse
torcular - wine press
fortissime - brave, strong
obsecrare - beg
apprehendere - seize

respicere - look at
vadere - go

infimus - lowest

unum virum." Et Gedeon: "Si inveni," inquit,"gratiam coram te, da mihi signum quod tu sis qui loqueris ad me: ne recedas hinc donec revertar ad te portans sacrificium, et offerens tibi." Qui respondit: "Ego exspectabo adventum tuum."

Ingressus est itaque Gedeon, praeparavit hoedum et azymos panes in sacrificium. Cumque egressus esset dixit ei Angelus Domini: "Tolle carnes et azymos panes, et pone eos supra petram illam, et ius funde super eos." Cumque fecisset Gedeon ita, extendit Angelus Domini virgam quam in manu tenebat, et tetigit carnes et panes azymos. Ascenditque ignis de petra, et carnes azymosque panes consumpsit. Angelus autem Domini evanuit ex oculis eius.

inquit - he says
gratia - favor, thanks
hinc - from here
adventus - coming
hoedus - kid
azymus - unleavened
in (w. obj.) - for, as
petra - rock
ius - juice, soup
fundere - pour
virga - rod

Vidensque Gedeon quod esset Angelus Domini, ait: "Heu, mi Domine Deus, quia vidi Angelum Domini facie ad faiem, certe moriar." Dixitque ei Dominus: "Pax tecum. Ne timeas, non morieris." Aedificavitque ergo ibi Gedeon altare Domino, vocavitque illud "Domini pax" usque in praesentem diem.

consumer - consume
evanescere - vanish
heu - alas

Sed nocte illa dixit Dominus ad eum: "Tolle taurum patris tui, et alterum taurum annorum septem, delebisque altare Baal quod pater tuus habet. Et temonem, qui ad altare est, succide. Et quam sacrificium posuisti tollesque taurum secundum et offeres holocaustum super ligna de temone quem succideris." Assumptis ergo Gedeon decem viris (note abl. Abs. *Assumptis ... viris*) de servis suis, fecit sicut praeceperat ei Dominus. Timens autem patrem suum et homines illius civitatis, per diem noluit id facere, sed omnia nocte complevit. Cumque surrexissent viri oppidi eius mane, secundum impositum super altare dixerunt: "Quis hoc fecit?" Cumque haec omnia." Et dixerunt ad Ioas: "Produc filium tuum, ut moriatur, suum producere noluit, sed dixit: "Si Baal revera deus est, ulciscatur se de filio meo." Populus ergo vocaverunt Gedeon nomine novo "Ierobaal," quod significat: "Pugnator contra Baal."

Hoc tempore omnes Madianitae et Amalecitae, orientalesque populi congregati sunt simul, et transeuntes Iordanem, castramentati ille clangens buccina, convocavit domum Abiezer ut sequeretur se, misitque nuntios in universum Manassen qui et ipse secutus est eum; et alios nuntios in Aser et Zabulon et Nephthali. Qui occurrerunt meam, sicut locutus es, da, obsero mihi signum: ponam hoc vellus sicca erit, sciam quod per manum

taurus - bull
alter - the other
Baal - Baal (god of Chanaan)
temo – pole (in honor of the goddess Ashera)
succidere - cut down
summitas - top
lignum - wood
auctor - author
mane - in the morning
produc (imperat.) - bring forth
destruere - destroy
ulcisci se de - take vengeance on
pugnator - fighter
congregare - gather
castrametari - pitch camp
occurrere (w. dat) - meet
salvus - saved, safe
obsecrare - beg
vellus - fleece

meam, sicut locutus es, liberabis Israel." Factumque est ita. Et nocte surgens, expressit ex vellere aquam multam. Dixitque rursus ad Deum: "Ne irascatur ira tua contra me si adhuc semel rogavero signum in vellere. Oro, ut solum vellus hac nocte siccum sit, et omnis terra rore madida." Fecitque Deus nocte illa sicut postulaverat: et fuit siccum vellus, et ros in omni terra.

lana - wool
area - threshing floor
ros (rore) - dew
exprimere - press out
madidus - wet

Veteribus Studeamus

Let us review: Ego, tu, nos, vos (50 C; 52). Velle, nolle, ire (54). Esse, posse, ferre (56).

Vocabularium

apprehendere, -prehendit, -prehensus - seize	hinc - from here, hence
incipiunt, (3) -cepit, -ceptus - begin	immo vero - rather, furthermore
inquit - he says	in (w. obj.) - against, for,
occurrere, -currit, -cursus (w. dat.) - meet,	as usque ad (w. obj.) - even to, up to
come to meet	adventus, -u - coming, arrival
opprimere, -pressit, -pressus - crush, oppress	ceteri, -ae, -a - rest, others
postulare, (1) - ask, demand	conspectus, u - sight
sedére, sedit, sessurus - sit	cunctus, a, um - all
ulcisci, ultus est - avenge, punish	iudex, iudice, bonus - judge
(ulcisci de - avenge oneself on)	
vehere, vexit, vectus - convey (pass. -ride on)	
vadere - go	

Note: In today's story we saw the word pugnator. It is helpful to note this -tor ending. It is often added to the perfect participle of many verbs and forms a 3rd declension noun which means "one who does" something. So what would these mean: amator, victor, dator, scriptor, defensor?

Scramble Exercise

Dominum Deum suum, qui eos de terra Aegypti per Moysen, qui vir sanctus erat, liberavit, offenderunt Iudaei. Madianitis, qui omni anno incursiones in Palestinam facie-bant, tradidit eos Dominus Deus. Quod cum fecisset Deus, ad eum populus qui humiliatus est clamavit. Qui ut populum servaret suum, iudicem magnum ad eos misit.

English to Latin

1. The Jewish judges are not in court (forum); they were great leaders.
2. In the days of Gedeon, the Lord had given the Jews over into the hand of the Madianites.
3. He did this because the sons of Israel had sinned in the sight of the Lord.
4. The Madianites came riding on camels and made attacks on the Jews (in w. obj.).

*Please notice how similar some of these sentences are to sentences in today's lesson. It will make it easier if you will go over the story again and watch for these similarities.

LECTIO UNDECIMA

De Magna Victoria Quam Fecit Gedeon

Igitur Ierobaal (qui est etiam Gedeon) nocte consurgens, et omnis populus cum eo, venit ad fontem qui vocatur Harad. Dixitque Dominus ad Gedeon: "Multus tecum est populus. Non tradetur Madian in manus eius, ne glorietur contra Me Israel et dicat: 'Meis viribus liberatus sum.' Loquere igitur ad populum, et, cunctis audientibus, praedica: "Qui timidus est, revertatur." Recesseruntque de monte Galaad et reversi sunt de populo viginti duo (22) millia virorum, et tantum decem millia remanserunt. Dixitque Dominus ad Gedeon: "Adhuc populus multus est. Duc eos ad aquas, et ibi probabo illos." Cumque descendisset populus ad aquas, dixit Dominus ad Gedeon: "Qui lingua lambuerint aquas, sicut solent canes lambere, separabis eos ab aliis. Qui autem curvatis genibus biberint, in altera parte erunt." Fuit itaque numerus eorum qui de manu lambuerant aquas trecenti viri (300). Omnis autem reliqua multitudo curvatis genibus biberat. Et ait Dominus ad Gedeon: "Cum his trecentis (300 men), qui lambuerunt aquas, liberabo vos, et tradam in manu tua Madian. Omnis autem reliqua multitudo revertatur in locum suum." Sumptis itaque pro numero virorum cibis et tubis (abl. abs. sumptis... cibis) omnem reliquam multitudinem abire praecepit ad tabernacula sua. Et ipse cum trecentis viris remansit. Castra autem Madian erant subter in valle. Eadem nocte dixit Dominus ad eum: "Surge, et descende in castra, quia tradidi eos in manu tua. Sin autem solus ire times, descendat tecum Phara, servus tuus. Et cum audieris quid loquantur Madianitae, tunc confortabuntur manus tuae, et securior ad hostium castra descendes." Descendit ergo ipse et Phara, servus eius, in partem castrorum Madianitarum, ubi erant militum vigiliae. Madian autem et Amalec, et omnes orientales populi iacebant in valle, sicut locustarum multitudo. Cameli quoque innumerabiles erant, sicut arena, quae iacet in littore maris.

Cumque venisset Gedeon ad castra, narrabat aliquis somnium proximo suo, et hoc modo dicebat quod viderat: "Vidi somnium: et videbatur mihi quasi subcinericius panis ex hordeo volvi, et in castra Madian descendere. Cumque ad tabernaculum pervenisset

consurgere-get up
gloriari - boast
vires, -ium (pl) power
praedicare - proclaim
timidus - fearful
mille - 1000
lambere - lick
solére - be accustomed
canis - dog
curvatis genibus - with bent knees
bibere - drink
pro (w. abl.) - in proportion to
cibus - food
tuba - trumpet
subter - below
confortare - strengthen
securior - more confidently
vigilia - watch
locusta - locust
innumerabilis - countless
arena - sand
littus-shore
subcinericius panis - barley bread baked under ashes

illud percussit atque subvertit, et terrae coaequavit tabernaculum." Respondit is, cui loquebatur: "Non est hoc aliud, nisi gladius Gedeon, filii Ioas viri Israelitae. Tradidit enim Dominus in manus eius Madian, et omnia castra eius." Cumque audisset Gedeon somnium, et interpretationem eius, adoravit Deum, et reversus est ad castra Israel, et ait: "Surgite; tradidit enim Dominus in manus nostras castra Madian." Divisitque trecentos viros in tres partes, et dedit tubas eis, ac lagenas vacuas, et lampades in medio lagenarum. Et dixit ad eos: "Quod me facere videritis, idem facite: Ibo ad partem castrorum: vos ad alias castrorum partes ite. Cumque ego clangam tuba, vos quoque per circuitum castrorum clangite et exclamate: 'Domino et Gedeoni'." Vadit itaque Gedeon et trecenti viri qui erant cum eo ad tres partes castrorum, fere media nocte, et coeperunt tubis clangere, et complodere lagenas inter se.

Cumque per circuitum castrorum in tribus clangerent locis, et lagenas complosissent, tenuerunt sinistris manibus lampades, et dexteris tubas. Clamaveruntque: "Gladius Domini et Gedeonis," stantes singuli in loco suo per circuitum castrorum hostium.

Omnia itaque castra turbata sunt, et vociferantes et ululantes fugerunt. Nihilominus, trecenti viri clangebant tubis, militesque hostium mutua caede se interfecerunt.

subvertere – overturn
coaequare – make level
lagena – jar
vacuus – empty
lampas – torch
per circuitum – round about
complodere – strike together
vociferare – shout
ululare – wail
mutual caede – in mutual slaughter
campus – plain
hodiernus – of today
Creta – Crete
facile – easily
subiectio – subjection
misericordia – mercy
tribus - tribe

De alio iudice: Samson

In parte meridionali Palestinae, ad Mare Mediterraneum, habitabat alius populus. Hi omnes, qui Philisthini vocabantur, in quinque urbibus campi ad mare domos suas habebant: in Azoto, Gaza, Geth, Ascalon, et Accaron. In libro prophetae Amos (9:7) dicitur quod Philisthini venerunt ex Caphtor in Palestinam. Quidam scriptores hodierni putant quod nomen Caphtor idem est ac nomen Keftiu in lingua Aegytiaca. Keftiu autem potest significare aut Asia Minore quae ad Cretam pertinebant. Nescimus quo tempore Philisthini in Palestinam venerint—probabiliter saeculo tertio decimo ante Christum. Nomen "Palestina" venit in nomine horum Philisthinorum. Philisthini meliora habuerunt arma quam Israelitae. Itaque facile

Israelitas sibi subiecerunt.
Haec subiectio facta est propter peccata Israel: Filii enim Israel fecerunt malum in conspectu Domini. Qui tradidit eos in manus Philisthinorum quadraginta annis. Sed Misericordia Dei populum suum semper sequebatur. Erat enim vir quidam de tribu Dan, cuius nomen erat Manue. Quodam die, angelus Domini uxori huius Manue apparuit, dixitque: "Filium habebis. Novacula caput eius non tanget: erit enim nazaraeus Dei ab infantia sua. Ipse incipiet liberare Israel de manu Philisthinorum." Cumque infans natus esset, vocatus est Samson. Hic Samson valde mirabilem habuit fortitudinem: cum enim in quandam urbem Philisthinorum descenderet, occurit ei catulus leonis, ferox et rugiens. Venit autem Spiritus Domini in Samson, et dilaceravit leonem, quasi hoedum in frusta discerpens. Samson etiam multos Philisthinos interfecit, ita ut Philisthini eum ligare vellent.
Quodam die venit Samson in Gazam, quae erat urbs Philisthina. Quod cum audissent Philisthini, circumdederunt eum, positis in porta civitatis custodibus. Et tota nocte cum silentio praestolantes, ut mane exeuntem occiderent. Dormivit autem Samson usque ad medium noctis: et inde consurgens apprehendit duas portas civitatis, et impositas humeris suis, portavit ad verticem montis.
Post haec amavit Samson mulierem quae habitabat in valle Sorec, et vocabatur Dalila. Veneruntque ad eam principes Philisthinorum, atque dixerunt: "Decipe eum, et disce ab illo, in quo habeat tantam fortitudinem, et quo modo eum superare valeamus. Quod si (not: but if—here it means: si hoc) feceris, dabimus tibi singuli mille et centum argenteos." Locuta est ergo Dalila ad Samson: "Dic mihi, obsecro, in quo sit tua maxima fortitudo, et quid sit quo ligatus erumpere non possis?" Cui respondit Samson: Si septem nerviceis funibus necdum siccis et adhuc humentibus ligatus fuero, infirmus ero sicut ceteri homines." Attuleruntque ad eam principes Philisthinorum septem funes, ut (as) dixerat. Quibus vinxit eum. Quod cum factum esset, exclamavit Dalila: "Philisthini super te, Samson." Qui rupit vincula, quomodo si rumpit quis filum. Et non erat cognitum in quo esset fortitudo eius. Dixitque ad eum Dalila: "Ecce, illusisti mihi, et falsum locutus es. Saltem nunc indica mihi, quo ligari debeas." Cui ille respondit: "Si ligatus fuero novis funibus, qui

novacula – razor
nazaraeus – nazarite (consecrated to God)
infantia – infancy
fortitude – bravery, strength
catulus leonis – young lion
rugire – roar
dilaceravit – tore into pieces, rending it like a goat
ligare – bind
circumdare – surround
positis . . . custodibus – placing guards
praestolari – wait
exire – go out
mane – morning
occidere – kill
dormire – sleep
inde – thence
consurgere – get up
imponere – put on
humerus - shoulder
vertex - top
mulier - woman
vallis - valley
decipere - deceive
superare - overcome
valére - be well, be able
argentus - silver coin
obsecrare - beg
erumpere - break out
septem nervciceus - cords made of sinews not yet dry and still moist
vincire - bind

numquam fuerunt in opere, infirmus ero, et aliis hominibus similis." Quibus rursus Dalila vinxit eum, exclamavitque: "Philisthini super te, Samson." Qui rupit vincula quasi filum.

rumpere - break
quomodo si...- as one breaks a thread
cognoscere - learn
cognitus - known
illudere (w. dat.) - mock
saltem - at least
indicare - show
funis - rope
opus - work

Veteribus Studeamus

Let us review: First and second person passive of all regular verbs (63).

Vocabularium

bibere, bibit - drink circumdare, -dedit, -datus - surround cognoscere, -novit, -nitus –learn (in pl. - know) confortare, (1) - strengthen exire, -iit, -iturus - go out (compound of ire) solére, solitus est - be accustomed subvertere, -vertit -versus - overturn, destroy valére, valuit, valiturus - be strong, be able, be well	fortitude, -dine magna - strength hodiernus, -a, -um - of today, today's mane (indeclinable) - morning, in morning mille* - one thousand (indeclinable) mulier, muliere, bona - woman tribus, u, bona - tribe vacuus, a, um - emptv vallis, e (poss. pl.-ium) bona - valley vigilia, a - watch, guard vis** - force, pl. = strength

*To mean more than 1000, it is neuter plural: millia, followed by possessive.e.g., tria millia virorum: 3000 men
***vis* is a "pure i-stem", which means that it will decline: obj.=vim; abl.=vi, plural: vires, -ium.

Scramble Exercise

Ne Israel contra Dominum, "Meis viribus liberatus sum," dicens gloriaretur, iudici Gedeon Dominus, ut multos viros domum mitteret, imperavit. Eos quos de manibus aquam lambentes vidit Gedeon domum non remisit. Cum hoc fecisset, victoriam ei dedit qui potens est Dominus Israel. Lagenis complosis, omnes hostes, qui contra populum, quem Deus amavit, venerant, victi sunt.

English to Latin

1. Gedeon was also called Ierobaal.
2. Madian will not be given over into his hand if he will not obey the Lord.
3. The Lord ordered him to go down into the camp of the enemy at night.
4. When he had come, he heard a man telling his dream.

LECTIO DUODECIMA

De Morte Samson

Dixitque rursus Dalila ad eum: "Usquequo decipis me, et falsum loqueris? Ostende, quo vinciri debeas." Cui respondit Samson: "Si septem crines capitis mei cum licio plexueris, et clavum his circumligatum terrae fixeris, infirmus ero." Quod cum fecisset Dalila, dixit ad eum: "Philisthini super te sunt, Samson." Qui consurgens extraxit clavum. Dixitque ad eum Dalila. "Quomodo dicis quod amas me, cum animus tuus non sit mecum? Per tres vices mentitus es mihi, et noluisti dicere, in quo sit maxima fortitudo tua."

Cumque saepe interrogaret, et molesta esset ei, et per multos dies non daret spatium ad quietem, defecit anima Samson, quamquam vir fortissimus erat in omni Israel. Et ad mortem lassata est anima eius. Tunc, aperiens veritatem rei, dixit ad eam: "Novacula numquam ascendit super caput meum, quia nazareus, id est, consecratus Deo sum ex utero matris meae. Si rasum fuerit caput meum, recedet a me fortitudo mea, et deficiam, eroque sicut ceteri homines." Vidensque illa quod confessus ei esset omnem veritatem, misit ad principes Philisthinorum ac mandavit: "Ascendite, quia nunc mihi aperuit cor suum." Qui ascenderunt, assumpta pecunia quam Dalilae promiserant. Cumque Samson dormiret, Dalila rasit septem crines eius. Statimque dixit: "Philisthini super te Samson." Qui consurgens de somno, cogitavit in animo suo: "Egrediar, sicut ante feci," nesciens quod recessisset a se Dominus. Quem cum apprehendissent Philisthini, statim eruerunt oculos eius, et duxerunt Gazam (remember—no prepositions needed with names of cities) vinctum catenis, et claudentes in carcere eum molere coegerunt.

Iamque crines capitis eius iterum crescere coeperant, et principes Philisthinorum convenerunt in unum, ut immolarent hostias magnas Dagon deo suo, et epularentur dicentes: "Tradidit deus noster inimicum nostrum Samson in manus nostras." Quod etiam populus Philisthinorum videns, laudabat deum suum, eademque dicebat: "Tradidit deus noster inimicum nostrum in manus nostras, qui delevit terram nostram, et occidit plurimos." Et laeti in convivio, praeceperunt ut vocaretur Samson, et ante eos

usquequo-how long
si septem...-if you braid 7 locks of hair with thread, and fix in the ground, a nail bound to these
extrahere - draw out
clavus - nail
per tres vices - 3 times
mentiri - lie
molestus - troublesome
spatium - period
deficere - fail
fortissimus- bravest
lassare - make weary
novacula - razor
nazareus - nazarite
uterus - womb
radere - shave
cor - heart
assumere - take along
consurgere - rise, get up
somnus - sleep
cogitare - think
eruere - push out
vincire - bind
catena - chain
molere - grind (mill)
crescere - grow
convenire - come together, assemble
in unum - together
immolare - offer
hostia - victim
epulari - feast
convivium - banquet
ludére - play
columna - column
niti (w. abl.) - rest on
reclinare - lean
requiescere - rest

luderet. Qui ductus de carcere ludebat ante eos, feceruntque eum stare inter duas columnas. Qui dixit puero ducenti se: "Duc me ut tangam columnas quibus omnis domus nititur, et me reclinem super eas, ut requiescam." Domus autem erat plena virorum ac mulierum, et erant ibi omnes principes Philisthinorum, ac de tecto et solario circiter tria millia utriusque sexus spectantes ludentem Samson. At ille, invocato Domino, ait: "Domine Deus, memento mei, et redde mihi nunc fortitudinem quam olim habui, ut ulciscar me de hostibus meis, et pro duobus oculis meis, quos amisi, unam ultionem accipiam." Et apprehendens duas columnas, quibus nitebatur domus, alteram earum dextera, alteram laeva tenens, ait: "Moriatur anima mea cum Philisthinis." Concussisque fortiter columnis, cecidit domus super omnes principes, et ceteram multitudinem, quae ibi erat. Multoque plures interfecit moriens Samson, quam antea vivus occiderat. Descendentes autem fratres eius, et universa cognatio eius, tulerunt corpus eius, et sepelierunt in sepulchro patris sui Manue.

tectum - roof
solarium - balcony

De Propheta Samuel

In saecula duodecimo ante nativitatem Christi erat mulier pia, nomine Anna, quae liberos non habuit. Quam propter causam, Anna ad Deum orabat ut filium habere mereret, simul Deo promittens dare hunc filium Deo. Deus orationem Annae audivit, natusque est filius qui Samuel nominatus est. Cumque puer Samuel adhuc infans esset, vadit Anna ad domum Domini quae erat in Silo, deditque puerum sacer-doti qui vocabatur Heli. Heli autem erat vir bonus, sed duos filios, Ophni et Phinees, qui non erant pii, habuit. Hi duo filii turbabant homines bonos qui sacrificia Deo offerre voluerunt, sumentes partem sacrificii antequam offeretur. Heli itaque, pater eorum, debuit eos punire, sed hoc non fecit.

Missus est igitur ad Heli quidam propheta (cuius nomen nescimus) et ait ad eum: "Haec dicit Dominus: Nonne aperte revelatus sum domui patris tui, cum essent in Aegypto in domo Pharaonis? Et elegi eum ex omnibus tribubus Israel mihi in sacerdotem, ut ascenderet ad altare meum, et dedi domui patris tui omnia de sacrificiis filiorum Israel. Quare magis honoravisti

utriusque sexus - of both sexes
ultio - vengeance
laevus - left
concutere - shake together
plures - more
cognatio - relationship
sepelire - bury
liberi - children
nominare - name
pius - devout
sumere - take
offerre - offer
aperte - openly
revelare - reveal
honorare - honor
primitiae - first fruits
propterea - therefore
loquens locutus - I have really spoken
ministrare - minister

filios tuos quam me, ut comederent primitias omnis sacrificii Israel, populi mei? Propterea ait Dominus Deus Israel: Loquens locutus sum, ut domus patris tui ministraret in conspectu meo usque in aeternum. Nunc autem dicit Dominus: Nullo modo hoc erit: sed quicumque glorificaverit me, glorificabo eum. Qui autem contemnunt me, erunt ignobiles. Hoc autem erit tibi signum, quod veniet duobus filiis tuis, Ophni et Phinees: in die uno morientur duo. Et suscitabo mihi sacerdotem fidelem, qui iuxta cor meum faciet. Et aedificabo ei domum fidelem, et ambulabit coram christo meo cunctis diebus."

Puer autem Samuel ministrabat Domino coram Heli, et sermo Domini erat pretiosus in diebus illis. Non erat visio manifesta. Factum est ergo die quadam: Heli iacebat in loco suo, et Samuel dormiebat in templo Domini, ubi erat arca Dei. Et vocavit Dominus Samuel. Qui respondens, ait: "Ecce, ego ." Et cucurrit ad Heli, et dixit: "Ecce ego: vocavisti enim me." Qui dixit: "Non vocavi. Revertere, et dormi." Et abiit et dormivit. Et Dominus rursum vocavit Samuelem. Consurgensque Samuel, abiit ad Heli et dixit: "Ecce ego, quia vocavisti me." Qui respondit: "Non vocavi te, fili mi. Revertere et dormi." Samuel autem nondum sciebat Dominum, neque revelatus fuerat ei sermo Domini. Et venit Dominus iterum et vocavit adhuc Samuelem tertio. Qui consurgens abiit ad Heli et ait: "Ecce ego, quia vocavisti me." Intellexit ergo Heli, quod Dominus vocaret puerum, et ait ad Samuelem: "Vade et dormi, et si iterum vocaverit te, dices: 'Loquere, Domine quia audit servus tuus.'"

Abiit ergo Samuel, et dormivit in loco suo. Et venit Dominus et vocavit iterum: "Samuel, Samuel." Et ait Samuel: "Loquere, Domine, quia audit servus tuus." Et dixit Dominus ad Samuelem: "Ecce ego facio verbum in Israel, quod quicumque audierit, tinnient ambae aures eius. In die illa suscitabo adversum Heli omnia quae locutus sum super domum eius. Incipiam, et complebo. Praedixi enim quod iudicabo domum eius in aeternum propter iniquitatem, quia noverat indigne agere filios suos, et non corripuerit eos. Ergo iuravi domui Heli quod non expietur iniquitas domus eius victimis et muneribus usque in aeternum." Dormivit autem Samuel usque ad mane, aperuitque portas domus Domini. Et Samuel timebat dicere visionem Heli. Vocavit ergo Heli Samuelem et dixit: "Samuel, fili mi!" Qui respondens ait:

usque in aeternum - forever
quicumque - whoever
glorificare - glorify
contemnere - scorn
ignobilis - ignore
suscitare - raise up
iuxta (w. obj.) - according to, along
christus - anointed one
sermo - word, thing
pretiosus - precious
visio - vision
manifestus - manifest
revertere (imperat.) - return
nondum - not yet
revelare - reveal
tertio - for third time
tinnire - tingle
ambo - both
adversum (w. obj.) - against
praedicere - predict
iudicare - judge, condemn
in aeternum - forever
iniquitas - iniquity
indigne - unworthily
corripere - correct
expiare - expiate
victima - victim
munus - gift
Haec faciat...May God do these things to you and add these things (i.e., double them);
indicare - tell

"Adsum." Et interrogavit eum: "Quis est sermo quem locutus est Dominus ad te ? Oro te, ne abscondas sermonem hunc. Haec faciat tibi Deus, et haec addat, si absconderis a me verbum ex omnibus verbis quae dicta sunt tibi."
Indicavit itaque Samuel universos sermones, et non abscondit ab eo. Et ille respondit: "Dominus est. Quod bonum est in oculis suis, faciat." Crevit autem Samuel, et Dominus erat cum eo, et cognovit universus Israel a Dan usque ad Bersabee, quod fidelis Samuel propheta esset Domini. Et apparuit Dominus iterum Samueli in Silo.

Veteribus Studeamus

Let us review: Quis and aliquis (60 C; 61 C). Imperatives (55B; 64 C). Future perfect indicative active and perfect subjunctive active (64 A,B).
In lesson 8, we recalled that when the main clause is in a past setting, we pick between imperfect and pluperfect subjunctive, according to sense. Now let us note that similarly, if the main clause is in a present or future setting, we pick between present and perfect subjunctive, according to sense (tape script 66).

Vocabularium

cogitare, (1) - think	adversum (w. obj) - against,
consurgere, surrexit, surrectus - rise, get up	iuxta (w. obj.) - along, beside, assemble
opposite	according to
convenire, -venit, -venturus - come together	propterea - therefore, for that reason
crescere, crevit, cretus - grow	ambo, ae, a - both
niti, nisus est - lean on (w. abl.), strive	cor, corde, bonum - heart
sumere, sumpsit, sumptus - take, assume	munus, munere, magnum - gift, bribe,
suscitare, (1) - raise up	function
vincire, vinxit, vinctus - bind	quicumque, quaecumque, quodcumque - whoever, whatever

Scramble Exercise

Dalilae, quam vehementer amavit, veritatem non dixerat Samson. Quae cum eum non dixisse veritatem saepe vidisset, molesta etiam viro qui in omni Israel fortissimus erat, facta est. Qui cum etiam leonem, quem puer invenit, dilaceravisset, a muliere, quam se amare putabat, victus est.

English to Latin

1. Who was the woman whom Samson loved?
2. Dalila was a woman of the Philistines, who often questioned Samson, and was troublesome to him.
3. Samson lied to Dalila three times.
4. When about three thousand of both sexes were watching him, Samson called upon the Lord.

LECTIO DECIMA TERTIA

Philisthini arcam capiunt

Temporibus sacerdotis Heli, convenerunt Philisthini in pugnam adversus Israel. Et incepto proelio, coactus est Israel fugere a Philisthinis, et interfecta sunt in illa pugna passim per agros quasi quattuor millia virorum. Et reversus est populus ad castra. Dixeruntque maiores natu de Israel: "Quare percussit nos Dominus hodie coram Philisthinis? Feramus ad nos de Silo arcam foederis Domini, et veniat in medium nostri, ut salvet nos de manu inimicorum nostrorum." Misit ergo populus in Silo, et tulerunt inde arcam foederis Domini exercituum sedentis super Cherubim. Erantque duo filii Heli cum arca foederis Dei, Ophni et Phinees. Cumque venisset arca foederis Domini in castra, vociferatus est omnis Israel clamore magno. Et audierunt Philisthini vocem clamoris, dixeruntque: "Quaenam est haec vox clamoris magni in castris Hebraeorum?" Et cognoverunt quod arca Domini venisset in castra. Timueruntque Philisthini, dicentes: "Venit Deus in castra." Et doluerunt dicentes: "Vae nobis. Quis nos salvabit de manu Deorum sublimium istorum? Hi sunt Dii qui percusserunt Aegyptum omni plaga in deserto. Sed confortamini, et estote viri Philisthini. Ne serviatis Hebraeis, sicut et illi servierunt vobis: confortamini et pugnate."

Pugnaverunt ergo Philisthini, et caesus est Israel, et fugit unusquisque in tabernaculum suum, et facta est plaga magna valde. Et ceciderunt de Israel triginta millia peditum. Et arca Dei capta est. Duo quoque filii Heli, iuxta prophetiam datam ad Heli, mortui sunt, Ophni et Phinees.

Currens autem quidam vir de tribu Beniamin ex proelio, venit in Silo in die illa, vidensque Heli, venit et nuntiavit ei. Heli autem erat nonaginta et octo annorum, et oculi eius caligaverant, et vidére non poterat. Dixitque nuntius ad Heli: "Ego sum qui veni de proelio, et ego qui de acie fugi hodie." Cui ille ait: "Quid actum est, fili mi?" Respondens autem ille, qui nuntiabat: "Fugit," inquit, "Israel coram Philisthiim, et ruina magna facta est in populo. Insuper et duo filii tui mortui sunt, Ophni et Phinees: et arca Dei capta est." Cumque ille nominavisset arcam Dei, cecidit de sede retrorsum Heli, et fracta cervice, mortuus est. Senex enim erat vir

passim - here and there
quasi - about
maiores natu - elders
salvare - save
inde - from there
Cherubim – Cherubim (kind of angels)
vociferari - shout
clamor - shout
quisnam - who, what
dolére - grieve
vae - woe
sublimis - lofty
confortamini - be strengthened
estote (imperat.) - be
caedere - cut to pieces
pedes - foot soldier
nuntiare - announce
caligare - be in darkness
acies - battle line
Philisthiim - Philisthines (Hebrew plural)

et grandaevus; et ipse iudicavit Israel quadraginta annis.
Philisthiim autem tulerunt arcam Dei, et eam in Azotum portaverunt. Tuleruntque Philisthiim arcam Dei, et eam in templum dei sui Dagon intulerunt, et posuerunt eam iuxta Dagon. Cumque surrexissent diluculo altera die, ecce, Dagon iacebat pronus in terra ante arcam Domini. Et tulerunt Dagon, et restituerunt eum in locum suum. Rursumque mane die altera consurgentes, invenerunt Dagon iacentem super faciem suam in terra coram arca Domini. Caput autem Dagon, et duae palmae manuum eius abscissae erant super limen. Et solus truncus Dagon remanserat in loco suo. Propter hanc causam non calcant sacerdotes Dagon, et omnes qui ingrediuntur templum eius super limen Dagon in Azoto usque in hunc diem. Gravis autem facta est manus Domini super habitantes in Azoto, et confusio mortis magnae in civitatem venit. Videntes autem viri Azotii huiuscemodi plagam dixerunt: "Non maneat arca Dei Israel apud nos, quia gravis est manus eius super nos, et super Dagon deum nostrum." Et mittentes congregaverunt omnes principes Philisthinorum ad se, et dixerunt: "Quid faciendum de arca Dei Israel?" Responderuntque principes ex urbe Geth: "Circumducenda est arca Dei Israel." Et circumduxerunt arcam Dei Israel.
Illis autem circumducentibus eam, gravis fiebat manus Domini per singulas civitates, multosque interficiebat Deus Israel. Cumque fuisset arca Domini in regione Philisthinorum septem menses, vocaverunt Philisthiim sacerdotes et vates dicentes: "Quid faciendum de arca Domini? Indicate nobis quomodo remittenda sit in locum suum." Qui dixerunt: "Si remittitis arcam Dei Israel, nolite dimittere eam vacuam, sed quod debetis, reddendum est pro peccato, et tunc curabimini. Et scietis quare non recedat manus eius a vobis." Philisthini igitur fecerunt omnia quae dixerunt vates. Remiseruntque arcam Dei Israel. Mansitque arca Dei in Cariathiarim viginti annos. Sed multi ex populo Israel deos falsos, praesertim Baalim et Astaroth, coluerunt. Quam propter causam Dominus non benedixit eis, sed per Philisthinos afflicti sunt. Samuel autem laborare non cessavit ut populum suum ad Deum verum reduceret. Cumque eos a falsis diis ad Deum verum convertisset, Deus etiam populum suum contra hostes suos adiuvit, ita ut Philisthinos vincerent. Et restitutae sunt

sedes - seat
retrorsum -backwards
cervix - neck
senex - old man
grandaevus - of great age
Azotus (Philisthine city)
pronus - prostrate
restituere - restore

palma - palm
abscindere - cut off
limen - threshold
truncus - trunk

gravis - heavy

confusio - confusion
manére - remain
huiuscemodi - of this sort
congregare - gather

circumducere - lead about

vates - soothsayer
indicare - tell
remittere - send back

tunc - then

colere - worship

benedicere - bless
affligere - afflict
cessare - cease

eis urbes quas tulerant Philisthiim ab Israel.

adiuvare - help

De Primo Rege Israel: Saul (1020 - 1004)

Factum est autem cum senuisset Samuel: Filios suos iudices in Israel fecit. Sed non ambulaverunt filii illius in viis eius, sed post avaritiam declinaverunt, acceperuntque munera, et perverterunt iudicium. Congregati ergo universi maiores natu Israel venerunt ad Samuelem in Ramatha, dixeruntque ei: "Ecce, tu senuisti, et filii tui non ambulant in viis tuis. Constitue nobis regem, ut iudicet nos, sicut et universae habent nationes." Populus enim Israel viderat multas alias gentes reges habére, cumque semper periculum ex Philisthinis esset, unitatem sub rege reperire cupiebant. Sed displicuit sermo eorum in oculis Samuelis eo quod dixissent: "Da nobis regem ut iudicet nos." Et oravit Samuel ad Dominum. Dixit autem Dominus ad Samuelem: "Audi vocem populi in omnibus quae loquuntur tibi. Non enim te abiecerunt, sed me, ne regnem super eos. Iuxta omnia opera sua quae fecerunt a die qua eduxi eos de Aegypto, sicut dereliquerunt me et servierunt diis alienis, sic faciunt etiam tibi. Nunc autem vocem eorum audi: verumtamen nuntia eis ius regis qui regnabit super eos." Dixit itaque Samuel omnia verba Domini ad populum qui petierat a se regem. Et ait: "Hoc erit ius regis qui imperabit vobis: Filios vestros tollet, et ponet in curribus suis, facietque sibi equites et praecursores quadrigarum suarum. Et constituet sibi tribunos, et centuriones, et aratores agrorum suorum, et messores segetum, et fabros armorum et curruum suorum. Filias quoque vestras faciet sibi unguentarias, et focarias, et panificas. Agros quoque vestros et vineas et oliveta optima tollet, et dabit servis suis. Sed et segetes vestras et vinearum reditus addecimabit, ut det servis suis. Servos etiam vestros et iuvenes optimos auferet, et ponet in opere suo, vosque eritis ei servi. Et clamabitis in die illa a facie regis vestri, quem elegistis vobis. Et non exaudiet vos Dominus in die illa, quia petistis vobis regem." Noluit autem populus audire vocem Samuelis, sed dixerunt:

ambulare - walk
senescere - grow old
avaritia - greed
declinare - go down
munus - gift, bribe
pervertere - distort
unitas - unity
reperire - find
cupere - desire
displicére - displease
eo quod - because
abicere - cast aside
alienus - foreign
verumtamen - however
ius - right, law
currus - chariot
equites, praecursores - horsemen, running footmen of his chariots
tribunos... - tribunes, centurions, plowers, harvesters
faber - maker
currus - chariot
unguentarias... - makers of ointments, cooks, bakers
vineas, oliveta - vineyards, oliveyards
optimus - best
segetes, vinearum reditus - crops, returns from vineyards
addecimare - take 10%
exaudire - hear

"Nequaquam: rex enim erit super nos, et erimus nos quoque sicut omnes gentes: et iudiFabit nos rex noster, et egredietur ante nos, et pugnabit bella nostra pro nobis." Et audivit Samuel omnia verba populi et locutus est ea Domino. Dixit autem Dominus ad Samuelem: "Audi vocem eorum, et constitue super eos regem." Et ait Samuel ad viros Israel: "Vadat unusquisque in civitatem suam."

Quare Deus iratus est eo quod populus Israel regem sibi petisset? Non quia malum est in se habére regem, sed quia Deus ipse, per prophetas et iudices suos, rex Israel erat. Petens regem, populus Israel revera abiecit regnum Dei. Samuel avertere hoc ab eis conatus est, dicens eis omnia quae rex facere poterat. Sed non potuit Samuel persuadére eis. Itaque, sicut audiemus, dedit eis Samuel regem, cuius nomen erat Saul. Hoc factum est anno millesimo vigesimo (1020) ante nativitatem Christi, regnavitque Saul usque ad annum millesimum quartum (1004).

nequaquam - by no means
quoque - also
unusquisque - each & every one
abicere - cast aside
regnum - kingship
avertere - turn aside
persuadére - persuade
iuvenis - youth

<u>Nunc Cogitemus</u>

(See first year tape script, 65)

Now, for a period of twelve lessons, we shall go over the new matter of lessons 65-81 of the first year book. If you finished some or all of those lessons in first year, this will be a helpful review. If you did not finish some, you can learn it now for the first time quite easily.

<u>Future Passive Participle</u>:

It is formed on the first part of the verb, using the ending: -<u>ndus</u>, with the same connective vowels as in the imperfect indicative. Therefore, we could take any imperfect form, e.g., 3rd singular, remove the -bat, add -ndus. The participle has all the endings of bonus: Thus:

parandus, habendus, ponendus, capiendus, audiendus

How is it used? It expresses obligation. Study this sample:

Hoc est faciendum mihi.

This is TO BE DONE by me.

Therefore, we might make a crude but simple translation formula, which will work with all normal examples: TO BE plus the 3rd part (participle) of the English verb.
Notice in the above example that we use the dative for the agent—ordinarily we use ab with the ablative for such ideas, but not with the future passive participle.
Notice also that this future passive participle normally comes with a linking verb—that is, the verb to be or any other verb that behaves in the same way, such as: to seem , to be called, etc.

Now notice that "*Hoc est faciendum mihi*" could be translated:
I must do it.

Therefore, the dative would become the English subject, and we would insert must before the English verb. With that in mind, we could translate an odd sort of example— for some verbs that have no passive in English can be used in this construction in Latin, thus:

Veniendum est mihi.	Eundum est tibi.
I must come.	You must go.

We could not say: "It is to be comed by me"—but we can soon learn to jump at once to say: I must come.
This construction is really very handy, once one gets used to it. But we will need some practice (and will get it).
Let us also go over the objective of extent of space and time and the ablative of extent of time (see p. 264 of this book).

Vocabularium

abiciunt,(3), -iecit, -iectus - cast aside, reject	eo quod - because
abscindere, scidit, scissus - cut off	gravis, e, i - heavy
affligere, -flixit, -flictus - afflict	inde - thence, from there, therefore
benedicere, dixit, dictus (sometimes w. dat.)	nequaquam - by no means
caedere, cecidit, caesus - cut, kill	passim - here and there, scattered
cupiunt,(3), cupivit, -itus - desire	quoque (comes after its word) - also
dolére, doluit, doliturus - grieve	tunc - then
estote (fut.imperat. pl.; sg.: esto) - be	limen, -mine, longum - threshold
manére, mansit, mansurus - remain	optimus, -a, -um - best
nuntiare, (1) - announce	sedes, e, dura (poss. pl. may be -ium) -
persuadére, -suasit, -suasus (w. dat.) - persuade	seat

remittere, -misit, -missus - send back	senex, sene, gravis - old man
reperire, -peruit, -pertus - find	unusquisque (decline both unus and quis) - each and every one

Note: In today's story we meet confusion. Notice there are many 3rd declension nouns in -io, - ione, which are feminine. The English usually has -ion. Also note remittere. There it usually means "back" or "again".

Scramble Exercise

Filios Israel, quia clamore magno vociferati sunt, postquam in castra arca Dei pervenerat, timuerunt Philisthini. Nihilominus, quia filios non monuerat, moriendum erat sacerdoti qui Heli vocabatur. Revera filii, qui id quod non faciendum erat fecerunt, monendi erant patri. Arcam igitur, quae non tangenda erat filiis Israel, si Levitae non erant, acceperunt Philisthini. In locum in quem non erat ducenda arca, eam sine timore, quia periculum nesciebant, duxerunt hostes Israel. Qui hoc fecerunt puniendi erant Domino.

English to Latin

1. The Jews must find a king.
2. For many years, the Lord had been their king, and had led them many miles through the desert.
3. Samuel must do this because they ask.
4. The priest Heli should warn his sons.
5. For many years his sons did wrong in the sight of the Lord.

LECTIO DECIMA QUARTA

De initio regni primi regis

Erat vir de tribu Benjamin nomine Cis, cui erat filius nomine Saul. Et non erat vir de filiis Israel melior illo. Ab humero et sursum eminebat super omnem populum. Amissae autem erant asinae Cis, patris Saul, et dixit Cis ad Saul filium suum: "Tolle tecum unum de pueris, et consurgens vade, ad reperiendas asinas." Qui cum per terras multas quaesivissent, asinas non invenerunt. Cum autem venissent in terram Suph, dixit Saul ad puerum qui erat cum eo: "Veni, et revertamur, ne forte pater meus sollicitus sit pro nobis." Qui ait ei: "Ecce, vir Dei est in civitate hac, vir nobilis. Omne quod loquitur, sine ambiguitate venit, Nunc ergo eamus illuc, si forte indicet nobis de via nostra, propter quam venimus." Dixitque Saul ad puerum suum: "Ecce ibimus. Quid feremus ad virum Dei? Panis defecit in sportis nostris, nec quidquam habemus ut demus homini Dei." Rursum puer respondit Sauli et ait: "Ecce, inventa est in manu mea quarta pars stateris argenti. Demus homini Dei."

Et ascenderunt in civitatem. Cumque illi ambularent in media urbe, Samueli occurrerunt. Dominus autem locutus erat ei antequam veniret Saul dicens: "Hac ipsa hora, quae nunc est, cras mittam virum ad te de terra Benjamin, et unges eum ducem super populum meum Israel. Et salvabit populum meum de manu Philisthinorum, quia respexi populum meum. Venit enim clamor eorum ad me." Cumque aspexisset Samuel Saulem, Dominus dixit ei: "Ecce vir quem dixeram tibi. Iste dominabitur populo meo." Accessit autem Saul ad Samuelem in medio portae et ait: "Indica, oro, mihi, ubi est domus Videntis." Et respondens Samuel Sauli dixit: "Ego sum Videns. Ascende ante me, ad comedendum mecum hodie, et dimittam te mane. Et omnia quae sunt in corde tuo, indi - cabo tibi. Et de asinis quas nudiustertius perdidisti, ne sit metus tibi, quia repertae sunt. Et cui erunt omnia optima in Israel? Nonne tibi et omni domui patris tui erunt?" Respondens autem Saul ait: "Nonne sum filius ex tribu Benjamin, ex minima tribu Israel, et cognatio mea est novissima inter omnes familias de tribu Benjamin? Quare ergo locutus es mihi sermonem istum?" Assumens itaque Samuel Saulem et puerum eius, introduxit eos

cui erat filius - who had a son
ab humero... - stood out (from) head & shoulders
asina - ass
quaerere - seek
forte - by chance
sollicitus - troubled
ambiguitas - doubt
illuc - to that place
si forte.. - in case he might tell..
indicare - tell, indicate
deficere - fail, lack, faint
sporta - basket
stater - stater (small piece of silver)
argentum - silver
ambulare - walk
ungere - anoint
salvare - save
respicere - look back, look on w. favor
clamor - shout
dominari - be lord over
metus - fear
videns - seer
nudiustertius - day before yesterday
perdere - lose, ruin
cognatio - relationship
novissimus - last
iste - this, that
assumere - take
triclinium - dining room
invitare - invite
coquus - cook
reponere - put aside

in triclinium, et dedit eis locum in capite eorum qui fuerant invitati. Erant enim fere triginta viri. Dixitque Samuel coquo: "Da partem, quam dedi tibi et praecepi ut reponeres seorsum apud te. Sumpsit autem coquus armum, et posuit ante Saul. Dixitque Samuel: "Ecce, quod remansit. Pone ante te, et comede, quia de industria servatum est tibi quando populum vocavi." Et comedit Saul cum Samuele in die illa.

Proximo die, cum mane surrexissent, vocavit Saulem Samuel dicens: "Surge, et dimittam te." Et surrexit Saul; egressique sunt ambo, ipse et Samuel. Cumque descenderent in extrema civitatis, Samuel dixit ad Saul; "Dic puero ut antecedat nos. Tu autem sta paulisper, ut indicem tibi verbum Domini." Tulit autem Samuel lenticulam olei, et super caput eius effudit, et osculatus est eum et ait: "Ecce, te unxit Dominus super hereditatem suam in principem, et liberabis populum de manibus inimicorum eius, qui in circuitu eius sunt."

Post haec convocavit Samuel populum ad Dominum in Maspha, et ait ad filios Israel: "Haec dicit Dominus Deus Israel: Ego eduxi Israel de Aegypto, et liberavi vos de manu Aegyptiorum, et de manu omnium regum qui affligebant vos. Vos autem hodie abiecistis Deum vestrum, qui solus salvavit vos de universis malis et tribulationibus vestris, et dixistis: Nequaquam, sed regem super nos constitue. Nunc ergo state coram Domino per tribus vestras et per familias."Et vocavit ad se Samuel omnes tribus Israel, et evenit sors tribus Benjamin. Et vocavit tribum Benjamin et cognationes eius, et evenit cognatio Metri. Et pervenit Samuel usque ad Saul, filium Cis. Quaesierunt ergo eum, et non est inventus. Et consuluerunt post haec Dominum, utrum venturus esset Saul illuc. Responditque Dominus: "Ecce, absconditus est domi." Cucurrerunt itaque, et tulerunt eum inde. Stetitque Saul in medio populi, et altior fuit quam universus populus ab humero et sursum. Et ait Samuel ad omnem populum: "Certe videtis, quem elegit Dominus, quia non est similis illi in omni populo." Et clamavit omnis populus et ait: "Vivat rex!" Locutus est autem Samuel ad populum legem regni, et scripsit in libro, et posuit coram Domino. Et dimisit Samuel omnem populum, singulos in domum suam. Sed et Saul abiit in domum suam in Gabaa; et abiit cum eo pars exercitus, quorum tetigerat Deus corda. Quidam autem dixerunt: "Num salvare nos poterit iste?" Et despexerunt

seorsum - separately
armus - shoulder
de industria - on purpose
antecedere - go before
paulisper - a little while
lenticula - small vial
oleum - oil
effundere - pour out
osculari - kiss
hereditas - inheritance
tribulatio - trouble
evenire - come out
sors - lot
quaesierunt - they sought
utrum venturus, - whether he would come
illuc - to that place
altior quam - taller than
ab humero et sursum - head & shoulders
num (expects answer: no)
despicere - despise
dissimulare - pretend that... not
invadere - invade
Ammonitae - Ammonites
obtinére - obtain
congregare - gather
bellare - make war
currus - chariot
litus - shore
castrametari - pitch camp
angustia - difficulty, tight spot
spelunca - cave
perterrére - terrify greatly
dilabi - slip away
afferre - bring to

eum, et non dederunt ei munera. Ille vero dissimulabat se audire, et reversus est in agros suos.

Sed Saul non poterat in agris longum tempus remanere—invaserunt Ammonitae et Saul debuit exercitum ducere contra eos. Quod fecit, victoriamque obtinuit. Mox etiam bellum adversum Philisthiim venit. Et Philisthiim congregati sunt ad bellandum contra Israel: triginta millia curruum, et sex millia equitum, et reliquus populus sicut arena, quae est in littore maris. Et ascendentes castrametati sunt in Machmas. Quod cum vidissent viri Israel se in angustia positos (afflictus enim erat populus) absconderunt se in speluncis et in aliis locis secretis. Cumque adhuc esset Saul in Galgala, universus populus perterritus est, qui eum sequebatur. Exspectavitque Saul septem dies, iuxta voluntatem Samuelis, et non venit Samuel in Galgala. Dilapsusque est populus ab eo. Ait ergo Saul: "Afferte mihi holocaustum." Et obtulit holocaustum. Cumque complesset offerens holocaustum, ecce Samuel veniebat; et egressus est Saul obviam ei, ut salutaret eum. Locutusque est ad eum Samuel: "Quid fecisti?" Respondit Saul: "Quia vidi quod populus dilaberetur a mj, et tu non veneras iuxta constitutos dies—sed Philisthiim congregati fuerant in Machmas, dixi: Nunc descendent Philisthiim ad me in Galgala, et faciem Domini non placavi. Necessitate compulsus, obtuli holocaustum." Dixitque Samuel ad Saul: "Stulte egisti, nec custodisti mandata Domini Dei tui, quae praecepit tibi. Quodsi non fecisses, nunc praeparavisset Dominus regnum tuum super Israel in sempiternum. Sed nequaquam regnum tuum ultra consurget. Quaesivit Dominus sibi virum iuxta cor suum, et precepit ei Dominus ut esset dux super populum suum, eo quod non servaveris quae praecepit Dominus."

holocaustum - holocaust
obviam (w. dat.) - to meet
salutare - greet
constitutus - set
placare - appease
compellere - compel
stulte - foolishly
in sempiternum - forever

<u>Nunc Cogitemus</u>
(See tape script, 67)

Gerundive to express purpose: The gerundive seems to be the same as the future passive participle, which we have already learned. The same form may be used to express the idea of purpose. We have already seen that Latin can express purpose by *ut* with the subjunctive. It seldom used the infinitive as English does. But the gerundive is almost as easy to use as the infinitive, once you get used to it.

Venit ad videndum Caesarem.
He came to see Caesar.

Notice that the form videndum is an adjective, agreeing with Caesarem. The whole phrase: ad videndum Caesarem, is in the objective case because of the preposition ad. Notice that the whole phrase is equivalent to an English infinitive plus an object: Caesar:— to see Caesar.
Now instead of ad, other prepositions could be used. The most common are causa and gratia (strictly speaking not prepositions, but close enough), which follow the phrase, instead of coming ahead as ad does. With causa and gratia we get the possessive case. Thus:
Venit videndi Caesaris causa or —
Venit videndi Caesaris gratia. The meaning is still: He came to see Caesar.

Therefore we should consider that ad, causa or gratia plus the gerundive is equivalent to an English infinitive (in a purpose construction).
(Certain other prepositions can also be used, but we need not learn them now: they are, chiefly—with objective: ob, propter, with ablative: pro).
Let us go over the dative of possession (see p. 264 of this book).

Vocabularium

ambulare, (1) - walk
congregare, (1) - gather
deficiunt, (3), fecit, fectus - fail lack, faint
despiciunt, (3), -spexit, -spectus - despise
effundere, -fudit, -fusus - pour out
indicare, (1) - tell, indicate
perdere, -didit, -ditus - destroy, ruin, lose
perterrére, -terruit, -territus* - terrify greatly
quaerere, -sivit, -situs - seek, ask
respiciunt,(3), -spexit, -spectus - consider, look back on, look on with favor
salvare, (1) - save
illuc - to that place in
sempiternum - forever
obviam (w. dat.) - to meet
iste, ista, istud** - this, that
metus, u - fear
sors, sorte, bona - lot

*The prefix per (as in pertérrere) can either: 1. mean through 2. strengthen the general meaning.
**sometimes adds note of contempt, or means "that of yours"—declined like ille.

Scramble Exercise

Asinis, quae patri Saulis erant, amissis, missus est ad eas quaerendas Saul ipse. Qui cum multas horas quaesivisset nec invenisset, sibi redeundum ad patrem, ne pater sollicitus esset, putavit. Cum eas inventas esse a Samuele.qui propheta magnus erat, didicisset, etiam se ungendum esse in regem, quia populus Israel regem petiverat, audivit. Non tamen omnes filii Israel ei, quem regem Samuel fecerat, munera danda esse putaverunt.

English to Latin

(Be sure to use the dative of possession)

1. This king has much gold; that king has a great army.
2. Cis sent his son to find the asses.
3. Samuel came to anoint him as king (in regem).
4. Samuel called the people together to announce the law of the king.
5. They are here to hear the prophet.

LECTIO DECIMA QUINTA
De unctione David

Saul etiam alia bella pugnavit, et in omnibus inimicos Israel superavit. Verumtamen Saul ipse non semper custodivit mandatum Dei sui. In bello enim contra Amalec, Deus ipsi imperaverat ut victos interficeret quia peccatores erant, et ne possent ducere populum Israel in idololatriam. Imperavit etiam Dominus ut omnes possessiones eorum qui victi sunt delerent Israelitae. Haec Saul et populus non fecerunt. Non enim nocuerunt regi Amalec: ipsum et optimas res omnes servaverunt—solummodo vilia deleverunt. Post proelium autem, venit Samuel ad Saulem, dixitque ei: "Sine me, et indicabo tibi, quae locutus sit Dominus ad me nocte." Dixitque ei: "Loquere." Et ait Samuel: "Nonne, cum parvulus esses in oculis tuis, caput in tribubus Israel factus es? Unxitque te Dominus ut esses regi populo tuo, et misit te Dominus in viam et ait: Vade, et interfice peccatores Amalec, et pugnabis contra eos usque ad internecionem eorum. Quare ergo non audisti vocem Domini, sed versus ad praedam es, et fecisti malum in oculis Domini?" Et ait Saul ad Samuelem: " Sed audivi vocem Domini et ambulavi in via per quam misit me Dominus, et servavi Agag regem Amalec et populum eius interfeci. Tulit autem de praeda populus primitias eorum quae caesa sunt, ut immolet Domino Deo suo in Galgala." Et ait Samuel: "Num vult Dominus holocausta et victimas, et non potius, ut obediatur voci Domini? Melior est enim obedientia quam victimae, et audire magis quam offerre adipem arietum. Quia quasi peccatum ariolandi est repugnare Domino. Et quasi peccatum idololatriae, nolle audire Eum. Ergo eo quod abiecisti sermonem Domini, abiecit te Dominus, ne sis rex." Dixitque Saul ad Samuelem: "Peccavi, quia non servavi sermonem Domini et verba tua, timens populum, et audiens vocem eorum. Sed nunc revertere mecum, ut adorem Dominum." Et ait Samuel ad Saul: "Non revertar tecum, quia abiecisti sermonem Domini, et abiecit te Dominus, ne sis rex super Israel." Et conversus est Samuel ut abiret. Ille autem apprehendit summitatem pallii eius, quae scissa est. Et ait ad eum Samuel: "Scidit Dominus regnum Israel a te hodie, et tradidit illud proximo tuo." At Saul ait: "Peccavi; sed

superare - overcome
verumtamen - however
idololatria - worship of idols
nocére - (w. dat.) - harm
vilis - cheap
sinere - allow, permit
parvulus - little one
ungere - anoint
internecio - extermination
praeda - plunder, booty
primitiae - first fruits
immolare - immolate, sacrifice
holocaustum - holocaust
potius - rather
ut obediatur.. - that the voice of the Lord be obeyed
adipem arietum - fat of rams
ariolari - practice witchcraft
repugnare (w. dat.) resist
summitas - top, edge
pallium - mantle

nunc honora me coram senioribus populi mei, et coram Israel, et revertere mecum, ad adorandum Dominum Deum tuum." Reversus ergo Samuel secutus est Saulem; et adoravit Saul Dominum. Post haec lugebat Samuel Saulem.
Dixitque Dominus ad Samuelem: "Usquequo tu luges Saul, cum ego abiecerim eum, ne regnet super Israel? Imple cornu tuum oleo, et veni, ut mittam te ad Isai Bethlehemitem. Providi enim in filiis eius mihi regem." Fecit ergo Samuel sicut locutus est ei Dominus, venitque in Bethlehem. Et admirati sunt seniores civitatis, occurrentes ei, dixeruntque: "Pacificus est adventus tuus?" Et ait: "Pacificus: ad immolandum Domino veni. Sanctificamini, et venite mecum, ut immolem." Sanctificavit ergo Isai et filios eius, et vocavit eos ad sacrificium. Cumque Isai et filii eius ingressi essent, vidit Samuel Eliab, et ait: "Num coram Domino est christus eius?" Et dixit Dominus ad Samuelem: "Ne respicias vultum eius, neque altitudinem staturae eius, quia non accepi eum, nec iuxta intuitum hominis ego iudico. Homo enim vidit ea quae parent: Dominus autem vidit cor." Et vocavit Isai Abinadab, et adduxit eum coram Samuele, qui dixit: "Nec hunc elegit Dominus." Adduxit autem Isai Samma. De quo ait: "Etiam hunc non elegit Dominus." Adduxit itaque Isai septem filios suos coram Samuele; et ait Samuel ad Isai: "Non elegit Dominus ex istis." Dixitque Samuel ad Isai: "Num iam completi sunt filii?" Qui respondit: "Adhuc reliquus est parvulus cuius nomen est David, et pascit oves." Et ait Samuel ad Isai: "Mitte, et adduc eum." Misit ergo, et adduxit eum. Erat autem rufus, et bonus aspectu, et ait Dominus: "Surge, unge eum: ipse est enim." Tulit ergo Samuel cornu olei, et unxit eum in medio fratrum eius. Et missus est Spiritus Domini a die illa in David. Surgensque Samuel, abiit in Ramatha. Spiritus autem Domini recessit a Saul, et invasit eum spiritus malus.
Quid putaverunt Isai et alii fratres David de hac unctione? Nescimus. Samuel, iubente Deo, revera unxit David in regem futurum, sed probabiliter fratres, nescientes veram significationem, putabant eum ita unctum esse ut esset amico vel servo Samueli in sacrificio quod illo tempore oblatum est.

scindere - rent
proximo tuo meliori te - to your neighbor (who is) better than you

lugére - mourn
usquequo - how long
cornu - horn (neuter obj.)
oleum - oil
Bethlehemitis - of Bethlehem
providére - provide
admirari - admire, wonder
pacificus - peaceful
adventus - coming
immolare - immolate, sacrifice
sanctificare - sanctify
Isai - Jesse
christus - anointed one
vultus - face, appearance
statura - height

intuitus - look
iudicare - judge
parére - appear
parvulus - small one
pascere - feed
ovis - sheep
rufus - ruddy
aspectus - appearance
cornu - horn
invadere - invade
unctio - anointing

<u>David interficit Goliath</u>

Sed adhuc maius periculum erat a Philisthinis. Philisthiim enim castra habuerunt inter Socho et Azeca, et Saul et filii Israel venerunt et instruxerunt aciem contra eos. Et Philisthiim stabant super montem ex una parte, et Israel stabat supra montem ex altera parte. Vallisque erat inter eos. Et egressus est vir spurius de castris Philisthinorum, nomine Goliath, ex civitate Geth. Goliath autem vir maximae staturae erat—fere decem pedum in altitudinem. Insuper et magna arma habebat. Goliath igitur stans clamabat adversum acies Israel, et dicebat eis: "Quare venistis parati ad proelium? Nonne ego sum Philisthaeus, et vos servi Saul? Eligite ex vobis virum, et descendat ad singulare certamen. Si poterit pugnare mecum, et percusserit me, erimus vobis servi. Si autem ego praevaluero, et percussero eum, vos servi eritis, et servietis nobis." Et aiebat Philisthaeus: "Ego exprobravi aciebus Israel hodie: Date mihi virum et ineat mecum singulare certamen." Audiens autem Saul, et omnes Israelitae sermones Philisthaei huiuscemodi, stupebant, et metuebant nimis.

David autem erat filius Isai, de quo supra dictum est, de Bethlehem. Pater autem eius Isai octo filios habebat, et erat vir in diebus Saul senex. Abierunt autem tres filii eius maiores post Saul in proelium. Et nomina trium filiorum eius qui perrexerunt ad bellum: Eliab primogenitus, et secundus Abinadab, tertiusque Samma. David autem erat minimus. Tribus ergo maioribus secutis Saulem, abiit David (ante hoc saepe psallebat cithara in palatio Saul) ut pasceret oves patris sui in Bethlehem. Procedebat vero Philisthaeus mane et vespere, et stabat quadraginta diebus. Dixit autem Isai ad David filium suum: "Accipe fratribus tuis cibos, et curre in castra ad fratres tuos. Et fratres tuos visitabis, si recte agant; et cum quibus ordinati sunt, disce." Surrexit itaque David mane, et abiit sicut praeceperat ei Isai. Et venit ad exercitum, qui egressus ad pugnam, vociferatus erat in certamine. Instruxerat enim aciem Israel, sed et Philisthiim ex alia parte fuerant praeparati. Derelinquens ergo David cibos quos attulerat, sub manu custodis, cucurrit ad locum certaminis, et interrogabat si omnia recte agerentur cum fratribus suis. Cumque adhuc loqueretur eis, apparuit vir ille spurius ascendens, Goliath nomine, Philisthaeus, de Geth, de castris Philisthinorum. Et, loquente eo haec eadem verba, audivit David. Omnes autem Israelitae, cum vidissent virum, fugerunt a facie eius, timentes

instruere - draw up
spurius - low born

in altitudinem - in height

singulare certamen - single combat
praevalére - prevail, overcome
aiebat - he kept saying
exprobrare (w. dat.) - reproach
inire - go into
stupére - be amazed
metuere - fear

primogenitus - first born
psallere - play
cithara - harp
palatium - palace
procedere - come forth
vero - but
vespere - in evening
visitare - visit
recte - rightly
ordinare - arrange
vociferari - shout
certamen - battle
instruere - draw up
custos - guard
ditare - make rich
divitiae - riches
tributum - tribute

eum valde.
Et dixit quidam de Israel: "Vidistis virum hunc, qui ascendit? Ad exprobrandum enim Israeli ascendit. Virum ergo, qui percusserit eum, ditabit rex divitiis magnis, et filiam suam dabit ei, et domum patris eius faciet sine tributo in Israel." Et ait David ad viros qui stabant secum, dicens: "Quid dabitur viro qui percusserit Philisthaeum hunc, et tulerit opprobrium de Israel? Quis enim est hic Philisthaeus incircumcisus, qui exprobravit aciebus Dei viventis?" Referebat autem ei populus eundem sermonem, dicens: "Haec dabuntur viro qui percusserit eum." Quod cum audisset Eliab, frater eius maior, loquente eo cum aliis, iratus est contra David, et ait: "Quare venisti, et dereliquisti oves in deserto? Ego scio superbiam tuam, et nequitiam cordis tui, quia, ut videres proelium descendisti." Et dixit David: "Quid feci? Nonne licet interrogare?" Et interrogavit David etiam alium virum de verbis regis, eundemque sermonem audivit.

opprobrium - reproach
incircumcisus - uncircumcised
referre - report
superbia - pride
nequitia - wickedness

Nunc Cogitemus

(See tape script, 68)

Gerunds: Gerunds are verbal nouns—that is, half noun and half verb (compare participles: half verb, half adjective).
But the Latin gerund has only a few forms— poss., dative, objective, and ablative singular: i, o, um, o— no other forms are in use.
How is it used? - chiefly two kinds of uses:

1. To express purpose — just like the gerundive, except that this is a noun, and so (in English) there will be no object.

   Venit in silvas septentrionales ad piscandum.
   He came into the north woods to fish.

(Of course, we could also use: *piscandi causa*, piscandi gratia, ob piscandum etc.)

2. As a mere verbal noun, translated by the English noun in -ing: A variety of combinations are possible (but, for the most part, no object should be used).
   E.g.:
   a. *Amor piscandi traxit eum in silvas.*
      Love of fishing drew him into the woods.
   b. *Expectando, Fabius servavit Romam.*
      By waiting, Fabius saved Rome.

Let us go over also the double dative (see p. 263 of this book). In addition, it will be good to notice a special kind of dative that occurs in the story of today's lesson: "...ut obediatur voci Domini."

The principle is simple: Any verb that takes the dative in the active voice, must be impersonal in the passive, and keep the dative. By impersonal, we mean a third singular form, with the subject "it" in English. To make it easy, let us practice a bit. Here are some sentences in which we have the dative with a verb that does not need an objective. Read each sentence, then express the same idea but make the verb impersonal passive. Do not bother to express the agent with the passive: in normal use, the context usually does that well enough.

Sample: Magister parcit porco. Answer: Porco parcitur a magistro.

Hannibal nocet Romanis.
Caesar ignoscit Ciceroni.
Cicero persuadet senatui.
Iacob benedicit filiis.
Rex repugnat Domino.
Goliath exprobrat Hebraeis.
Vir malus maledicit regi.
Samuel obedit Domino.
Viri mali resistunt nobis.
Puer respondet magistro.
Servi serviunt regi.
Romani parcunt victis.

Now let us do the same thing with these sentences, but use the impersonal gerundive in our answers. Sample: Magister debet parcere porco. Answer: Porco parcendum est. (It is all right to leave out est if you wish: that is often done).
Cicero debet persuadére senatui.
Caesar debet ignoscere Ciceroni.
Necesse est ut Iacob benedicat filiis.
Hannibal non debet Romanis nocére.
Rex non debet Domino repugnare.
Goliath non debet Hebraeis exprobrare.
Vir malus non debet regi maledicere.
Necesse est ut Samuel obediat Domino.
Non debent viri mali nobis resistere.
Necesse est ut puer respondeat magistro.
Servi debent regi servire.

Romani debent victis parcere.

Vocabularium

admirari, (1) - wonder at, admire
exprobrare, (1) (w. dat.) - reproach
immolare, (1) - immolate, sacrifice
inire, iit, iturus - go in (from ire)
maledicere, dixit, dictus (w. dat.) - curse
metuere, -tuit, -tutus - fear
nocére, nocuit, nociturus (w. dat.) - harm
referre, retulit, relatus - bring back, report
scindere, scidit, scissus - cut, tear, rend
sinere, sivit, situs - allow, permit
stupére, stupuit - be amazed
ungere, unxit, unctus - anoint
verumtamen - however
praeda, a - booty, plunder
vultus, u - face, appearance

Scramble Exercise

Non est repugnandum Domino, sed semper verbis eius obediendum est. Obediendo enim voci eius David, quamquam solummodo puer, qui oves pascebat, fuerat, rex populi Dei est factus. Saluti populo suo, tempore quo eis Goliath, qui vir spurius erat, exprobrabat, missus est David. Qui sine timore ad pugnandum contra Goliath non armis magnis sed favore Dei munitus descendit.

English to Latin

1. David came as a help to his brothers.
2. The evil man will not be spared.
3. The words of God must always be obeyed.
4. The king will not be forgiven.
5. Goliath was coming out to reproach the army of Israel.

LECTIO DECIMA SEXTA

De magna victoria David

Audita sunt autem verba quae locutus est David, et annuntiata in conspectu Saul. Ad quem cum fuisset David adductus, locutus est Sauli David: "Non cadat cor cuiusquam de hoc viro: ego servus tuus vadam, et pugnabo adversus Philisthaeum." Et ait Saul ad David: "Non potes resistere Philisthaeo isti, nec pugnare adversus eum, quia puer es, hic autem vir bellator est ab adolescentia sua." Dixitque David ad Saul: Pascebat servus tuus patris sui gregem, et veniebant leo et ursus et tollebant arietem de medio gregis. Et sequebar eos, et percutiebam, eruebamque de ore eorum. Et illi consurgebant adversum me, et apprehendebam guttur eorum, et suffocabam, suffocandoque interficiebam eos. Nam et leonem et ursum interfeci ego servus tuus. Erit igitur et Philisthaeus hic incircumcisus quasi unus ex eis. Nunc vadam et auferam opprobrium populi. Quis enim est iste Philisthaeus incircumcisus, qui ausus est maledicere exercitui Dei viventis?" Et ait David: "Dominus qui eripuit me de manu leonis et de manu ursi, ipse me liberabit de manu Philisthaei huius." Dixit autem Saul ad David: "Vade, et Dominus tecum sit." Et induit Saul David vestimentis suis, et imposuit galeam aeream super caput eius, et induit eum lorica. Sic armatus, et gladium habens, David coepit tentare si posset incedere; non enim habebat consuetudinem. Dixitque David ad Saul: "Non possum sic incedere."

Et deposuit arma, et tulit baculum suum, quem semper in manibus habebat, et elegit sibi quinque limpidissimos lapides de torrente, et misit eos in peram pastoralem, quam habebat secum, et fundam manu tulit, et exivit adversum Philisthaeum. Ibat autem Philisthaeus incedens, et appropinquans adversum David, et armiger eius ante eum. Cumque conspexisset Philisthaeus, et vidisset David, despexit eum. Erat enim adolescens. Et dixit Philisthaeus ad David: "Num ego canis sum, quod tu venturus es ad me cum baculo?" Et maledixit Philisthaeus David per deos suos, dixitque ad David: "Veni ad me, daturus enim sum carnes tuas volatilibus caeli, et bestiis terrae." Dixit autem David ad Philisthaeum: "Tu venis ad me cum gladio et hasta et clypeo: ego

annuntiare - report
quisquam - anyone
bellator - warrior
pascere - feed
grex - flock
leo - lion
ursus - bear
aries - ram
eruere - dig out, deliver
guttur - throat
suffocare - choke
maledicere (w. dat.) - curse
eripere - snatch, deliver
vestimentum - clothes
galea aerea - bronze helmet
lorica - corslet
armatus - armed
tentare - try, test
incedere - go, walk
baculus - staff
limpidus - smooth
torrens - brook
pera pastoralis - shepherd's pouch
funda - sling
armiger - armor bearer
conspicere - catch sight of
adolescens - youth
canis - dog
volatile - bird
bestia - beast
hasta - spear
clypeus - shield

cadaver - corpse

autem venio ad te nomine Domini exercituum, Dei acierum Israel, quibus exprobravisti hodie, et dabit te Dominus in manu mea, et percussurus sum te, et ablaturus caput tuum a te, et daturus cadavera castrorum Philisthiim hodie volatilibus caeli, et bestiis terrae: ut sciat omnis terra, quod est Deus in Israel. Et sciant omnes qui adsunt, quod non gladio, nec hasta salvat Dominus. Eius enim est bellum, et tradet vos in manus nostras." Cum ergo surrexisset Philisthaeus, et veniret et appropinquaret contra David, festinavit David, et cucurrit ad pugnandum contra Philisthaeum. Et misit Davi d manum suam in peram, tulitque unum lapidem, et funda iecit, et percussit Philisthaeum in fronte. Et infixus est lapis in fronte eius, et cecidit in faciem suam super terram. Praevaluitque David adversum Philisthaeum funda et lapide, percussumque Philisthaeum interfecit. Cumque gladium non haberet in manu David, cucurrit et stetit super Philisthaeum, et tulit gladium eius, et interfecit eum, absciditque caput eius. Videntes autem Philisthiim quod mortuus esset fortissimus eorum, fugerunt. Et consurgentes viri Israel et Juda, vociferantes persecuti sunt Philisthaeos donec venirent in vallem, et usque ad portas civitatis Accaron. Et revertentes filii Israel postquam persecuti sunt Philisthaeos, invas - erunt castra eorum. Assumens autem David caput Philisthaei, attulit illud in Ierusalem; arma vero eius posuit in tabernaculo suo.

Optimam doctrinam videre possumus in hac narratione de David et Goliath. David enim erat puer sine armis: Goliath autem erat vir magnus, et bellator, decem pedes in altitudinem habens. Clarum est ergo, quod David per se non poterat vincere virum talem. Sed si memoria nostra bona est, possumus recordari ea quae fecit Deus temporibus Gedeon. Cum enim Gedeon magnum haberet exercitum, Deus imperavit ei ut magnam exercitus partem dimitteret. Itaque Gedeon cum paucis viris—qui per se nullo modo satis erant ad victoriam—fecit victoriam. Quid vult Deus docére nos per haec et similia facta? Vult nos intellegere quod melius est sperare in Deo et in fortitudine eius: homo debet facere id quod potest, sed debet intellegere omnia bona revera a Deo venire. In his factis, Deus elegit homines infirmos et per se insufficientes ut intellegeremus quod cum auxilio Dei etiam infirmus potest omnia facere. Haec cogitans, Sanctus Paulus in Novo Testamento, in Epistola secunda ad Corinthios dicit:

festinare - hasten
frons - forehead
infigere - drive in
praevalére - prevail, overcome
vociferari - shout
persequi - follow up, pursue
donec - until
invadere - go in, invade
assumere - take up
afferre - bring to
bellator - warrior
per se - by himself
intellegere - understand
insufficiens - insufficient
infirmus - weak, sick
libenter - gladly
gloriari - boast, glory
infirmitas - weakness, sickness
stultus - foolish
confundere - confound
sapiens - wise
ignobilis - ignoble
contemptibilis - contemptible
palatium - palace
complesset: same as complevisset
congultinare - glue
anima - soul
diligere - love
foedus - covenant
tunica - tunic
prudenter - prudently
maxime - especially

"Libenter igitur gloriabor in infirmitatibus meis, ut habitet in me potestas Christi." Et in prima Epistola ad Corinthios, idem Paulus etiam scribit: "Ea quae stulta sunt mundi elegit Deus, ut confundat sapientes; et infirma mundi elegit Deus, ut confundat fortia, et ignobilia mundi et contemptibilia elegit Deus, et ea quae non sunt elegit, ut ea quae sunt deleret—ut non glorietur omnis caro in conspectu eius."
Post victoriam super Goliath, David ad palatium Saul ductus est. Ibi Saul eum de multis interrogavit. Jonathas autem, filius Saul, aderat, et audivit omnia. Et factum est: cum complesset loqui ad Saul, anima Jonathae conglutinata est animae David, et dilexit eum Jonathas quasi animam suam. Inierunt autem David et Jonathas foedus; et dedit ei Ionathas multa dona, etiam tunicam suam qua erat indutus, et gladium suum. Egrediebatur quoque David ad omnia, ad quaecumque misisset eum Saul, et prudenter agebat. Posuitque eum Saul super viros belli, et acceptus erat in oculis universi populi, maximeque in conspectu servorum Saul.

Saul conatur interficere David

Sed cum reverteretur, percusso Philisthaeo, David, egressae sunt mulieres de universis urbibus Israel, cantantes: "Percussit Saul mille, et David decem millia". His auditis, iratus est Saul nimis, et displicuit in oculis eius sermo iste, dixitque: "Dederunt David decem millia, et mihi mille dederunt. Quid ei superest, nisi solum regnum?" Non rectis ergo oculis Saul aspiciebat David a die illa et deinceps. Post haec, Saul magna invidia contra David affectus est voluitque ei nocére. Quidam scriptores putant eum etiam insanum mente, vel fere insanum fuisse. Quidquid sit, Saul conatus est interficere David. Cum enim David psalleret ante eum, Saul iecit lanceam ad David, sed David declinavit lanceam. Et timuit Saul David eo quod Dominus esset cum eo, et a se recessisset. Amovit ergo eum Saul a se, et fecit eum tribunum super mille viros; et egrediebatur et intrabat in conspectu populi. In omnibus quoque viis suis David prudenter agebat, et Dominus erat cum eo. Vidit itaque Saul, quod prudens esset nimis, et coepit cavére eum. Omnis autem Israel et Juda diligebat David; Ipse enim

cantare - sing
nimis - very much, too much
displicére (w. dat.) - displease
Quid ei superest - What remains for him (to get)
rectus – right
deinceps – from, then on
quisquis – whoever
quidquid sit – whatever it may be
psallere – play music
lancea – lance
declinare – dodge
amovére – remove
cavére – beware, shun
tribunus – tribune
tantummodo – only

ingrediebatur et egrediebatur ante eos. Dixitque Saul ad David: "Ecce filia mea maior Merob. Ipsam dabo tibi uxori. Tantummodo esto vir fortis et proeliare bella Domini. Saul autem cogitabat in corde suo: "Non sit manus mea in eum, sed sit super eum manus Philisthinorum." Sed revera Saul non dedit filiam suam Merob Davidi—cuidam alio qui vocatus erat Hadriel dedit eam. Sed filia altera Saulis amavit David. Nomen eius erat Michol. Et nuntiatum est Saul, et placuit ei. Dixitque ad David Saul: "Dabo eam uxori tibi, si interficies centum Philisthinos, ut fiat ultio de inimicis regis." Porro Saul cogitabat tradere David in manus Philisthinorum.

proeliari – fight
uxor – wife

Nunc Cogitemus
(See tape script 69)

Future Active Participle: For some time we have been learning a third part for some verbs, that is not a perfect participle. Notice that they all end in –urus. The same form can e made for any verb—merely change the final –us of the perfect participle to –urus. It has all the endings of *bonus.* E.g.,

paratus—becomes paraturus.

The meaning is easy to learn: about to prepare, going to prepare, intending to prepare.

Future Active Infinitive: If we use the infinitive esse (to be) with a future active participle, we have the future active infinitive. We must remember to use the right ending on the participle—gender, number, and case. Recall that one form of the indirect statement uses objective case with an infinitive. For example:

Dicit Caesarem venire—He says that Caesar is coming.
Dicit Caesarem venisse—He says that Caesar came.

Now—with the future:

Dicit Caesarem venturum esse—He says that Caesar will come.
Dixit Caesarem venturum esse-He said that Caesar would come.

Notice that the ending of *venturum* agrees with the subject of the infinitive, Caesarem.

Note also that the infinitive expresses time relative to the time of the main verb: Therefore:

Present infinivite —Same time as the main verb
Perfect infinitive —action done before (antecedent to) the main verb
Future infinitive — action to to come after the time of the main verb.

Let us also go over the double objective (see pg. 264 of this book).

Vocabularium

afferre, attulit, alatus – bring to
assumere, assumpsit, assumptus – assume, take up
cavére, cavit, cautus – guard against, beware
diligere, dilexit, dilectus – love, choose
displicére, displicuit, displicitus (w. dat.) – displease
eruere, eruit, erutus – dig out, deliver
conspiciunt, (3) conspexit, conspectus – see, catch sight of
festinare (1) – hasten
intellegere, intellexit, intllectus – understand
invadere, invasit, invasus – invade, go in
pascere, pavit, pastus – feed, nourish
praevalére, paevaluit, praevaliturus – prevail
vociferari, (1) shout
nimis – very much, too much
frons, fronte, longa - forehead, front (poss. pl. – ium)
quisquis – whoever, whatever (decline both parts)
tribunus, o, - tribune
volatile, - i, bonum – flying thing, bird

Scramble Exercise

Verbis Goliath, qui exercitui Israel exprobravit, auditis, se contra eum processurum dixit qui puer adhuc erat David. Rogaturus Dominum fortitudinem oravit ergo David. Sed se interfecturum puerum hunc qui sine armis cum funda ad pugnandum descendit certe putavit Goliath. Hunc puerum qui in Deo confidebat servando, nos omnes sapientiam docére voluit Dominus.

English to Latin

1. He seems to be about to kill Goliath.
2. He said that he would do this.
3. It is difficult to teach men wisdom.
4. David asked only for a sling and a staff when he was about to fight against Goliath.
5. Let us listen for he is about to ask for peace.

LECTIO DECIMA SEPTIMA

De fuga Davidis

Placuerunt haec verba in oculis David, et post paucos dies surgens, abiit cum viris qui cum eo erant. Et percussit ex Philisthiim ducentos viros. Dedit itaque Saul ei Michol filiam suam uxorem. Et vidit Saul, et intellexit, quod Dominus esset cum David. Michol autem filia Saul eum diligebat. Et Saul magis coepit timére David; factusque est Saul inimicus David omnibus diebus. Locutus est autem Saul ad Ionathan filium suum, et ad omnes servos suos, ut occiderent David. Porro Ionathas filius Saul diligebat David valde. Et indicavit Ionathas David dicens: "Quaerit Saul pater meus occidere te. Quapropter, observa te, quaeso, mane, et abscondas te. Ego autem egrediens stabo iuxta patrem meum, in agro ubicumque fueris, et ego loquar de te ad patrem meum, et quodcumque videro nuntiabo tibi." Locutus est ergo Ionathas de David bona ad Saul patrem suum, persuasitque ei ne noceret Davidi: "Ne pecces, rex, in servum tuum David, quia non peccavit tibi, et opera eius bona sunt tibi valde. Posuit animam suam in manu sua, et percussit Philisthaeum, et fecit Dominus salutem magnam universo Israeli. Vidisti opera eius, et grata tibi erant valde. Quare ergo peccas in sanguine innocenti, interficiens David, qui est sine culpa?" Quod cum audisset Saul, placatus voce Ionathae, iuravit: "Vivit Dominus, quia non occidetur." Vocavit itaque Ionathas David, et indicavit ei omnia verba haec. Et introduxit Ionathas David ad Saul, et fuit ante eum, sicut fuerat heri et nudiustertius. Motum est autem rursum bellum: et egressus David pugnavit adversus Philisthiim; percussitque eos plaga magna, et fugerunt a facie eius. Postea autem, cum Saul sederet in domo sua, et David psalleret, conatus est Saul David configere lancea. Et declinavit David a facie Saul, et David fugit, et salvatus est nocte illa. Misit ergo Saul servos suos in domum David, ut custodirent eum, et interficeretur mane. Sed Michol, uxor David, nuntiavit haec ei dicens: "Nisi salvaveris te hac nocte, cras morieris." Quae cum dixisset Michol, deposuit David per fenestram. Porro ille abiit et fugit, atque salvatus est. Tulit autem Michol statuam, et posuit eam in lecto, et operuit eam vestimentis. Misit autem Saul ministros suos, qui

placére - please, be decided

uxor - wife
ultio - vengeance

porro - then, moreover

quaeso - I ask

ubicumque - wherever

gratus - pleasing
culpa - fault
placare - appease
vivit Dominus - as the Lord lives (form of oath)
quia - for (or omit, when used with oath)
introducere - lead in
heri - yesterday
nudiustertius - day before yesterday
psallere - play music
configere - fix, pierce
lancea - lance
declinare - dodge

fenestra - window
statua - statue

raperent David; et responsum est, quod aegrotaret. Rursumque misit Saul nuntios ut viderent David, dicens: "Afferte eum ad me in lecto, ut occidatur." Cumque venissent nuntii, inventa est statua in lecto. David autem fugiens, venit ad Samuel in Ramatha.

Locutusque est David ad Ionatham: "Quid feci? Quae est iniquitas mea, et quod peccatum in patrem tuum, quia quaerit animam meam?" Qui dixit ei: "Absit, non morieris: neque enim faciet pater meus quidquam grande vel parvum, nisi prius indicaverit mihi. Hunc ergo sermonem tantummodo celavit me pater meus? Nequaquam erit istud." Et iuravit rursum Davidi. Et ille ait: "Scit profecto pater tuus quod inveni gratiam in oculis tuis, et dicet: 'Nesciat hoc Ionathas, ne forte tristetur.' Immo vero, vivit Dominus, et vivit anima tua—quia uno tantum gradu (ut ita dicam) ego morsque dividimur." Et ait Ionathas ad David: "Quodcumque dixerit mihi anima tua, faciam tibi."

Ionathas itaque, rogante David, patrem suum observabat, vidensque malitiam eius completam esse, exivit, et indicavit David. Et osculantes alterutrum, fleverunt pariter, David autem amplius. Et surrexit David et fugit; sed Ionathas ingressus est civitatem. David venit in speluncam Odollam. Quod cum audissent fratres eius, et omnis domus patris eius, descenderunt ad eum illuc. Et convenerunt ad eum omnes qui erant in angustia constituti, et oppressi aere alieno, et amaro animo. Et factus est David princeps eorum, fueruntque cum eo quasi quadringenti viri.

Saul autem secutus est David, et audiens quosdam sacerdotes Domini auxilium dedisse Davidi, non timuit interficere sacerdotes. Quodam tempore Saul David circumdederat, et fere cepit, sed nuntius venit ad Saul dicens: "Festina, et veni, quia Philisthiim terram invaserunt." Reversus est ergo Saul ut pugnaret contra Philisthiim, et non persecutus est David die illo. Cumque reversus esset Saul, post - quam persecutus est Philisthaeos, nuntiaverunt ei dicentes: "Ecce, David in deserto Engaddi est." Assumens ergo Saul tria millia electorum virorum ex omni Israel, perrexit ad apprehendendum David et viros eius. Acciditque ut Saul ingrederetur quamdam speluncam in qua David et viri eius interiore parte absconderentur. Et dixerunt servi David ad eum: "Ecce dies, de qua locutus est Dominus ad

lectus - bed
operire - cover
qui raperent David = who should seize D (to seize D)
(note the subjunctive)
aegrotare - be sick

iniquitas - iniquity
absit - far be it from you
grandis - great
tantummodo - only
celare - hide (w. two objectives)
profecto - surely
tristrare make sad
gradus - step

observare - watch
malitia - wickedness
osculari - kiss
alterutrum - one another
pariter - together
amplius - more
spelunca - cave
angustia - difficulty
aes alienum - debt
amarus - bitter

persequi - pursue persecute

te: 'Ego tradam tibi inimicum tuum, ut facias ei sicut placuerit in oculis tuis.'" Surrexit ergo David, et praecidit oram chlamydis Saul silenter. Sed post haec percussit cor suum David, eo quod abscidisset oram chlamydis Saul, dixitque ad viros suos: "Propitius sit mihi Dominus, non faciam hanc rem domino meo, christo Domini. Non mittam manum meam in eum, quia christus Domini est. Et non permisit David viris suis ut consurgerent in Saul. Porro Saul exsurgens de spelunca, itinere suo pergebat.
Surrexit autem David post eum, et egressus de spelunca clamavit post Saul dicens: "Domine mi rex." Et respexit Saul post se, et inclinans se David pronus in terram, adoravit, dixitque ad Saul: "Quare audis verba hominum loquentium: 'David quaerit malum adversum te?' Ecce hodie viderunt oculi tui quod tradiderit te Dominus in manu mea in spelunca, et cogitavi ut occiderem te, sed pepercit tibi oculus meus. Dixi enim: Non extendam manum meam in dominum meum, quia christus Domini est. Immo vero, pater mi, vide, et cognosce oram chlamydis tuae in manu mea, quia cum abscinderem oram chlamydis tuae nolui extendere manum meam in te. Animadverte, et vide, quod non est in manu mea malum, neque iniquitas, neque peccavi in te.
Tu autem insidias facis animae meae, ut auferas eam. Quem persequeris, rex Israel? Quem persequeris? Canem mortuum persequeris, et pulicem unum. Sit Dominus iudex, et iudicet inter me et te. Et videat, et iudicet causam meam, et eruat me de manu tua." Cum autem complesset David loquens sermones huiuscemodi ad Saul, dixit Saul: "Num vox haec tua est, fili mi David?" Et levavit Saul vocem suam, et flevit, dixitque ad David: Iustior tu es quam ego. Tu enim tribuisti mihi bona: ego autem reddidi tibi mala. Et tu indicavisti hodie, quae feceris mihi bona: quomodo tradiderit me Dominus in manum tuam, et non occideris me. Quis enim cum in - venerit inimicum suum, dimittet eum in via bona? Sed Dominus reddat tibi vicissitudinem hanc pro eo, quod hodie operatus es in me. Et nunc, quia scio te certissime regnaturum esse, et habiturum in manu tua regnum Israel, iura (imperative) mihi in Domino, ne deleas semen meum post me, neque auferas nomen meum de domo patris mei." Et David non negavit, sed iuravit Sauli. Abiit ergo Saul in domum suam; et David et viri eius ad tutiora loca ascenderunt.

praecidit... - cut off hem of robe secretly
propitius - merciful
christus - anointed one
inclinare - hand down
pronus - prostrate
extendere - extend
animadvertere - notice
insidiae - ambush
canis - dog
pulex - flex
tribuere - give
vicissitudo - exchange, turn
tutus - safe

negare - say no, refuse, deny

Nunc Cogitemus
(See tape script, 71)

Comparison of adjectives: In English, an adjective has three degrees: clear, clearer, clearest. The first form is called positive (clear), the second, comparative (clearer), the third, superlative (clearest). Sometimes the comparative uses the word more, e.g., more ready. Now Latin has a similar set of forms for all adjectives—to make the comparative we get a base from the ablative singular of an adjective (ablative singular less the ablative ending) and add to that base: -ior, -ius.
We have already had some of these words, such as melior—they are all declined like melior—that is, all (even those that come from bonus type words) are third declension, with ablative in -e.
For the superlative, we use the same base, and add: -issimus (declined like bonus). Therefore take the adjective clarus—clarior, clarissimus.
Translations:

Comparative: clearer, quite clear
Superlative: most clear, clearest, very clear

Irregular comparatives and superlatives: The above method is used for most adjectives—but there are a few exceptions:

1. Adjectives in -er (such as acer, or pulcher) make the superlative by adding -rimus to the nominative singular masculine: acerrimus, pulcherrimus.
2. Six adjectives make the superlative by adding: -limus to the base (that is, the ablative singular minus the ending):

facilis	facillimus	easy
difficilis	difficilimus	difficult
similis	similimus	similar
disimilis	disimilimus	dissimilar
humilis	humilimus	humble
gracilis	gracillimus	slender

3. Many common adjectives have completely unpredictable forms—but we have already learned the most important of them, a few at a time: here they are

Positive	Comparative	Superlative	Translation
bonus	melior, melius	optimus, -a, -um	good, better, best
malus	peior, peius	pessimus, -a, -um	bad, worse, worst
parvus	minor, minus	minimus, -a, -um	small, less, least
multus	plus (neut. only)	plurimus, -a, -um	many, more, most
magnus	maior, maius	maximus, -a, -um	great, greater, greatest

Ablative of comparison: How can we say "than" after a comparative? Two ways:

1. Use quam (same case after and before):
   Iosephus melior est quam Pharao. (Notice Pharao is nominative).
   Joseph is better than Pharao.

2. Use the ablative case:
   Iosephus melior est Pharaone.

Vocabularium

animadvertere, vertit, versus - notice, punish
extendere, tendit, tensus - extend, stretch out
negare, (1) - deny, say no, say... not
placare, (1) - appease
placere, placuit, placitus - please, be decided
tribuere, -buit,- butus - assign, give
vivit Dominus* - as the Lord lives (oath)
*often followed by a quia that is not translated

porro - then, moreover
ubicumque - wherever
(notice that - cumque words mean: - ever. What about: quandocumque quomodocumque, quicumque?)
angustia, a - difficulty, tight place
canis, e, parvus - dog
christus - anointed one
grandis, e, i - great, large
gratus, a, um - pleasing
iniquitas, tate, mala - iniquity, sin
spelunca, a - cave
uxor, ore, bona - wife

Scramble Exercise

Virum sanctum David, qui Goliath, quamquam puer fuerat, occiderat Saule maiorem esse dixerunt mulieres de universis urbibus Israel egredientes. Se maximum, nec minorem hoc adulescenti, Saul, qui rex erat, putavit. Tempore enim quo in regem a Samuele, quem Dominus ipse miserat electus est, visus est idem Saul omni populo altior et melior esse. David ergo maius periculum a Saule quam ex Goliath fuerat venit.

English to Latin

1. I think that David is a better man than the king; some think he is the best.
2. Do you think Jonathan will be braver than his friend?
3. Saul, weeping, said that his enemy was more just than he.
4. David thinks that he is smaller than a flea.
5. The Lord will send a holier man for the salvation of his people (use double dative).

LECTIO DECIMA OCTAVA

De misericordia Davidis

Cum autem esset Saul in Gabaa, nuntiatum est ei ubi David adesset. Et surrexit Saul, et descendit in desertum Ziph, et cum eo tria millia virorum de electis Israel, ut quaereret David in deserto Ziph. David autem, videns regem venisse post se in desertum, misit qui spectarent Saul, et didicit quod illuc venisset certissime. Et surrexit David clam, et venit nocte ad locum in quo dormiebat Saul et Abner princeps exercitus eius. Venit ergo David, et invenit Saul dormientem in tabernaculo, et hastam fixam in terra ad caput eius. Abner autem et populus dormiebant in circuitu eius. Dixitque ad David vir quidam, nomine Abisai, qui cum eo venerat: "Conclusit Deus inimicum tuum hodie in manus tuas. Nunc ergo, perfodiam eum lancea in terra semel, et secundo opus non erit." Et dixit David ad Abisai: "Ne interficias eum. Quis enim extendet manum suam in christum Domini et innocens erit?" Et dixit David: "Vivit Dominus, quia, nisi Dominus percusserit eum, aut dies eius venerit ut moriatur, aut in proelium descendens perierit—propitius sit mihi Dominus: non extendam manum meam in christum Domini. Nunc igitur tolle hastam, quae ad caput eius est, et scyphum aquae, et abeamus." Tulit ergo David hastam et scyphum aquae, qui erat ad caput Saul, et clam abierunt. Et non erat quisquam qui videret et intelligeret et evigilaret, sed omnes dormiebant, quia sopor Domini irruerat super eos. Cumque transisset David et esset grande intervallum inter eos, clamavit David ad populum, et ad Abner, principem exercitus dicens: "Nonne respondebis, Abner?" Et respondens Abner, ait: "Quis es tu, qui clamas, et inquietas regem?" Et ait David ad Abner, "Nonne vir tu es? Et quis alius similis tui in Israel? Quare ergo non custodisti dominum tuum regem? Ingressus est enim unus de turba clam ut interficeret regem dominum tuum. Non est bonum hoc, quod fecisti. Vivit Dominus, quoniam filii mortis estis vos, quia non custodistis dominum vestrum, christum Domini. Nunc ergo vide, ubi sit hasta regis, et ubi sit scyphus aquae, qui erat ad caput eius." Cognovit autem Saul vocem David et dixit: "Num vox haec tua, fili mi David?" Et ait David: "Vox mea, domine mi rex?" Dixitque David: "Quam ob

misit qui... - sent (some) to observe
clam - secretly
tabernaculum - tent, tabernacle
hasta - spear
fixus - fixed
circuitus - circuit, circle
concludere - shut up
perfodere - pierce
lancea - lance
opus est (w. abl.) - there is need of
scyphus - cup
vigilare - wake up
sopor - sleep
irruere - rush on
intervallum - interval
inquietare - disturb
similis - like to (w. dat. or poss.)
turba - crowd
filius mortis - one who deserves death
pulex - flea
malefacere (w dat) - do evil to
pretiosus - precious
stulte - foolishly
ignorare - not know
hasta - spear (symbol of authority)
incidere - fall into
finis - boundary
vastare - lay waste
iuvare - help
simul - at same time
agmen - line of march
custos - guard

causam dominus meus persequitur servum suum? Quid feci, aut quod (interrogative) est malum in manu mea? Et nunc non effundatur sanguis meus in terram coram Domino, quia egressus est rex Israel, ut quaerat pulicem unum." Et ait Saul: "Peccavi; revertere fili mi David, nequaquam enim ultra tibi malefaciam, eo quod pretiosa fuerit anima mea in oculis tuis hodie. Apparet enim quod stulte egerim, et ignoraverim multa nimis." Et respondens David, ait: "Ecce hasta regis: transeat unus de pueris regis, et tollat eam." Ait ergo Saul ad David: "Benedictus tu, fili mi David." Abiit autem David in viam suam, et Saul reversus est in locum suum.

quid sibi volunt - what do they mean
proeliari - battle
cantare - sing
ruere - rush
pondus - weight

De fine regni Saul

Et ait David in corde suo: "Aliquando incidam una die in manus Saul. Nonne melius est, ut fugiam, et salver in terra Philisthinorum, ut Saul cesset me quaerere in cunctis finibus Israel? Fugiam ergo manus eius." Et surrexit David, et abiit ipse et sescenti viri cum eo, ad Acbis, regem urbis Geth in terra Philisthinorum. Et nuntiatum est Saul quod fugisset David in Geth, et non ultra quaesivit eum. Dixit autem David ad Achis: "Si inveni gratiam in oculis tuis, detur mihi locus in una urbium regionis huius, ut habitem ibi." Dedit itaque ei Achis in die illa urbem Siceleg. David autem ex civitate illa exivit saepe ad pugnandum contra Amalecitas, qui erant inimici Israel, et qui etiam vastabant terras Philisthinorum. Achis enim, rex Geth, putavit David esse socium suum. Revera autem David pro Philisthinis noluit pugnare contra populum suum, nec hoc fecit. Pugnando contra Amalecitas, Israel iuvabat, et simul regi Geth placebat.

Factum est autem in diebus illis: congregaverunt Philisthiim agmina sua ut praepararentur ad bellum contra Israel, dixitque Achis rex ad David: "Nunc egredieris mecum in castris, tu et viri tui." David autem nolebat pugnare contra populum suum, dixitque: "Nunc scies, quae facturus est servus tuus." Et ait Achis ad David: "Et ego custodem capitis mei ponam te cunctis diebus." Sed non erat difficultas: cum enim omnia agmina Philisthiim congregata essent in Aphec, alii, principes Philisthinorum dixerunt ad Achis: "Quid sibi volunt Hebraei isti?" Et noluerunt permittere ut David cum exercitu Philisthinorum esset. Irati sunt itaque adversus eum principes Philisthiim, et dixerunt ei: "Revertatur vir iste, et sedeat in loco suo, in quo constituisti eum, et non descendat nobiscum in proelium, ne fiat nobis adversarius, cum proeliari coeperimus. Nonne iste est David, cui cantabant mulieres Israel dicentes: 'Percussit Saul mille et David decem millia'?" Vocavit ergo Achis David, et remisit eum in civitatem suam Siceleg.

Philisthiim autem pugnabant adversum Israel, et fugerunt viri Israel ante faciem Philisthiim, et ceciderunt interfecti in monte Gelboe. Rueruntque Philisthiim in Saul et in filios eius, et percusserunt Ionathan, et Abinadab, et Melchisua filios Saul. Totumque pondus proelii versum est in Saul, et consecuti sunt eum viri sagittarii, et vulneratus est vehementer a sagittariis. Dixitque Saul ad armigerum suum: "Evagina gladium tuum, et percute me, ne forte veniant incircumcisi isti et interficiant me, illudentes mihi." Et noluit armiger eius: fuerat enim nimio terrore perterritus. Arripuit itaque Saul ipse gladium, et irruit super gladium. Mortuus est ergo Saul et tres filii eius, et universi viri eius in die illa. Videntes autem viri Israel qui erant trans vallem, et trans Iordanem, quod fugissent viri Israelitae, et quod mortuus esset Saul, et filii eius, reliquerunt civitates suas, et fugerunt. Veneruntque Philisthiim et habitaverunt ibi. Die autem altera, venerunt Philisthiim ut spoliarent interfectos, et invenerunt Saul et tres filios eius iacentes in monte Gelboe. Et absciderunt caput Saul, et spoliaverunt eum armis, et miserunt nuntium in terram Philisthinorum per circuitum, ut annuntiaretur in templo idolorum, et in populis. Et posuerunt arma eius in templo Astaroth, corpus vero eius suspenderunt in muro Bethsan. Quod cum audissent habitatores civitatis Iabes Galaad quaecumque fecerant Philisthiim Saul, desideraverunt servare corpus eius, et ambulaverunt tota nocte et tulerunt cadaver Saul, et cadavera filiorum eius de muro Bethsan, veneruntque ad Iabes Galaad, et combusserunt corpora ibi. Et tulerunt ossa eorum, et sepelierunt, ieiunaveruntque septem dies.

consequi - catch
sagittarius - archer
vulnerare - wound
armiger - armor bearer
evaginare - unsheath
incircumcisus - uncircumcised
illudere (w. dat.) - mock
arripere - snatch
spoliare - despoil
annuntiare - report
idolum - idol
Astaroth(Phili sthine goddess)
murus - wall
Bethsan (city in Jordan valley)
Jabes Galaad (city across Jordan)
desiderare - desire
cadaver - corpse
comburere - burn
sepelire - bury
ieiunare - fast

Nunc Cogitemus

(See tape script, 72; 73 B)

Formation of adverbs (regular):

a) From first and second decl. adjectives: Take the base (ablative singular without the ending) and add - e.

Thus: clarus → clare.

b) From third declension adjectives: Take the base (ablative singular Without the ending) and add -ter.

Thus: acer → acriter.

Comparative and Superlative of avderbs:

The comparative is the same as the neuter singular form of the comparative adjective, therefore: clarius, more clearly.

The superlative is the same as it is for adjectives except that it uses an -e ending instead of the -us of the adjective, therefore: clarissime—most clearly.

Irregular adverbs: Most of these can be formed by the use of the above rules on the irregular adjective forms which we already know. But there are a few peculiarities:

bene (well)	melius (better)	optime (very well)
male (badly)	peius (worse)	pessime (very badly)
—	magis (more)	maxime (most)
—	minus (less)	minime (least)
multum (much)	plus (more)	plurimum (most)

Ablative of measure (degree) of difference: We already know how to say than after a comparative. For example:

He is taller than Marcus. Altior est Marco (or: quam Marcus). But how do we say how much taller? Just use the ablative without a preposition:

Multo altior quam Marcus est.
He is much taller than Marcus (taller by much).

Or again:

Altior Marco est duobus pedibus.
He is taller than Marcus by two feet.

Vocabularium

cantare, (1) - sing comburere, -bussit, -bustus - burn consequi, -secutus est - follow up, overtake desiderare, (1) - desire ignorare, (1) - not know, be ignorant incidere, cidit, casus - fall into or upon irruere, -ruit - rush on, attack iuvare, iuvit, iutus - help, please perfodiunt, (3), -fodit, -fossus - pierce, dig through ruere, ruit, rutus - fall, rush vastare, (1) - lay waste	clam - secretly simul - at same time (do not confuse with semel - once) cadaver, -ere, mortuum - corpse circuitus, u - circuit, circle -in circuitu - round about custos, -tode, bonus - guard pretiosus. -a. -um - precious, rare tabernaculum, o - tent, scyphus, o - cup turba, a - crowd, mob

Scramble Exercise

Sauli, cum celeriter eum percutere posset, parcere, ne christum tangeret Domini, voluit David, qui revera Saule fortior multo erat. Male ergo cum egisset contra se Saul, melius cum eo egit David. Sibi nihilominus discedendum, ne Saul occidere eum quaereret, putavit David. In terram igitur Philisthinorum, ex qua egrediens fortissime contra Amalec pugnaret ille quem Saul timebat pervenit.

English to Latin

1. David obeyed God most faithfully—much more faithfully than the king.
2. He saw more clearly than Saul that which was good.
3. David fought much more bravely than the others
4. The king promised that he would do well.
5. He helped the king a little more than the others.

LECTIO DECIMA NONA

De Regno David: 1004 - 965 Ante Christum

Saule mortuo, exercituque eius victo, tota Palestina in potestatem Philisthinorum venit. David autem in civitate sua Siceleg erat. Die autem tertia apparuit homo veniens de castris Saul, veste conscissa, et pulvere conspersus caput; et, ut venit ad David, cecidit super faciem suam, et adoravit. Dixitque ad eum David: "Unde venis?" Qui ait ad eum: "De castris Israel fugi." Et dixit ad eum David: "Quod est verbum quod factum est? indica mihi." Qui ait: "Fugit populus ex proelio, et multi cadentes e populo mortui sunt. Sed et Saul et Ionathas filius eius interierunt.' Dixitque David ad adolescentem qui nuntiabat ei: "Unde scis quod mortuus est Saul, et Ionathas filius eius?" Et ait adolescens qui nuntiabat ei: "Casu veni in montem Gelboe, et Saul incumbebat super hastam suam: porro currus et equites appropinquabant ei, et conversus, vidensque me vocavit. Cui cum respondissem: 'Adsum', dixit mihi: 'Quisnam es tu?' Et dixi ad eum: 'Amalecites ego sum.' Et locutus est mihi: 'Sta super me, et interfice me: quoniam tenent me angustiae, et adhuc tota anima mea in me est.' Stansque super eum, occidi illum: sciebam enim eum non posse vivere post ruinam; et tuli diadema, quod erat in capite eius, et armillam de brachio illius, et attuli ad te dominum meum huc."

Apprehendens autem David vestimenta sua scidit, omnesque viri, qui erant cum eo, et planxerunt, et fleverunt, et ieiunaverunt usque ad vesperam super Saul, et super Ionatham filium eius, et super populum Domini, et super domum Israel, eo quod corruissent gladio. Dixitque David ad iuvenem qui nuntiaverat ei: "Unde es tu?" Qui respondit: "Filius hominis advenae Amalecitae ego sum." Et ait ad eum David: "Quare non timuisti mittere manum tuam, ut occideres christum Domini?" Vocansque David unum de servis suis, ait: "Accedens irrue in eum." Qui percussit illum, et mortuus est. Et ait ad eum David: "Sanguis tuus super caput tuum: os enim tuum locutum est adversum te, dicens: 'Ego interfeci christum Domini!" Ille enim iuvenis mendacium locutus erat dicens se, rogatum a Saule, interfecisse eum. Scimus enim veritatem, quod Saul, cum

vestis - garment
conscissus - torn
pulvis - dust
conspersus caput - being sprinkled on the head

interire - perish
casu - by chance

incumbere - lean on
hasta - spear
currus - chariot
Amalecites - a man of Amalec
quoniam - since, that

diadema - diadem, crown
armilla - bracelet
brachium - arm
plangere - mourn
ieiunare - fast
vespera - evening

iuvenis - youth

mendacium - lie

rogasset armigerum suum ut ipsum interficeret, seipsum interfecit. Vir itaque qui nuntiavit ad David probabiliter erat latro qui venerat ad spolia capienda ex cadaveribus interfectorum: et nuntiando mortem Saulis Davidi, sperabat se praemium magnum accepturum a David.

Igitur post haec consuluit David Dominum dicens: "Num ascendam in unam de civitatibus Iuda?" Et ait Dominus ad eum: "Ascende." Dixitque David: "Quo ascendam?" Et respondit ei: "In Hebron"Ascendit ergo David, cum viris qui erant secum. Veneruntque viri Iuda, et unxerunt ibi David, ut regnaret super domum Iuda. Sed reliqui tribus non acceperunt David, sed Abner, princeps exercitus Saul, tulit Isboseth, filium Saul, et circumduxit eum per castra, regemque constituit eum super Israel universum. Quadraginta annorum erat Isboseth filius Saul, cum regnare coepisset super Israel: multi tribus secuti sunt eum; sola autem domus Iuda sequebatur David.

Sed rixa facta est inter Abner, qui fecerat Isboseth regnare super reliquos tribus, et Isboseth. Misit ergo Abner nuntios ad David pro se qui dicerent: "Cuius est terra? Fac mecum amicitias, et erit manus mea tecum, et reducam ad te universum Israel." Locutus est quoque Abner ad seniores Israel, dicens: "Tam heri quam nudiustertius quaerebatis David, ut regnaret super vos. Nunc ergo facite, quoniam Dominus locutus est ad David dicens: 'In manu servi mei David salvabo populum meum Israel de manu Philisthiim, et omnium inimicorum eius.!" Itaque, postquam David duos annos super tribum Iuda regnavit, venerunt universae tribus Israel ad David in Hebron. Et percussit cum eis rex David foedus in Hebron coram Domino; unxeruntque David in regem super Israel. Isboseth enim, filius Saul, interfectus erat a duobus servis suis. In Hebron regnavit David septem annis et sex mensibus. Fere anno nongentesimo nonagesimo octavo ante Christum (998 BC) David cepit urbem Ierusalem. Post haec, quia arca Domini adhuc erat in Cariathiarim (in quem locum venerat postquam Philisthiim eam remiserant), David surrexit et abiit, et universus populus, qui erat cum eo de viris Iuda, ut arcam Dei adducerent. Cumque tulissent eam de domo Abinadab, David et omnis Israel ludebant coram Domino in omnibus instrumentis ligneis et citharis et cymbalis, et ducebant arcam testamenti Domini in Ierusalem in civitatem David. Et introduxerunt arcam

armiger - armor bearer
latro - thief
spolium - spoils

quo - to what place

Iuda (indecl) - Juda

circumducere - lead around

rixa - quarrel

amicitia - friendship
reducere - lead back

heri - yesterday
tam... quam - both... and
nudiustertius - day before yesterday

percussit ... foedus - strike a covenant

ludére - play

Domini, et imposuerunt eam in loco suo in medio tabernaculi quod tetenderat ei David. Et obtulit David holocausta coram Domino.
Pugnavit etiam David contra multos inimicos Israel fecitque victorias magnas. Factum est autem, cum sedisset rex in domo sua, et Dominus dedisset ei requiem undique ab universis inimicis suis, dixit ad Nathan prophetam: "Videsne, quod ego habitem in domo cedrina, et arca Dei posita sit in medio pellium?" Dixitque Nathan ad regem: "Omne quod est in corde tuo, vade, fac, quia Dominus tecum est." Placuit ergo Domino valde quod David cogitavit aedificare templum Domino. Attamen, quamquam David ipse hoc facturus non erat iuxta Dei providentiam, in illa nocte venit sermo Domini ad Nathan dicens: "Vade, et loquere ad servum meum David: 'Haec dicit Dominus: Num tu aedificabis mihi domum ad habitandum? Neque enim habitavi in domo ex die illa qua eduxi filios Israel de terra Aegypti usque in diem hanc: sed ambulabam in tabernaculo, et in tentorio. Per cuncta loca, quae transivi cum omnibus filiis Israel, num locutus sum ad unam de tribubus Israel, dicens: Quare non aedificastis mihi domum cedrinam? Et nunc dices servo meo David: Haec dicit Dominus exercituum: Ego tuli te de pascuis sequentem greges, ut regeres populum meum Israel, et fui tecum in omnibus, ubicumque ambulavisti, et universos inimicos tuos a facie tua interfeci. Fecique tibi nomen grande, iuxta nomen magnorum, qui sunt in terra. Et dabo locum populo meo Israel, et plantabo eum, et habitabit in eo, et non turbabitur amplius, nec audebunt filii iniquitatis ut affligant eum sicut prius ex die qua constitui iudices super populum meum Israel. Et requiem dabo tibi ab omnibus inimicis tuis. Praedicitque tibi Dominus quod Dominus tibi domum faciet. Cumque completi fuerint dies tui, et dormieris cum patribus tuis, suscitabo semen tuum post te, et firmabo regnum eius. Ipse aedificabit domum nomini meo, et stabiliam thronum regni eius usque in sempiternum. Ego ero ei in patrem, et ipse erit mihi in filium. Qui si inique aliquid gesserit, puniam eum in virga virorum, et in plagis filiorum hominum. Misericordiam autem meam non auferam ab eo. Et fidelis erit domus tua, et regnum tuum usque in aeternum, et thronus tuus erit firmus in sempiternum.'"

ligneus - wooden
cithara - lyre, lute
cymbalum - cymbal
introducere - lead in
imponere - place in or on

tendere - stretch
holocaustum - holocaust
requies - rest
undique - from all sides
cedrinus - of cedar
pellis - skin, hide

attamen - however
providentia - providence

tentorium - tent

pascuum - pasture
grex - herd
regere - rule

plantare - plant, settle
amplius - any more
prius - earlier
requies - rest
praedicere - foretell

firmare - strengthen
stabilire - make stable

inique - wickedly

In hac prophetia Deus promisit David quod regnum eius firmum esset usque in sempiternum, et quod vir ex semine eius revera aedificaret templum Domino. De quo viro loquitur prophetia? Quaedam in hac prophetia videntur vera esse de filio David qui vocatus est Salomon—ipse enim aedificavit templum magnum Domino. Sed non omnia in prophetia conveniunt Salomoni. Prophetia enim dixit domum eius fidelem futuram esse et regnum eius firmum futurum esse in aeternum: haec autem non vera sunt de Salomone. Ipse enim multa peccata magna commisit, et etiam deos falsos coluit pro uno vero Deo. Nec erant semper reges in Israel ex semine David—ante adventum Christi reges defecerunt ex populo Israel. Similiter, in prophetia dicitur quod magnus successor Davidis, de quo loquitur prophetia, venturus est post mortem Davidis: "cum. . . dormieris cum patribus tuis, suscitabo semen tuum post te." Salomon autem regnare coepit ante mortem Davidis, non post mortem eius. Itaque clarum est quod non omnia in hac prophetia convenire possunt Salomoni. Cui igitur conveniunt? Multa in hac prophetia conveniunt soli Christo: ille enim, sicut angelus Gabriel dixit Mariae Virgini: "Regnabit in domo Iacob in aeternum et regni eius non erit finis." Domus Christi, id est ecclesia Christi, fidelis erit ei usque in sempiternum. Verum templum Domini quae est ecclesia eius, aedificata est a Christo ipso.

Sed quaedam in prophetia etiam non conveniunt Christo: Prophetia enim dicit: "Qui si inique aliquid gesserit, puniam eum" Christus autem peccatum non fecit. Videtur ergo quod tota prophetia partim loquitur de Salomone, partim de Christo.

virga - rod

prophetia - prophecy

convenire - fit, come together (w. dat.)

pro (w. abl.) - in place of

similiter - similarly

ecclesia - church

Nunc Cogitemus

(See tape script, 73A; 75A)

Neuters of Fourth Declension: There are just a few of these—the most common are probably genu (knee) and cornu (horn, or flank of an army). They are declined thus:

genu	genua
genus	genuum
genu	genibus
genu	genua
genu	genibus

The singular is monotonous, and therefore easy. The plural is about what we should expect from a neuter—but note that it has not just -a, but -ua.
A few fourth declension words use -ubus instead of -ibus (dative and ablative plural).
Now, let us go over conditional sentences (p. 247 of this book).

Vocabularium

ieiunare, (1) - fast	amplius - more, any more
imponere, -posuit, -positus - place in or on	heri - yesterday
incumbere, -cubuit, -cubitus - lean on, attend to	prius - before, earlier
	quoniam - since, that
ludére, -lusit, -lusus - play	tam... quam - both... and, as well... as
plangere, planxit, planctus - lament	grex, grege, bonus - flock
regere, rexit, rectus - rule	iuvenis, e , bonus - young man
tendere, tetendit, tentus (tensus) - stretch, strive	requies, e (5th) - rest
	vestis, i - bona - garment

Scramble Exercise

Venissetne omnis terra quam Saul regebat in potestatem Philisthinorum si ille semper Domino obedivisset? Si ille quem Dominus elegerat ut rex super populum Israel esset, in conspectu Domini non tam male egisset, filii Israel in pace, non in captivitate essent. Si David ipse, cum Dominus per Nathan prophetiam dedisset dicentem filium David aedificaturum Domino templum, conatus esset templum aedificare, forsan Domino non placuisset.

English to Latin

1. If he should wish to act against the will of the Lord, he would not please Him.
2. If Saul had waited for (exspectare.w. obj.) Samuel, God would not have rejected him.
3. We would not be in the power of the Philisthines if David were king.
4. If he is doing wrong, he must be punished.
5. If he should bend the knee before Dagon, the Lord would not help him.

LECTIO VIGESIMA

De operibus Davidis

David etiam ipse scripsit multos psalmos, et in ipsis, videre possumus multas prophetias de Christo venturo. Christus ipse in cruce moriens recitavit partem psalmi vigesimi primi. Legamus et nos partem huius psalmi in quo videre possumus praedictas multas passiones Christi:

Deus meus, Deus meus, quare me dereliquisti? Longe abes a precibus, a verbis clamoris mei.

Deus meus, clamo per diem, et non exaudis, et nocte, et non attendis ad me. In te speraverunt patres nostri: speraverunt, et liberasti eos. Ego autem sum vermis et non homo. Omnes videntes me derident me.

Aruit tamquam testa guttur meum, et lingua mea adhaeret faucibus meis, et in pulverem mortis deduxisti me. Foderunt manus meas et pedes meos: dinumerare possum omnia ossa mea. Ipsi vero aspiciunt, et videntes me laetantur; dividunt sibi vestimenta mea, et de veste mea mittunt sortem.

Sed in psalmo decimo quinto David etiam prophetavit de resurrectione Christi. In hoc psalmo, quamquam David videtur de se loqui, nihilominus haec ait, ad Deum dicens: "Quia non relinques animam meam apud inferos; non sines sanctum tuum videre corruptionem." Sanctus Petrus Apostolus, in primo festo Pentecostes, cum Spiritus Sanctus super Apostolos descendisset, interpretatus est hunc psalmum in oratione sua, dicens: "David... defunctus est et sepultus, et sepulchrum eius est apud nos usque in hodiernum diem. Propheta igitur cum esset... providens locutus est de resurrectione Christi." Sanctus Petrus dicit haec verba psalmi non posse David ipsum significare, quia David mortuus est, et caro eius corrupta est. Ergo, vera sunt haec verba solummodo in Christo, quia caro eius non vidit corruptionem, sed surrexit ex sepulchro tertia die post mortem suam.

David autem non semper bonus erat. Etiam adulterium commisit, sumendo sibi uxorem viri qui vocabatur Urias Hethaeus. Quam propter causam misit ad David Dominus Nathan prophetam dicentem: "Haec dicit Dominus Deus Israel: Ego unxi te in regem super Israel, et ego erui te de manu Saul, et dedi tibi domum

psalmus - psalm
crux - cross
recitare - recite
praedictus - predicted
passio - suffering
prex - prayer
clamor - cry
exaudire - hear, grant prayer
attendere - attend to
liberasti - liberavisti
vermis - worm
deridére - laugh at
arére - be dry
testa - earthenware vessel
guttur - throat
adhaerere - stick to
fauces - throat
deducere - lead down
fodiunt - pierce, dig
dinumerare - count
laetari - be glad
sors - lot
prophetare - prophesy
inferi - sheol (region of the dead)
sinere - allow
interpretari - interpret
defungi - die
sepelire - bury
providére - foresee
adulterium - adultery

domini tui, dedique tibi domum Israel et Iuda, et si parva sunt ista, adiciam tibi multo maiora. Quare ergo contempsisti verbum Domini, ut faceres malum in conspectu meo? Uriam Hethaeum percussisti gladio filiorum Ammon, et uxorem illius accepisti in uxorem tibi. Quam ob rem non recedet gladius de domo tua usque in sempiternum, eo quod despexeris me. Itaque haec dicit Dominus: Ecce, ego suscitabo super te malum de domo tua, et tollam uxores tuas in oculis tuis, et dabo proximo tuo. Tu enim fecisti abscondite: ego autem faciam verbum istud in conspectu omnis Israel, et in conspectu solis." Et dixit David ad Nathan: "Peccavi Domino." Dixitque Nathan ad David: 'Dominus quoque abstulit peccatum tuum: non morieris. Verumtamen, quoniam blasphemare fecisti inimicos Domini propter verbum hoc, filius, qui natus est tibi, morte morietur." Et reversus est Nathan in domum suam, et David poenitentiam egit pro peccato suo.

Praestans inter filios David erat Absalom. Ille fecit sibi currus et equites, et quinquaginta viros qui praecederent eum. Et mane consurgens Absalom stabat iuxta portam, et omnem virum, qui habebat negotium, ut veniret ad regis iudicium, Absalom vocabat ad se, et dicebat: "De qua civitate es tu?" Qui respondit dicens: "Ex una tribu Israel ego sum servus tuus." Respondebatque ei Absalom: "Videntur mihi sermones tui boni et iusti; sed non est qui te audiat constitutus a rege." Dicebatque Absalom: "Quis me constituat iudicem super terram, ut ad me veniant omnes qui habent negotium, et iuste iudicem?" Sed et cum accederet ad eum homo, ut salutaret illum, extendebat manum suam, et apprehendens osculabatur eum. Faciebatque hoc omni Israel venienti ad iudicium, ut audiretur a rege. Et sic sollicitabat corda virorum Israel. Post quattuor autem annos, dixit Absalom ad regem David: "Vadam, et reddam vota mea quae vovi Domino in Hebron. Vovens enim vovit servus tuus, cum esset in Gessur Syriae, dicens: 'Si reduxerit me Dominus in Ierusalem, sacrificabo Domino.'" Dixitque ei rex David: "Vade in pace." Et surrexit, et abiit in Hebron. Misit autem Absalom in universas tribus Israel exploratores qui dicerent: "Statim, ut audieritis clangorem buccinae, dicite: Regnavit Absalom in Hebron.'" Porro cum Absalom ierunt ducenti viri de Ierusalem, euntes simplici corde, et causam penitus ignorantes. Venit igitur nuntius ad David dicens: "Toto corde universus Israel sequitur Absalom." Et ait

adicere - add
contemnere - scorn, despise
abscondite - secretly
abstulit (< auferre) - take away
blasphemare - blaspheme
poenitentia - penance
praestans - outstanding
currus - chariot
qui praecederent - to go before
non est qui... - there is no one to hear you
salutare - greet
osculari - kiss
sollicitare - win over
reddere vota - frulfill vows
reducere - lead back
ut - when

David servis suis, qui erant cum eo in Ierusalem: "Surgite, fugiamus. Neque enim erit nobis effugium a facie Absalom. Festinate egredi, ne forte veniens occupet nos, et impellat super nos ruinam, et percutiat civitatem in ore gladii." Dixeruntque servi regis ad eum: "Omnia quaecumque praeceperit dominus noster rex, libenter exsequemur servi tui."
Egressus est ergo rex, et universa domus pedibus suis; et universi servi eius iuxta eum ambulabant, et legiones quaedam. Venit autem et Sadoc sacerdos, et universi Levitae cum eo, portantes arcam foederis. Et dixit rex ad Sadoc: "Reporta arcam Dei in urbem: Si invenero gratiam in oculis Domini, reducet me, et ostendet mihi eam, et tabernaculum suum. Si autem dixerit mihi: 'Non places': praesto sum. Faciat quod bonum est coram se." Et dixit rex ad Sadoc sacerdotem: "O Videns, revertere in civitatem in pace, et Achimaas et Ionathas sint vobiscum. Ecce ego abscondar in deserto, donec veniat sermo a vobis indicans mihi." Reportaverunt ergo Sadoc et Abiathar arcam Dei in Ierusalem et manserunt ibi. Porro David ascendebat Montem Olivarum, flens, et nudis pedibus incedens, et operto capite. Sed et omnis populus qui erat cum eo, operto capite ascendebat plorans. Venit ergo rex David usque ad Bahurim, et ecce egrediebatur vir de cognatione domus Saul, nomine Semei. Procedebatque et maledicebat, mittebatque lapides contra David, et contra universos servos regis David; omnis autem populus et universi bellatores a dextero et a sinistro latere regis incedebant. Ita autem loquebatur Semei, cum malediceret regi: "Egredere, egredere, vir sanguinum, et vir iniquitatis. Reddidit tibi Dominus universum sanguinem domus Saul, quoniam invasisti regnum pro eo, et dedit Dominus regnum in manu Absalom filii tui. Et ecce, premunt te mala tua, quoniam vir sanguinum es." Dixit autem Abisai ad regem: "Quare maledicit canis hic mortuus domino meo regi? Vadam et amputabo caput eius." Et ait rex: "Quid mihi et vobis est, fili Sarviae? Dimitte eum ut maledicat: Dominus enim mandavit ei ut malediceret David; et quis est qui audeat dicere quare sic fecerit?" (Revera autem Deus non mandat homini ut talia loquatur: sed David scit bene Deum haec permisisse, ut pro peccatis suis puniretur. David autem, sciens peccata sua magna fuisse, vult accipere haec maledicta in poenam peccati.) Et ait rex ad Abisai et ad universos servos suos: "Ecce, filius meus quaerit animam meam. Quanto magis nunc hic

penitus - completely

effugium - escape
forte - by chance
occupare - seize
impellere - drive on

libenter - gladly
exsequi - follow up
legio - legion

Levita - Levite
reportare - carry back
praesto - ready
Videns - Seer

nudus - bare
plorare - wail
cognatio - relationship
bellator - warrior
sinister - left

latus - side

pro (w. abl.) - in place of
premere - press
amputare - cut off

quid mihi.. - what do you want of me
mandare - order, send word

filius Iemini? Dimittite eum ut maledicat: si forte respiciat Dominus afflictionem meam et reddat mihi Dominus bonum pro maledictione hac hodierna."

poena - punishment
quanto magis - (by) how much more
filius Iemini - son of Jemini
si forte - if perhaps

Nunc Cogitemus
(See tape script, 75 B; 76)

Further uses of the gerundive: We have already seen how to use the gerundive (-ndus) to express PURPOSE; in that sense it was used with ad, causa, gratia, and sometimes ob, propter, or pro. When the gerundive is used without any of those prepositions (and, of course, not with a linking verb to express obligation), it may give the same effect as the ENGLISH GERUND WITH AN OBJECT. Quite a variety of combinations are possible:

1. Marcus consul factus est donis dandis.
   Marcus became consul by giving bribes (gifts).
2. Brutus interfectus est in liberanda patria.
   Brutus was killed in freeing his country.
3. Scripsit librum de contemnenda gloria.
   He wrote a book about despising glory.
4. Curavit pontem faciendum.
   He took care of making a bridge (or: he had a bridge made).

Notice how these translations work:

1. Translate the preposition (if any—or consider what case we have).
2. Translate the -ndus form by the English gerund (-ing).
3. Put the Latin noun (the one with which the gerundive agrees) after the gerund in English, as its object

Test this procedure on each of the above examples. It will seem strange at first—but actually this use of the gerundive is a handy short cut in Latin.

The verb malle ("prefer"): Its forms are much like those of velle (wish):

Present indicative

malo	malumus
mavis	mavultis
mavult	malunt

The rest are as follows:
Imperfect indicative: malebam, etc.
Future indicative: malam, males, etc.
Perfect indicative: malui, isti, etc.
Present subjunctive: malim, etc.
The other forms are too obvious to need to be written out.

Vocabularium

adhaerere, -haesit, -haesus (w. dat.) - adhere to, stick to
adiciunt, (3) -iecit, -iectus - add, throw to
contemnere, -tempsit, -temptus - scorn, despise
exaudire, (1) - hear, grant prayer
fodiunt,(3), fodit, fossus - dig, pierce
interpretari, (1) - interpret
laetari (1) - be glad
mandare, (1) - order, send word
occupare, (1) - seize, occupy
osculari, (1) - kiss
premere, pressit, pressus - press
defungi defunctus est - die
reducere, -duxit, -ductus - lead back, reduce
sepelire, (4) - bury
currus, u - chariot
latus, -ere,
longum - side
poena, a - punishment
sinister, -tra, -trum - left

Scramble Exercise

Sibi uxore Uriae accipienda, contra Dominum, qui eum tam saepe servaverat, peccavit David rex. Cum tam multa in psalmis, quos, quia Deum vere amavit, scripsit, de voluntate Dei facienda dixisset David, ipse malum in conspectu eiusdem Domini fecit. Aliud etiam peccatum grande ponendo huius mulieris viro in loco belli periculosissimo commisit idem rex. Se autem malle ignoscere quam punire nihilominus dixit qui semper bonus est Dominus.

English to Latin

1. By enticing the hearts of the men of Israel, Absalom obtained power.
2. In calling men to himself, he seemed to be better than the king.
3. He spoke much about helping all men.
4. By doing these things, he showed that he was better, so that they preferred him.
5. If they had known the truth, they would have preferred David.

LECTIO VIGESIMA PRIMA

De morte Absalom et de unctione Salomonis

David autem venit trans Iordanem in quandam urbem quae vocabatur Machanaim. Et constituit super populum suum tribunos et centuriones; et posuit populi tertiam partem sub manu Ioab, et tertiam partem sub manu Abisai, et tertiam partem sub manu Abisai, et tertiam partem sub manu Ethai; dixitque rex ad populum: "Egrediar et ego vobiscum." Et respondit populus: "Non exibis: sive enim fugerimus, sive media pars ceciderit e nobis, non multum refert. Sed tu unus pro decem millibus computaris. Melius est igitur ut sis in urbe." Ad quos rex ait: "Quod vobis videtur bonum, hoc faciam." Stetit ergo rex iuxta portam; egrediebaturque populus. Et praecepit rex ad Ioab et Abisai et Ethai dicens: "Servate mihi puerum Absalom." Itaque egressus est populus in campum contra Israel, et factum est proelium in silva Ephraim. Et caesus est ibi populus Israel ab exercitu David, factaque est plaga magna in die illa, viginti millium. Accidit autem ut occurreret Absalom servis David, sedens mulo. Cumque ingressus fuisset mulus sub condensam et magnam quercum, adhaesit caput eius quercui; et illo suspenso inter coelum et terram, mulus transivit. Vidit autem hoc quidam, et nuntiavit ad Ioab dicens: "Vidi Absalom pendere de quercu." Et ait Ioab viro qui nuntiaverat ei: "Si vidisti, quare non confodisti eum?" Qui dixit ad Ioab: "Si dederis in manibus meis mille argenteos, nequaquam mitterem manum meam in filium regis. Audientibus enim nobis mandavit rex tibi dicens: "Custodite mihi puerum Absalom." Et ait Ioab: "Non sicut tu vis, sed ego aggrediar eum coram te." Tulit ergo tres lanceas in manu sua, et infixit eas in corde Absalom. Et tulerunt Absalom et proiecerunt eum in foveam grandem, et comportaverunt super eum acervum lapidum magnum nimis. Omnis autem Israel fugit in tabernacula sua.

Cumque nuntiatum esset ad David quod puer eius Absalom mortuus esset, contristatus flevit, dixitque: "Fili mi, Absalom, fili mi: quis mihi tribuat ut ego moriar pro te, Absalom fili mi, fili mi Absalom!"

Cum rex David senuisset valde, quodam die venit ad eum uxor eius Bethsabee, sicut consuluerat eam Nathan propheta,

sive... sive - whether... or
media pars - one half
refert - it makes a difference
computare - count, consider silva - forest
mulus - mule
condensus - thick
quercus - oak tree
pendere - hang
confodere - pierce
argenteus - silver piece
aggredi - attack
lancea - lance
infigere - drive in
acervus - heap
contristatus - saddened
senescere - grow old
inclinare - bend
ancilla - handmaid
solium - throne
introire - enter
pronus - prostrate
famulus - servant
numquid (expects a "no" answer)
sessurus (from sedére)
mula - mule
cornu - horn, strength
oleum - oil

inclinavitque se Bethsabee, et adoravit regem. Ad quam rex: "Quid tibi," inquit, "vis?" Quae respondens ait: "Domine mi, tu iuravisti per Dominum Deum tuum ancillae tuae; 'Salomon filius tuus regnabit post me, et ipse sedebit in solio meo.' Et ecce, nunc Adonias (qui erat alius filius David) regnat, te ignorante, domine mi rex.'" Adhuc illa loquente cum rege, Nathan propheta venit. Et nuntiaverunt regi dicentes: "Adest Nathan propheta." Cumque introisset in conspectu regis, et adoravisset eum pronus in terram, dixit Nathan: "Domine mi rex, dixistine tu: 'Adonias regnet post me?' Quia descendit hodie, et multas immolavit victimas, vocavitque universos filios regis et principes exercitus, et Abiathar sacerdotem. Illisque comedentibus et bibentibus coram eo, et dicentibus: Vivat rex Adonias': me servum tuum, et Sadoc sacerdotem, et Salomonem famulum tuum non vocavit. Numquid a domino meo rege exivit hoc David dicens: "Vocate ad me Bethsabee." Quae cum fuisset ingressa, et stetisset ante eum, iuravit rex et ait: "Vivit Dominus, quia, sicut iuravi tibi per Dominum Deum Israel, dicens: Salomon filius tuus regnabit post me, et ipse sedebit super solium meum sic faciam hodie." Dixit quoque rex David: "Vocate mihi Sadoc sacerdotem et Nathan prophetam." Qui cum ingressi fuissent coram rege, dixit ad eos: "Tollite vobiscum servos domini vestri, et imponite Salomonem filium meum super mulam meam, et ducite eum in Gihon. Et ungat eum ibi Sadoc sacerdos, et Nathan propheta in regem super Israel. "Descendit ergo Sadoc sacerdos et Nathan propheta et imposuerunt Salomonem super mulam regis David, et adduxerunt eum in Gihon Sumpsitque Sadoc sacerdos cornu olei de tabernaculo, et unxit Salomonem, et cecinerunt buccina et dixit omnis populus: "Vivat rex Salomon." Dixitque David: "Benedictus Dominus Deus Israel, qui dedit hodie sedentem in solio meo , videntibus oculis meis."

Appropinquaverunt autem dies David, ut moreretur, praecepitque Salomoni filio suo dicens: "Ego ingredior viam universae terrae. Confortare (imperative) et esto vir. Et cura ut ambules in viis Domini Dei tui, ut custodias ceremonias eius et praecepta eius, et iudicia et testimonia, sicut scriptum est in lege Moysi, ut intelligas universa quae facis, ut confirmet Dominus sermones suos quos locutus est de me dicens: 'Si custodierint filii tui vias suas, et ambulaverint coram me in veritate, in omni corde suo, non

cecinerunt buccina - sounded trumpet
curare - take care (of)
ceremonia - ceremony
confirmare - confirm, strengthen
egressus - going out
introitus - entry
supputare - count
prae (w. abl.) - because of, more than
docilis - teachable
discernere - distinguish
divitiae - riches
52
secundum (w. obj.) - according to
sapiens - wise
verbum, et mihi non indicavisti servo tuo, quis sessurus esset

super thronum domini mei regis post eum?" Et respondit rex
in tantum - to such an extent
scilicet - that is, namely
surrecturus (from surgere - rise)
praeteritus - past
vere - truly
mirari - wonder. admire

auferetur tibi vir de solio Israel.'" Dormivit igitur David cum patribus suis, et sepultus est in civitate David.

De Regno Salomonis (965 - 26 Ante Christum)

In prima parte regni eius, apparuit Dominus Salomoni per somnium nocte, dicens: "Postula quod vis, ut dem tibi." Et ait Salomon: "Tu fecisti cum servo tuo David patre meo misericordiam magnam, sicut ambulavit in conspectu tuo in veritate, et iustitia, et recto corde tecum. Custodisti ei misericordiam tuam grandem, et dedisti ei filium sedentem super thronum eius, sicut est hodie. Et nunc, Domine Deus, tu regnare fecisti servum tuum pro David patre meo. Ego autem sum puer parvulus, et ignorans egressum et introitum meum. Et servus tuus in medio est populi, quem elegisti, populi infiniti, qui numerari et supputari non potest prae multitudine. Dabis ergo servo tuo cor docile, ut populum tuum iudicare possit, et discernere inter bonum et malum. Quis enim poterit iudicare populum istum, populum tuum hunc multum?" Placuit ergo sermo coram Domino, quod Salomon postulavisset huiuscemodi rem. Et dixit Dominus Salomoni: "Quia postulavisti verbum hoc, et non petisti tibi dies multos, nec divitias, nec animas inimicorum tuorum, sed postulavisti tibi sapientiam ad discernendum iudicium: feci tibi secundum sermones tuos, et dedi tibi cor sapiens et intelligens, in tantum, ut nullus ante te similis tui fuerit, nec post te surrecturus sit. Sed et haec, quae non postulavisti, dedi tibi, divitias scilicet, et gloriam, ut nemo fuerit similis tui in regibus omnibus temporum praeteritorum. Si autem ambulaveris in viis meis, et custodieris praecepta mea et mandata mea, sicut ambulavit pater tuus, longos faciam dies tuos." Sapientia autem Salomonis vere mirabilis erat; et veniebant de cunctis populis ad audiendam sapientiam Salomonis. Et mirati sunt audientes eum.

Nunc Cogitemus

(See tape script, 77)

Ablative of cause and ablative of separation:
We have already learned that the ablative without a preposition may be translated in English by: in, by, with. Now we must add two more meanings: because of and from. Of course an ablative of separation (from) often does have a preposition (ab, ex, de), but sometimes it does not. Hardly ever does it have one with names of towns, as we have already seen.

1. Peccatis meis Deus haec fecit.
   Because of my sins God has done this.

2. Liberavit me omni cura.
   He freed me from all care.

Let us also go over impersonal verbs (p. 259 of this book, omitting, however, for the present, note 2.)

In addition, let us recall the word order practice we did last year on objective-infinitive indirect statements, beginning in lesson 39. In particular, do not forget that when we find an objective in the company of an infinitive and a verb of saying (or any expression that can start an indirect statement) we handle the objective by saying, for "Marcum": "Marcus is involved in something." That covers the possibility that Marcus might be doing something (as subject of an active infinitive) or that someone might be doing something to him (as object, or as subject of a passive infinitive). The teacher will put on the board (or give by means of tapes) several practice sentences of this sort, a word or phrase at a time. Each sentence will have a sidetrack inside the indirect statement.

Vocabularium

computare, (1) - count, reckon	numquid (same as num: expects answer: no)
confirmare, (1) - confirm, strengthen	prae (w. abl.) - because of, more than
curare, (1) - take care (of)	sive . . .sive - whether... or
discernere, - crevit, - cretus - distinguish, decide	cornu, u - horn, flank, strength
mirari, (1) - wonder (at), admire	oleum, o - oil
refert (impersonal) - it makes a difference	pronus, a, um - prostrate
	sapiens, -enti - wise
	silva, a - forest
	solium, o - throne

Scramble Exercise

Promissione sua, quam antea dederat, rogante Bethsabee, Salomonem, qui filius Bethsabee erat, fecit David pro (in place of) se regnare. Ut faceret id quod antea promisisset, semper regi placuit. Oportere enim tali agere modo, ne male ageret, dixit David, Salomone igitur filio super mulam regis imposito, cum in Gihon ventum esset, sumptum est cornu olei, et exclamatum est: Vivat rex Salomon.

English to Latin

1. Because of his wise heart, many came to hear Solomon.
2. While Solomon was reigning (use abl. abs.) the people were free from fear of enemies.
3. It was permitted to him to ask for a gift from God.
4. He wanted to ask for wisdom.
5. If he had always walked in the ways of the Lord, the Lord would not have deprived him of many things.

LECTIO VIGESIMA SECUNDA

Salomon templum aedificat

Misit autem Salomon ad Hiram, regem Tyri dicens: "Tu scis voluntatem David patris mei, et quia non potuerit aedificare domum nomini Domini Dei sui propter bella imminentia per circuitum, donec daret Dominus eos sub pedibus eius. Nunc autem requiem dedit Dominus Deus meus mihi per circuitum et non est adversarius, neque occursus malus. Quam ob rem, cogito aedificare templum nomini Domini Dei mei, sicut locutus est Dominus David patri meo, dicens: 'Filius tuus quem dabo pro te super solium tuum, ipse aedificabit domum nomini meo.' Praecipe igitur ut praecidant mihi servi tui cedros de Libano, et servi mei sint cum servis tuis. Mercedem autem servorum tuorum dabo tibi quamcumque petieris. Scis enim, quod non est in populo meo vir qui noverit ligna caedere sicut Sidonii." Cum ergo audisset Hiram verba Salomonis, laetatus est valde, et ait: "Benedictus Dominus Deus hodie, qui dedit David filium sapientissimum super populum hunc plurimum." Et misit Hiram ad Salomonem dicens: "Audivi quaecumque mandavisti mihi: ego faciam omnem voluntatem tuam in lignis cedrinis. Servi mei deponent ea de Libano ad mare, et ego componam ea in ratibus in mare usque ad locum quem significaveris mihi. Et applicabo ea ibi, et tu tolles ea, praebebisque necessaria mihi, ut detur cibus domui meae." Anno quarto regni Salomonis fundata est domus Domini, et in anno undecimo perfecta est domus in omni opere suo. Et intulit Salomon in domum Domini argentum et aurum et vasa quae pater eius David dedicaverat, reposuitque ea in thesauris domus Domini.

Tunc congregati sunt omnes maiores natu Israel cum principibus tribuum, et duces familiarum ad regem Salomonem in Ierusalem ut deferrent arcam foederis Domini de civitate David, id est, de Sion. Convenitque ad regem Salomonem universus Israel, veneruntque cuncti senes de Israel, et arcam tulerunt sacerdotes, et arcam Domini portaverunt et omnia vasa sanctuarii quae erant in tabernaculo, et ferebant ea sacerdotes et Levitae. Rex autem Salomon et omnis multitudo Israel, quae convenerat ad eum, incedebant cum illo ante arcam, et immolabant oves et boves sine

Tyrus - Tyre
imminens - threatening
occursus - attack
cedrus - cedar
Libanus - Mt. Lebanon
merces - pay, reward

noverit... caedere - knows how to cut
Sidonii - Sidonians
cedrinus - of cedar
componere - put together
rate - raft
applicare - bring to, land, apply
praebere - furnish, provide
fundare - found
inferre - bring in
argentum - silver
dedicare - dedicate
reponere - set aside
thesaurus - treasure, treasury
deferre - bring
vas - vessel
sanctuarium - sanctuary
Levita - Levite
ovis - sheep
Sanctum sanctorum - Holy of Holies
nebula - cloud
aequitas - uprightness
genus - race, line
aversione aversi - really turn aside

numero. Et intulerunt sacerdotes arcam foederis, Domini in locum suum, in Sanctum sanctorum. Factum est autem, cum exissent sacerdotes de sanctuario, nebula implevit domum Domini, et non poterant sacerdotes stare et ministrare propter nebulam; impleverat enim gloria Domini domum Domini. Tunc ait Salomon: "Dominus dixit quod habitaret in nebula."

Factum est autem cum perfecisset Salomon aedificium domus Domini, apparuit ei Dominus secundo, sicut apparuerat ei in Gabaon. Dixitque Dominus ad eum; "Exaudivi orationem tuam. Sanctificavi domum hanc, quam aedificavisti, ut ponerem nomen meum ibi in sempiternum, et erunt oculi mei et cor meum ibi cunctis diebus. Tu quoque si ambulaveris coram me, sicut ambulavit pater tuus, in simplicitate cordis et in aequitate, et feceris - omnia quae praecepi tibi, et mandata mea et iudicia mea servaveris, ponam thronum regni tui super Israel in sempiternum, sicut locutus sum David patri tuo, dicens: 'Non auferetur vir de genere tuo de solio Israel.' Si autem aversione aversi fueritis vos et filii vestri, non sequentes me, nec custodientes mandata mea et caeremonias meas, quas dedi vobis, sed abieritis et colueritis deos alienos, et adoraveritis eos: auferam Israel de superficie terrae quam dedi eis, et templum, quod sanctificavi nomini meo abiciam a facie mea. Eritque Israel in proverbium et in fabulam cunctis populis. Et domus haec erit in exemplum: omnis qui transierit per eam, stupebit, et sibilabit, et dicet: 'Quare fecit Dominus sic terrae huic et domui huic?' Et respondebunt: 'Quia Dominum Deum suum dereliquerunt, qui eduxit patres eorum de terra Aegypti, et secuti sunt deos alienos, et adoraverunt eos, et coluerunt eos: idcirco induxit Dominus super eos omne malum hoc.'"

Rex autem Salomon non semper fidelis Domino Deo Israel erat. In ultima enim parte vitae suae multas mulieres ex aliis nationibus amavit, de gentibus de quibus dixit Dominus filiis Israel." Ne accipiatis eas in uxores: certissime enim avertent corda vestra, ut sequamini deos earum." Salomoni autem fuerunt uxores multae; et averterunt mulieres cor eius. Cumque iam esset senex, depravatum est cor eius per mulieres, ut sequeretur deos alienos; nec erat cor eius perfectum cum Domino Deo suo, sicut cor David patris eius. Sed colebat Salomon Astarthen, deam Sidoniorum, et Moloch idolum Ammonitarum. Fecitque Salomon quod non placuerat coram Domino, et non adimplevit ut sequeretur

superficies - surface
proverbium - proverb
fabula - story
sibilare - whistle
idcirco - for that reason
inducere - bring on
avertere - turn aside
depravare - corrupt
adimplére - carry out, fulfill
fanum - shrine
Chamos... - for

Dominum, sicut David pater eius. Tunc aedificavit Salomon fanum pro Chamos, idolo de Moab in monte qui est contra Ierusalem, et pro Moloch, idolo filiorum Ammon.
Atque simili modo fecit universis uxoribus suis alienigenis, quae adolebant thura, et diis suis immolabant. Igitur iratus est Dominus Salomoni, quod aversa esset mens eius a Domino Deo Israel, qui apparuerat ei, et praeceperat de verbo hoc ne sequeretur deos alienos. Dixit itaque Dominus Salomoni: "Quia habuisti hoc apud te, et non custodisti pactum meum et praecepta mea, quae mandavi tibi, scindens scindam regnum tuum, et dabo illud servo tuo. Verumtamen in diebus tuis non faciam, propter David patrem tuum: de manu filii tui scindam illud. Nec totum regnum auferam, sed tribum unam dabo filio tuo propter David servum meum, et Ierusalem, quam elegi."
Dies autem quos regnavit Salomon in Ierusalem super omnem Israel, quadraginta anni sunt. Dormivitque Salomon cum patribus suis, et sepultus est in civitate David patris sui; regnavitque Roboam filius eius pro eo.

Chamos, idol of Moab
contra (w. obj.) - opposite
alienigenus - foreign
adolere - burn
thus, thuris - incense
pactum - covenant
iugum - yoke, ridge
imminuere - diminish
paululum - a little
assistere - stand by
petitio - request
cesseris (from cedere - yield)
lenis - mild
adhibere - employ, use
adolescens - youth
nutrire - raise
aggravare - make heavy
relevare - lighten
grossus - thick
dorsum - back
addere - add
cecidit (from caedere - cut)
flagellum - whip
scorpio - scorpion

De Regno Roboam (926 - 10 Ante Christum) et de Divisione Regni

Venit autem Roboam in Sichem; illuc enim congregatus erat omnis Israel ad constituendum eum regem. At vero Ieroboam (qui fuerat dux rebellionis contra Salomon, et in Aegyptum fugerat) audita morte Salomonis, reversus est de Aegypto. Miseruntque et vocaverunt eum; venit ergo Ieroboam et omnis multitudo Israel, et locuti sunt ad Roboam dicentes: "Pater tuus durissimum iugum imposuit nobis: tu itaque nunc imminue paululum de imperio patris tui durissimo et de iugo gravissimo quod imposuit nobis, et serviemus tibi." Qui ait eis: "Ite usque ad tertium diem, et revertimini ad me." Cumque abiisset populus, iniit consilium rex Roboam cum senioribus qui assistebant coram Salomone patre eius, cum adhuc viveret, et ait: "Quod (interrogative adjective with consilium) datis mihi consilium, ut respondeam populo huic?" Qui dixerunt ei: "Si hodie obedieris populo huic, et servieris, et petitioni eorum cesseris, locutusque fueris ad eos verba lenia, erunt tibi servi cunctis diebus." Qui dereliquit consilium senum, quod dederant ei, et adhibuit adolescentes, qui nutriti fuerant cum eo, et assistebant illi; dixitque ad eos: "Quod mihi datis consilium, ut respondeam populo, huic, qui dixerunt mihi: 'Levius fac iugum quod imposuit pater tuus super nos'?" Et dixerunt ei iuvenes qui nutriti fuerant cum eo: "Sic loqueris populo huic qui locuti sunt ad te dicentes: 'Pater tuus aggravavit iugum nostrum, tu releva nos. Sic loqueris ad eos: Minimus digitus meus grossior est dorso patris mei. Et nunc pater meus posuit super vos iugum grave, ego autem addam super iugum vestrum: pater meus cecidit vos flagellis, ego autem caedam vos scorpionibus."

Nunc Cogitemus
(See tape script, 79)

Let us go over the locative case, and the ablatives of agent and means (see pp. 265 - 66 of this book).

Vocabularium

addere, didit, ditus - add
adhibere, hibuit, hibitus - use, apply, employ
adimplére, plevit, pletus - fill, fulfill, carry out
applicare, (1) (or: -cuit, -citus) - bring to, land, apply
avertere, vertit, versus - turn aside, avert
inferre, intulit, illatus - bring in, infer
praebere, -buit, -bitus - provide, furnish
argentum, o - silver flagellum, o - whip
idcirco - therefore, for this reason

iugum, o - yoke, ridge
merces, cede, magna - pay, reward
ovis, i, parva - sheep
pactum, o - pact, agreement, covenant
thesaurus, o - treasure, treasury

Scramble Exercise

Ad Hiram, qui Tyri habitabat et rex ibi erat, a Salomone, qui templum aedificare volebat, missus est nuntius. Ut cedri Libani a servis Hiram caederentur et mari ad se mitterentur rogavit Salomon. Saeculis sequentibus etiam Romae, quae postea totius mundi caput est facta, maius pulchriusque visum est a nemine templum. Quo perfecto, rex dedicationem non sine sacrificiis multis fecit.

English to Latin

1. At Tyre, Hiram was king, Salomon ruled at Jerusalem (Hierosolymis).
2. Many sacrifices were offered by the priests.
3. They killed the sheep with swords.
4. Because of the cloud (abl. alone), other sheep could not be offered by the priests.
5. If Solomon had been faithful, the kingdom would not have been divided by God.

LECTIO VIGESIMA TERTIA
De divisione regni

Venit ergo Ieroboam et omnis populus ad Roboam die tertia, sicut locutus fuerat rex dicens: "Revertimini ad me die tertia." Responditque rex populo dura, derelicto consilio seniorum quod ei dederant, et locutus est secundum consilium iuvenum dicens: "Pater meus aggravavit iugum vestrum; ego autem addam iugo vestro. Pater meus cecidit vos flagellis; ego autem caedam vos scorpionibus." Videns itaque populus, quod noluisset eos audire rex, respondit ei dicens: "Quae nobis pars in David? vel quae hereditas in filio Isai? Vade in tabernacula tua, Israel. Nunc vide domum tuam, David." Et abiit Israel in tabernacula sua. Super filios autem Israel, quicumque habitabant in civitatibus Iuda, regnavit Roboam. Hoc modo regnum divisum est, secundum prophetiam quam dedit Deus Salomoni dicens: "Quia non custodisti pactum meum, scindens scindam regnum tuum, et dabo illud servo tuo. Verumtamen in diebus tuis non faciam, propter David patrem tuum: de manu filii tui scindam illud." Nunc ergo erant regna duo: regnum septentrionale, quod vocatum est Israel, et regnum meridionale, quod vocatum est Iuda. In septentrionali rex erat Ieroboam; in meridionali, Roboam. Regnum septentrionale finitum est anno septingentesimo vigesimo secundo (722), quando rex erat Osee. Regnante Osee, Assyrii sub rege eorum Shalmanesar quintus, venerunt, totamque terram vastaverunt viceruntque. Regnum Iuda finitum est anno quingentesimo octogesimo septimo (587), quando rex erat Sedecias. Illo enim tempore, rex Babyloniorum Nabuchodonosor cepit Ierusalem, et duxit Iudaeos captivos in Babyloniam.

Roboam voluit capere Israel, et congregavit universam domum Iuda et tribum Benjamin ut pugnarent contra domum Israel et reducerent regnum Roboam filio Salomonis. Factus est autem sermo Domini ad Semeiam, virum Dei, dicens: "Loquere ad Roboam filium Salomonis regem Iuda, et ad omnem domum Iuda, et Beniamin, et reliquos de populo dicens: "Haec dicit Dominus: Non ascendetis, neque bellabitis contra fratres vestros, filios Israel. Revertatur vir in domum suam: a me enim factum est verbum hoc." Audierunt sermonem Domini, et reversi sunt de

secundum (w. obj.) - according to
hereditas - inheritance
septentrionalis - northern
meridionalis - southern
finire - finish
Assyrii - Assyrians
Semeias (name of a prophet)
bellare - make war
festum - feast
convertere - turn, convert
excogitare - think out
vitulus - calf
aureus - golden
fanum - shrine in
excelsis - in high places (prohibited by law of Moses)
57
in similitudinem... - in the likeness of the solemnity
celebrare - celebrate
prohibére - prohibit
symbolum - symbol
potentia - power
idololatria - idol worship
irritare - provoke
ros - dew
pluvia - rain
abscondere (pass. imperat. - hide)
torrens - stream
corvus - raven

itinere, sicut eis praeceperat Dominus.
Ieroboam autem, rex regni septentrionalis, timebat ne populus regni sui ascenderet in Ierusalem pro festis religiosis, dixitque in corde suo: "Nunc, si ascenderit populus iste, ut faciat sacrificia in domo Domini in Ierusalem revertetur regnum ad domum David, et convertetur cor populi huius ad Roboam, regem Iuda, interfi - cientque me, et revertentur ad eum." Et excogitato consilio, fecit duos vitulos aureos, et dixit populo suo: "Nolite ascendere in Ierusalem: ecce dii tui, Israel, qui te eduxerunt de terra Aegypti." Posuitque vitulum unum in Bethel, et alterum in Dan. Et ibat populus ad adorandum vitulos. Et fecit fana in excelsis, et sacerdotes de viris qui non erant de filiis Levi. Constituitque diem solemnem in mense octavo, quinta decima die mensis, in similitudinem solemnitatis quae celebrabatur in Iuda.
Hoc peccatum regis Ieroboam magnum valde erat. Deus enim prohibuerat ne imagines facerent ad adorandum. Verum est, Ieroboam non voluit facere deum falsum, sed imagines Dei veri. Fortitudo enim vituli, putabat Ieroboam, erat symbolum potentiae Dei veri. Nihilominus, Ieroboam haec facere non debuit. Similiter peccavit constituendo sacerdotes qui non erant ex tribu Levi. Hoc peccatum eius viam aperuit idololatriae: vitulus enim etiam erat symbolum dei falsi Baal.

deferre - bring
vesperi - in evening
siccare - make dry
Sareptha (Phoenician city)
vidua - widow
colligere - gather
lignum - stick of wood
paululum - a little
vas - vessel, utensil

De Elia Propheta

Deus autem populum suum non deseruit, sed multos prophetas misit. In regno septentrionali, quando rex erat Achab (871 - 52), erat magnus propheta cui nomen erat Elias. Achab erat rex malus. Non satis enim erat ei ut ambularet in peccatis Ieroboam: insuper duxit uxorem Iezabel, filiam Ethbaal regis Sidoniorum, Et abiit Achab, et servivit Baal, et adoravit eum. Et posuit aram Baal in templo Baal, quod aedificaverat in Samaria, et irritavit Dominum Deum Israel plus quam omnes reges Israel, qui fuerunt ante eum. Misit itaque Deus ad eum Eliam prophetam, dicentem: "Vivit Dominus Deus Israel, in cuius conspectu sto: non erit annis his ros et pluvia, nisi iuxta oris mei verba." Et factum est verbum Domini ad Eliam dicens: "Recede hinc, et vade ad orientem, et abscondere in torrente Carith, et ibi de torrente bibes: corvisque

languor - weakness
halitus - breath
Quid mihi et tibi - what does it mean
rememorare - remember
coenaculum - upper room
lectus - bed
utcumque - somewhat
sustinére - sustain
tribus vicibus - three times
viscera - entrails
reviviscere (vixit) -

praecepi, ut pascant te ibi. Abiit ergo, et fecit iuxta verbum Domini. Cumque abiisset, sedit ad torrentem Carith. Corvi quoque deferebant ei panem et carnes mane, similiter panem et carnes vesperi, et bibebat de torrente.

Post dies autem siccatus est torrens: non enim venerat pluvia super terram. Factus est ergo sermo Domini ad eum, dicens: "Surge, et vade in Sarephta Sidoniorum, et manebis ibi. Praecepi enim ibi mulieri viduae ut pascat te." Surrexit, et abiit in Sarephta. Cumque venisset ad portam civitatis, apparuit ei mulier vidua colligens ligna; et vocavit eam, dixitque ei: "Da mihi paululum aquae in vase, ut bibam: " Cumque illa pergeret ut afferret, clamavit post eam dicens: "Affer mihi, obsecro, etiam bucellam panis in manu tua." Quae respondit: "Vivit Dominus Deus tuus: quia non habeo panem, nisi quantum farinae pugillus capere potest, et paululum olei in lecytho. Ecce, colligo duo ligna, ut ingrediar, et faciam haec mihi et filio meo, ut comedamus et moriamur." Ad quam Elias: "Noli timere, sed vade, et fac sicut dixisti. Verumtamen, mihi primum fac de ipsa farina panem parvulum, et affer ad me. Tibi autem et filio tuo facies postea. Haec autem dicit Dominus Deus Israel: 'Hydria farinae non deficiet, nec lecythus olei minuetur usque ad diem in qua Dominus daturus est pluviam super faciem terrae.'" Quae abiit, et fecit iuxta verbum Eliae; et comedit ipse, et illa et domus eius. Et ex illa die, hydria farinae non defecit, et lecythus olei non est imminutus, iuxta verbum Domini, quod locutus fuerat in manu Eliae.

Factum est autem post haec: aegrotavit filius mulieris; et erat languor fortissimus, ita ut non remaneret in eo halitus. Dixit ergo ad Eliam: "Quid mihi et tibi, vir Dei? Ingressus es ad me, ut rememorarentur iniquitates meae, et interficeres filium meum?" Et ait ad eam Elias: "Da mihi filium tuum." Tulitque eum, et portavit in coenaculum ubi manebat ipse, et posuit eum super lectum suum. Et clamavit ad Dominum et dixit: "Domine Deus meus, revera viduam, apud quam ego utcumque sustineor, afflixisti, ita ut interficeres filium eius?" Posuitque Elias corpus suum super corpus pueri tribus vicibus, et clamavit ad Dominum et ait: "Domine Deus meus, revertatur, obsecro, anima pueri huius in viscera eius." Et exaudivit Dominus vocem Eliae; et reversa est anima pueri intra eum, et revixit. Tulitque Elias puerum et

come back to life
cognoscere - learn (know), recognize

obsecrare - beg
bucella - morsel
farina - meal, flour
pugillus - handful
lecythus - flask
minuere - diminish
aegrotare - be sick

tradidit matri suae et ait illi: "Ecce, vivit filius tuus." Dixitque mulier ad Eliam: "Nunc in isto cognovi quod vir Dei es tu, et verbum Domini in ore tuo verum est."

Nunc Cogitemus

(See tape script 80)

Mixed stem nouns in 3rd declension: We have already learned that there are two large groups of nouns in third declension, depending on the ablative singular:

i —means that possessive plural will be - ium
nom. - obj. plural of neuters will be - ia
e —means that possessive plural will be - um
nom. - obj. plural of neuters will be - a

Actually, there are some nouns that are half - breeds, or mixed stems. They have e in the ablative singular, but -ium in the possessive plural. Which are these nouns? There is no simple rule—experience and much reading is the best teacher. But we may note that no neuters are mixed stems. And most nouns of one syllable in the nominative that end in -ns, -rs, -rx, -lx in the nom. are mixed.

Rules for i-stem nouns: i-stem nouns are those that we have learned with -i in the ablative singular. There are three rules to help our memory in learning that ablative singular.

1. Monosyllables (i.e., nouns with 1 syllable in the nom.) whose base (ablative sing - ular minus i or e ends in two consonants—will be either I stems or mixed stems. (This group is masc. or fem.)

2. Parasyllables (i.e., nouns with same number of syllables in nom. and abl. singular —e.g., civis, civi) with nominative singular in -is or -es. (Will be masc or fem.)—will be i-stems.

3. Neuters in -e, -al, or ar.—will be i-stems.
Unfortunately, there are exceptions to these rules — but they are still a help to memory. Last year we learned to use *cum* with the subjunctive to mean because or although, and with indicative or subjunctive to mean when or after. Now let us make more precise the rules for the mood when it means when or after (see section A of the How do you say when table, pp 255 - 256 of this book).

Vocabularium

bellare, (1) - make war, fight	praeter (w. obj.) - except, besides
convertere - vertit, - versus - convert, turn	secundum (w. obj.) - according to, following
minuere, minuit, minutus - diminish, lessen	fanum, o - shrine
obsecrare, (1) - beg	hereditas, tate, bona - inheritance
prohibére, - hibuit, - hibitus - prohibit, forbid	lectus, o - bed pluvia. a - rain
sustinére, -tinuit,-tentus - bear, sustain	vas. vase, parvum - vessel, utensil
	(in pl:vasa, is)
	viscera, ibus - entrails
	vitulus, o - calf

Scramble Exercise

Cum Ieroboam regnabat in regno septentrionali, in meridionali rex erat qui maluit iugum quod Salomon durissimum fecerat aggravare, Roboam. Cum non placuissent ei consilia virorum qui patri Salomoni bona dederant consilia, omnes praeter unam ab eo recesserunt tribus. Regi regni meridionalis volenti universam domum Iuda, ut bellum contra Israel moveret, congregare, per virum Dei, ne hoc faceret, imperavit Dominus.

English to Latin

1. When Achab ruled the northern kingdom, Elias saw a widow.
2. Although she had almost no food, she gave bread to Elias.
3. When her son was dead, the widow spoke to Elias.
4. When he comes, Elias will save my son.
5. When she sees (future) that he is alive, the widow will be glad.

LECTIO VIGESIMA QUARTA

De ascensione Eliae

Post dies multos factum est verbum Domini ad Eliam, in anno tertio dicens: "Vade, et ostende te Achab, ut dem (from dare) pluviam super faciem terrae." Quem cum vidisset Achab, ait: "Tune (tu with enclitic -ne) es ille qui conturbas Israel?" Et ille ait: "Non ego turbavi Israel, sed tu et domus patris tui, qui dereliquistis mandata Domini, et secuti estis Baal. Verumtamen nunc mitte, et congrega ad me universum Israel in monte Carmeli, et prophetas Baal quadringentos quinquaginta (450), prophetasque lucorum quadringentos (400) qui comedunt de mensa Iezabel." Misit Achab ad omnes filios Israel, et congregavit prophetas in monte Carmeli. Tunc Elias paravit victimas ad sacrificium, et similiter prophetae Baal paraverunt. Sed nec Elias nec prophetae Baal posuerunt ignem in sacrificio. Prophetae Baal clamaverunt ad deum suum, ut ignem de coelo mitteret: sed non venit ignis. Deinde Elias rogavit Deum ut ignem mitteret, et ecce, ignis statim de coelo venit, sacrificiumque consumpsit. (Haec omnia legimus ultimo anno in libro primo nostro.) Dixitque Elias ad populum: "Apprehendite prophetas Baal, et ne unus quidem effugiat ex eis." Quos cum apprehendissent, duxit eos Elias ad torrentum Cison, et interfecit eos ibi.

Et ait Elias ad Achab: "Ascende, comede, et bibe: quia sonus multae pluviae est." Ascendit Achab ut comederet et biberet; Elias autem ascendit in verticem Carmeli, et pronus in terram posuit faciem suam inter genua sua; et dixit ad puerum suum: "Ascende, et prospice ad mare." Qui cum ascendisset, et spectasset, ait: "Non est quidquam." Et rursum ait illi: "Revertere septem vicibus." In septima autem vice, ecce nubecula parva quasi vestigium hominis ascendebat de mari. Qui ait: "Ascende et dic ad Achab: 'Iunge currum tuum, et descende, ne occupet te pluvia.'" Cumque verteret se huc atque illuc, ecce coeli contenebrati sunt, et nubes et ventus, et facta est pluvia grandis.

Post multos dies Elias invenit in agris Eliseum, filium Saphat, arantem. Cumque venisset Elias ad eum, misit pallium suum super illum. Ex illo die secutus est Eliseus Eliam, et ministrabat ei.

Quodam die dixit Elias ad Eliseum: "Sede hic, quia Dominus misit

conturbare - disturb

lucus - grove (sacred)
mensa - table

ne...quidem - not even
torrens - brook

sonus - sound

vertex - peak
puer - servant
genu - knee
prospicere - look forth
septem vices - 7 times
nubecula - little cloud
vestigium - footprint
huc - to this place
contenebrare - darken
arare - plow
pallium - mantle

me usque in Bethel." Cui ait Eliseum: "Vivit Dominus, et vivit anima tua, quia non derelinquam te." Cumque descendissent Bethel, egressi sunt discipuli prophetarum qui erant in Bethel, ad Eliseum et dixerunt ei: "Numquid nosti, quia hodie Dominus tollet dominum tuum a te?" Qui respondit: "Et ego novi: silete." Dixit autem Elias ad Eliseum: "Sede hic, quia Dominus misit me in Iericho." Et ille ait: "Vivit Dominus, et vivit anima tua, quia non derelinquam te." Cumque venissent Iericho, accesserunt filii (id est, discipuli) prophetarum, qui erant in Iericho, ad Eliseum, et dixerunt ei: "Numquid nosti, quia Dominus hodie tollet dominum tuum a te?" Et ait: "Et ego novi: silete." Dixit autem ei Elias: "Sede hic, quia Dominus misit me usque ad Iordanem." Qui ait: "Vivit Dominus, et vivit anima tua, quia non derelinquam te." Ierunt igitur ambo pariter, et quinquaginta viri de filiis prophetarum secuti sunt eos, qui et steterunt a longe; illi autem ambo stabant ad Iordanem. Tulitque Elias pallium suum, et involvit illud, et percussit aquas. Quae divisae sunt in utramque partem: et transierunt ambo per siccum. Cumque transissent, Elias dixit ad Eliseum: "Postula quod vis, ut faciam tibi antequam tollar a te." Dixitque Eliseus: "Obsecro, ut fiat in me duplex spiritus tuus." Qui respondit: "Rem difficilem postulasti: attamen si videris me quando tollar a te, erit tibi quod petisti. Si autem non videris, non erit."
Cumque pergerent et incedentes loquerentur, ecce currus igneus, et equi ignei diviserunt utrumque: et ascendit Elias per turbinem in coelum. Eliseus autem videbat, et clamabat: "Pater mi, pater mi, currus Israel, et auriga eius." Et non vidit eum amplius. Et tollens pallium Eliae, quod ceciderat ei, reversus est stetitque ad Iordanem. Et pallio Eliae quod ceciderat ei, percussit aquas, et divisae sunt huc atque illuc, et transiit Eliseus. Videntes autem filii prophetarum, qui erant in Iericho, dixerunt: "Requievit spiritus Eliae super Eliseum." Et verum erat: Eliseus enim multa et magna faciebat miracula.

Sed nunc tempus est ut videamus nonnulla de Assyriis, qui vicerunt regnum septentrionale, populumque eius in captivitatem duxerunt.

discipulus - disciple
nosti <novisti
quia - that (ind. disc.)

silere - be silent
ambo - both
pariter - together

a longe - from afar
involvere - roll, fold

duplex spiritus tuus - double portion of your spirit
attamen - however
igneus - fiery
turbo - whirlwind
auriga - chariot driver
nonnullus - some
miliarium - 1000 yrs.
Semiticus - Semitic
mixtus - mixed
potens - powerful
saltem - at least
aequalis - equal
potentia - power
debilis - weak
excipere - except
crudelitas - cruelty
annales - annals
gloriari - boast
lavare - wash
tributum - tribute
talentum - talent
firmare - strengthen
coniuratio-conspiracy
recusare - refuse
obsidere - besiege

De Assyriis et de fine Regni Septentrionalis

Ad orientem a Palestina est terra quae Mesopotamia vocatur. Mesopotamia, sicut ultimo vidimus anno, significat terram quae est "inter flumina," id est, inter Tigrin et Euphraten. In parte septentrionali huius terrae est Assyria. Haec terra probabiliter habitabatur fere miliario tertio ante Christum a populo Semitico, mixto cum quibusdam hominibus ex Sumeria (quae est in parte meridionali Mesopotamiae). Difficile est scribere historiam Assyriorum hoc tempore. Assyrii autem non erant potentes, et saltem quibusdam temporibus regebantur a regibus potentibus meridionalis Mesopotamiae. Per tempus breve, sub rege qui nominatus est Shamsi Adad I (regnavit fere 1748 - 16), Assyria potens erat.

Hoc tempore urbs Ashur incepit magna esse, grandeque habuit templum. Alius rex magnus Assyriae erat Ashuruballit I (qui regnavit fere 1362 - 27) — ille scripsit epistolam ad Ikhnaton, regem Aegypti, in qua sentit se esse aequalem regi Aegypti. Sed post haec per multos annos Assyria magnam potentiam non habuit. Ab anno 1250 usque ad annum 883 ante Christum, Assyria debilis erat — sed etiam aliae civitates eiusdem terrae de - biles erant. Etiam illo tempore excipere debemus regem Tiglath Pileser I, qui regnavit fere 1114 - 1076, magnamque potentiam habebat). Sed ab anno 882 usque ad 612 ante Christum potentia Assyriae valde magna erat, ita ut aliae terrae eam vehementer timerent. Primus magnorum regum erat Ashurnasirpal (fere 883 - 59) Ille fecit exercitum Assyriae magnam. Ille rex non solummodo populos alios vincebat, sed captivos maxima crudelitate interficiebat. In annalibus suis, gloriatur se esse maxime crudelem. Filius eius erat Shalmaneser III (858 - 24). Ille gloriatur quod in primo anno regni sui exercitus Assyriae "arma sua in mari (id est, in Mari Mediterraneo) lavabat." Quibus verbis significare vult se vicisse multos populos usque ad mare magnum. Post hunc venerunt quidam reges qui non tam potentes erant, nec erat Assyria tam magna temporibus eorum.

Tiglath-Pileser III (744 - 27) fecit patriam suam iterum magnam. Ille vicit terras quae amissae erant sub regibus debilioribus. Etiam magnam urbem Damascum, et Babyloniam vicit. Tributum accepit a rege Israel Manahem, sicut legimus in Libro Quarto Regum (15:19 - ibi rex Assyriae vocabatur Phulquo nomine Babylonii etiam vocaverunt eum): "Veniebat Phul rex Assyriorum in terram, et dabat Manahem Phul mille talenta argenti, ut esset in auxilium ei, et firmaret regnum eius" (Manahem erat rex in Israel 746 - 37). Filius regis Manahem, Phaceia, regnavit in Israel annos duos. Ille fecit quod erat malum coram Domino. Interfectus est Phaceia a Phacee, qui erat dux exercitus eius. Diebus huius Phacee, venit Tiglath Pileser III, rex Assyriorum, cepitque partem terrae eius, duxitque multos ex Israel in captivitatem in Assyriam. Sed quidam alius vir cuius nomen erat Osee fecit coniurationem contra Phacee, regem Israel, interfecitque eum. Osee erat rex ultimus regni septentrionalis. Hle enim recusavit dare tributum Assyriae, tempore quo Shalmaneser V, filius regis Tiglath Pileser III rex erat (727-21). Shalmaneser cepit Osee, eumque in carcerem misit. Post haec obsedit Shalmaneser urbem Samariae per annos tres. Mortuus est autem Shalmaneser antequem Samariam caperet, sed frater eius Sargon II (qui erat rex Assyriae 721 - 05) urbem cepit, portavitque populum Israel in Assyriam. Hoc modo venit finis regni septentrionalis, nec postea restitutum est regnum. Sargon autem et successores eius populos alios, qui deos falsos coluerunt, in terram Samariae introduxerunt. Hi populi mixti sunt cum Israelitis qui remanserant in terra.

Nunc Cogitemus

(See tape script, 81)

Five deponents governing the ablative: There are five deponent verbs whose apparent object is in the ablative:

uti, usus est - use	gladio utitur	he uses a sword
frui, fructus est - enjoy	cibo fruitur	he enjoys food
fungi, functus est - busy self with, perform	consulatu fungitur	he performs the duty of a consul
potiri, potitus est—get possession of	terra potitus est	came into possession of the land
vesci - eat	cibis vescitur	he eats food

Actually, the five verbs are in the middle voice (something neither active nor passive, which has no special forms in Latin. The passive in a few examples has such a meaning)—they mean the subject acts so as to affect himself.

Thus: uti: to serve oneself by means of something; fungi: to busy oneself with, etc.

Contractions in the perfect and pluperfect active of verbs: These contractions are rather common in the perfect tense of verbs that have their perfect ending in -avit, -evit, -ivit.

1. -avit and -evit perfects lose v and the following vowel before s or r.
2. -ivit perfects lose v and the following vowel before s—and also lose v before r.

INDICATIVE	SUBJUNCTIVE	INFINITIVE
Perfect	Perfect	Perfect
amasti delesti audisti	amarim delerim audierim	amasse
amastis delestis audistis	etc.	delesse
amarunt delerunt audierunt		audisse
Past Perfect	Past Perfect	
	amassem delessem audissem	
Future Perfect	etc.	
amaro delero audiero		

Vocabularium

excipiunt, (3) -cepit, -ceptus - except, take out
gloriari, (1) - boast, glory
lavare, (1) (or: lavavit, lotus or lautus) - wash
obsidere, -sedit, -sessus - beseige
recusare, (1) - refuse
silére, siluit - be silent
huc - to this place
ne...quidem - not even*
quia - that (ind. disc.)
saltem - at least
aequalis, e, i - equal
debilis, e, i - weak
potens, enti - powerful
torrens, enti - stream
vertex, tice, altus - peak, eddy
vestigium, o - footprint, track, trace

*(Latin words come in between, but is translated after the quidem)

Scramble Exercise

Suo functus munere, quod ei Dominus mandaverat, omnes congregavit Elias qui comedebant de mensa Jezabel prophetas. Prophetis falsis auxilium a Baal petere conatis (remember, this is a deponent participle), igni utens quem de caelo misit Dominus, obtulit sacrificium Elias. Postea, cum Dominum idem propheta qui hoc fecerat rogavisset, fructa est omnis terra quam desiderabat pluvia.

English to Latin

1. No one ate the meat of the sacrifice which Elias offered.
2. Many wanted to enjoy the meat.
3. After Elias had asked God, fire consumed all the meat.
4. Since Eliseus had ministered to Elias, he took possession of his mantle.
5. If Eliseus sees him going up, he will have his spirit.

LECTIO VIGESIMA QUINTA

De ordine verborum in ablativis absolutis

Regnum Meridionale: Iuda, a Regno Achaz usque ad Captivitatem

Unus ex pessimis regibus in Iuda erat Achaz, qui regnavit a 742 ad 725. Viginti annorum erat Achaz cum regnare coepisset, et sedecim annis regnavit in Ierusalem; non fecit quod erat placitum in conspectu Domini Dei sui, sicut David pater eius; sed ambulavit in via regum Israel. Insuper etiam filium suum sacrificavit deo falso Moloch. Rasin, rex Syriae, et Phacee, rex Israel contra Achaz pugnaverunt, sed non potuerunt eum vincere. Hoc tempore vivebat unus ex maximis prophetis, Isaias. Dominus Isaiam ad Achaz misit ne Achaz vellet vocare Tiglath Pileser in auxilium suum. Achaz enim debuit sperare in auxilio Dei sui. Dixitque Dominus ad Achaz per Isaiam: "Vide, ut sileas. Noli timere." Sed etiam monuit Achaz: "Si non credideritis, non permanebitis." Ut Achaz certitudinem haberet, Dominus etiam dixit ei: "Pete tibi signum a Domino Deo tuo, in profundum inferni, sive in excelsum supra." "Et dixit Achaz: "Non petam, et non tentabo Dominum." Et dixit Isaias: "Audite ergo domus David: Numquid parum vobis est, molestos esse hominibus? Quia molesti estis et Deo meo. Propter hoc, dabit Dominus ipse vobis signum. Ecce virgo concipiet, et pariet filium, et vocabitur nomen eius Emmanuel." Nomen enim Emmanuel significat: Deus nobiscum. Achaz debuit spem ponere in prophetia data ad David dicente thronum eius in sempiternum futurum esse. Quia hoc non fecit, Deus ipse dedit signum ad Achaz, promittens Messiam, qui venturus erat ex Virgine Maria, de genere David, Regnum Messiae futurum erat sempiternum. Sed Achaz non credidit, deditque tributum regi Assyriae Tiglath Pileser.

Idem propheta Isaias etiam alias prophetias de eodem Messia dedit. In capitulo nono libri Isaiae legimus: "Parvulus enim natus est nobis, et filius datus est nobis. Et factus est principatus super humerum eius; et vocabitur nomen eius: admirabilis consiliarius, Deus fortis, pater futuri saeculi, princeps pacis. Multiplicabitur eius imperium, et pacis non erit finis. Super solium David, et super regnum eius sedebit, ut confirmet illud, et corroboret in

placitus - pleasing
permanére - remain
sedecim - XVI
certitudo - certitude
in profundum...to the depth of Sheol or to the height above
tentare - tempt
parum - little, too little
molestus - troublesome
concipere - conceive
parere - bring forth
genus - line
prophetia - prophecy
capitulum - chapter
parvulus - little one
principatus - government
humerus - shoulder

iudicio et iustitia, amodo et usque in sempiternum."
Notandum est quod Isaias loquitur in tempore perfecto "Natus est, datus est, factus est." Sed Isaias scripsit sicut prophetae saepe scribunt; scribit de rebus futuris quasi iam acciderint. Hoc facit aut quia vidit res futuras in visione, et ergo quia iam vidit, scribit de eis quasi de praeteritis; aut quia res quae vidit tam certa sunt ac si iam acciderint. Notandum est etiam quod Isaias vocat hunc puerum "Deus fortis." Probabiliter multi Iudaei, quia sciebant quod solummodo unus Deus est, et quia nesciebant mysterium Sanctissimae Trinitatis, haec verba de vera divinitate Christi non intellexerunt. Sed nihilominus, haec verba revera divinitatem Christi significant.
Isaias etiam scripsit de passione Christi, in capitulo quinquagesimo tertio. Legamus partem huius prophetiae: "Non habet speciem, neque decorem; et vidimus eum despectum et novissimum virorum, virum dolorum, et scientem infirmitatem. Et quasi absconditus vultus eius, et despectus: ergo non reputa—vimus eum. Vere, languores nostros ipse tulit, et dolores nostros ipse portavit. Et nos putavimus eum quasi leprosum, et percussum a Deo, et humiliatum. Ipse autem vulneratus est propter iniquitates nostras. Attritus est propter scelera nostra. Disciplina pacis nostrae super eum: et livore eius sanati sumus. Omnes nos quasi oves erravimus: unusquisque in viam suam declinavit. Et posuit Dominus in eo iniquitatem omnium nostrum. Oblatus est quia ipse voluit, et non aperuit os suum. Sicut ovis ad occisionem ducetur, et quasi agnus coram tondente se obmutescet, et non aperiet os suum abscissus est de terra viventium: propter scelus populi mei percussi eum." In hac prophetia, verba: "posuit ... in eo iniquitatem omnium nostrum" significant quod Christus portabit, satisfaciet pro iniquitatibus nostris—ipse certe non habuit iniquitatem. In ultima sententia prophetiae: "propter scelus populi mei percussi eum"—Deus loquitur in persona prima.
Sed nunc revertamur ad historiam nostram. Sicut iam vidimus, Sargon, rex Assyriae, cepit Samariam anno 721. Ezechias qui erat rex in Iuda fere hoc tempore (fere 725 - 697), vidit regnum septentrionale ad finem suum venisse quia non servaverat pactum Domini Dei sui. Ezechias, vir bonus, vocavit sacerdotes atque Levitas, dixitque ad eos, "Audite me, Levitae, et sanctificamini.

admirabilis consil. - wonderful counsellor
saeculum - world
multiplicare - multiply
corroborare - strengthen
iustitia - justice
amodo - henceforth
notare - note, mark
iam - already
praeteritus - past

Trinitas - Trinity

species - beauty
decor - comeliness
despectus - despised
dolor - grief, pain
infirmitas - weakness
reputare - esteem
languores... - he bore our illnesses (sins)
leprosus - leper
vulnerare - wound
iniquitas - iniquity
atterere - crush
scelus - crime
disciplina pacis - the chastisement of (to win) our peace
livor - bruise
errare - wander
declinare - turn aside
occisio - slaughter
tondens - shearer
obmutescere - besilent
sanctificare - make holy
mundare - cleanse
immunditia -

Mundate domum Domini Dei patrum vestrorum, et auferte omnem immunditiam de sanctuario. Peccaverunt patres nostri, et fecerunt malum in conspectu Domini Dei nostri, derelinquentes eum. Averterunt facies suas a tabernaculo Domini, et praebuerunt dorsum suum. Concitatus est itaque furor Domini super Iudam et Ierusalem, sicut ipsi cernitis oculis vestris. En, corruerunt patres nostri gladiis; filii nostri, et filiae nostrae, et coniuges captivae ductae sunt propter hoc scelus. Nunc ergo placet mihi, ut ineamus foedus cum Domino Deo Israel, et avertet a nobis furorem irae suae." Cum ergo Sennacherib, rex Assyriorum (705 - 681) misisset exercitum magnum contra Ierusalem, dixit Dominus Ezechiae per Isaiam prophetam: "Haec dicit Dominus de rege Assyriorum: 'Non ingredietur urbem hanc, nec mittet in eam sagittam. Per viam qua venit, revertetur, et civitatem hanc
non ingredietur, dicit Dominus. Protegamque urbem hanc, et salvabo eam propter me, et propter David servum meum.'" Factum est igitur, in nocte illa venit Angelus Domini, et percussit in castris Assyriorum centum octoginta quinque millia. Cumque diluculo surrexisset Sennacherib, vidit corpora mortuorum, et recedens abiit, et reversus est et mansit in Ninive. Cumque adoraret in templo Nesroch deum suum, filii eius percusserunt eum gladio, et regnavit Asarhaddon filius eius pro eo (681 - 69). Post Ezechiam regnavit Manasses filius Ezechiae (696 - 41). Manasses erat unus ex pessimis regibus in Juda. Duodecim annorum erat Manasses cum regnare coepisset, et quinquaginta quinque annis regnavit in Ierusalem. Fecit autem malum coram Domino, construxitque aras Baalim. Etiam filios suos in sacrificiis obtulit. Locutusque est Dominus ad eum et ad populum illius; et attendere noluerunt. Idcirco superinduxit eis principes exercitus regis Assyriorum; ceperuntque Manassen, et vinctum catenis atque compedibus duxerunt in Babylonem. (Nescimus quis fuerit hic rex Assyriorum qui cepit Manassen—probabiliter erat Assurbanipal, qui filius erat regis Asarhaddon, et regnavit 669 - 33). Sed Manasses, postquam coangustatus est, oravit Dominum Deum suum, et egit poenitentiam valde coram Deo patrum suorum. Et exaudivit orationem eius Dominus, reduxitque eum Ierusalem in regnum suum; et cognovit Manasses, quod Dominus ipse est Deus. Cumque in Ierusalem reversus esset, Manasses abstulit deos alienos, et simulacrum de domo Domini. Cumque

uncleanness
dorsum - back
concitare - arouse
en - look
coniux - husband, wife, spouse
protegere - protect
construere - construct
ara - altar
Baalim - the Baals
attendere - pay attention
superinducere - bring down on
catena - chain
compes - chains for feet
coangustare - put in tight spot
poenitentia - penance
simulacrum - statue, idol
coniurare - conspire
pius - devout
rectus - right
destruere - destroy

dormisset Manasses cum patribus suis, regnavit pro eo filius eius Amon. Viginti duorum annorum erat Amon cum regnare coepisset, et duobus annis regnavit in Ierusalem. Fecitque malum in conspectu Domini sicut fecerat Manasses pater eius. Sed servi sui coniuraverunt adversus eum, interfeceruntque eum in domo sua. Filius eius Iosias (639 - 09) pius et bonus erat, fecitque quod erat rectum in conspectu Domini, et aras Baalim destruxit.

Vocabularium

concipiunt,(3) -cepit, -ceptus - conceive	parum - little, too little
construere, struxit, structus - construct	ara, a - altar
mundare (1) - cleanse, purify	capitulum, o - chapter
notare, (1) - note, mark	catena, a - chain
pariunt,(3), peperit, partus - bring forth	coniux, iuge - husband, wife, spouse
protegere , texit , tectus - protect	dorsum, o - back
vulnerare, (1) - wound	poenitentia, a - penance, repentance
	praeteritus, a, um - past

Nunc Cogitemus et Exerceamus Nos

Now we are going to begin an easy, but very practical and helpful sort of exercise: we are going to practice using some special patterns of word order and other special structures. Today we shall try some ablative absolutes in which the verb comes first instead of second. So here are some sentences in which the dependent clause can be turned into an ablative absolute. In turning it, put the noun second. — Notice that some of these will need the present, others the perfect participle. Also, some will need more rearrangement than others.

Sample: Postquam agnus visus est, Maria laeta fuit.
Answer: Viso agno... Or, an example with a present participle:
Cum Maria veniret, agnus laetus erat.
Answer: Veniente Maria.

We can leave out the main clause, of course:

1. Cum exercitus obsideret ...
2. Cum rex obsecraret ...
3. Quia rex conversus est ...
4. Cum populus laetaretur ...
5. Quia propheta defunctus est ...
6. Postquam rex reductus est ...
7. Postquam votum adimpletum est ...
8. Quia rex sequitur ...
9. Quia regem exaudivit ...
10. Quia propheta somnium interpretatur...
11. Quamquam vas implevit ...
12. Quia arma in mari lavit ...
13. Quia patrem vulneravit ...
14. Cum propheta videat....

It would also be good practice to go over the same examples, and give the crude English form for each ablative absolute (e.g., Viso agno: the lamb having been seen. Veniente Maria: with Mary coming). These English forms help us to avoid inexactness in our free translations.

Scramble Exercise

Peccante rege Achaz, per Isaiam, qui in regno Iuda, cui Dominus auxilium promiserat, propheta maximus erat, se signum daturum esse dixit Dominus. Promittente propheta, se Dominum, qui signum promiserat, tentare nolle, signo petendo, dixit rex. Quo petere nolente, prophetiam dicentem Christum venturum esse, locutus est, qui missus est propheta Isaias. Assyrii autem, dante tributa rege, qui prophetam non audierat, gloriati sunt.

English to Latin

1. Because king Ezechias trusted in the Lord, Jerusalem was not given over into the hands of the Assyrians (Ierusalem is a feminine noun).
2. Sennacherib did not send an arrow into Jerusalem because the angel of the Lord was protecting it.
3. When he had seen the bodies of the dead, Sennacherib went away.
4. Although the prophet said that God would come, many Jews did not understand.
5. Because the king refused to obey, the city was besieged.

LECTIO VIGESIMA SEXTA

De ablativis absolutis cum clausulis subordinatis

De fine regni Assyriae

In diebus Iosiae finis imperii Assyriae venit. Assurbanipal, de quo supra locuti sumus, fuerat rex potens et etiam vir doctus—misit enim servos suos ut tabulas inscriptionum colligerent, fecitque sibi magnam bibliothecam. Pars huius bibliothecae etiam nunc habetur in Statibus Foederatis Americae, in Universitate Pennsylvaniae.

Sed post Assubanipal venerunt tres reges qui non tam magni erant. In regno Sinshum-lishir, qui tertius erat ex his, tres reges simul pugnaverunt contra Assyriam. Nabopolassar, (626-05) qui rex erat Babyloniae, multas urbes in partibus meridionalibus et occidentalibus Assyriae cepit. Cyaxares (633-584) qui rex erat Medorum, cepit magnam urbem Assur in anno 614. Post haec Cyaxares et Nabopolassar, cum auxilio regis Scythorum, obsederunt Ninive, urbem principalem Assyriae, ceperuntque urbem anno 612. Hoc modo finis venit imperio Assyriorum. Verumtamen, quidam vir qui se vocavit Ashur Uballit II poterat retinére urbem Haran in parte occidentali Assyriae per paucos annos. Pharao Aegypti, cuius nomen erat Nechao II, conatus est adiuvare Uballit. Iosias, rex Iuda mortuus est pugnans contra Nechao, ne possit venire cum exercitu suo ad Ashur Uballit. Nabopolassar autem, rex Babyloniae, accepit terras Assyriorum quae erant ad meridiem et ad occidentem a flumine Tigride. Cyaxares, rex Medorum, accepit terras Assyriorum quae erant ad septentriones et ad orientem ab eodem flumine. Babylonia itaque regit Mesopotamiam. Sed Nabapolassar, post paucos annos, mortuus est, filiusque eius Nabuchodonosor II (605-562) factus est rex pro eo.

Tulit ergo populus Iuda Ioachaz, filium Iosiae, et constituit eum regem pro patre suo in Ierusalem. Viginti trium annorum erat Ioachaz cum regnare coepisset (anno 609 ante Christum), et tribus mensibus regnavit in Ierusalem. Amovit autem eum Nechao, rex Aegypti. constituitque pro eo regem Eliakim, fratrem eius, et mutavit nomen eius, vocavitque eum Ioakim; ipsum vero Ioachaz

doctus - learned
tabula - tablet
inscriptio - inscription
bibliotheca - library

Medi - Medes

Scythi - Scythians
principalis - principal

retinére - retain, keep
ad meridiem... - to south and west

Tigris - Tigris river

ad septem. - to north and east
amovére - remove
abducere - lead away
Chaldaei - Babylonians
transferre - carry over
munitio - fortification
suscipere - receive
regius - royal
concidere - cut up
aureus - golden

tulit secum, et abduxit in Aegyptum. Viginti quinque annorum erat Ioakim cum regnare coepisset, et undecim annis regnavit (608-598) in Ierusalem; fecitque malum coram Domino Deo suo. Contra hunc ascendit Nabuchodonosor, rex Chaldaeorum, et vinctum catenis duxit in Babylonem. Ad quam et vasa Domini transtulit, et posuit ea in templo suo.

Ioachin, filius Ioakim, factus est rex anno 598. Decem et octo annorum erat Ioachin cum regnare coepisset, et tribus mensibus regnavit in Ierusalem. In tempore illo ascenderunt servi Nabuchodonosor, regis Babylonis, in Ierusalem, et circumdata est urbs munitionibus. Venitque Nabuchodonosor rex Babylonis ad civitatem cum servis suis, ut oppugnarent eam. Egressusque est Ioachin rex Iuda ad regem Babylonis, ipse et mater eius et servi eius et principes eius; et suscepit eum rex Babylonis anno octavo regni sui. Et protulit inde omnes thesauros domus Domini, et thesauros domus regiae; et concidit universa vasa aurea, quae fecerat Salomon rex Israel in templo Domini iuxta verbum Domini. Et transtulit omnem lerusalem et universos principes, et omnes fortes exercitus, decem millia, in captivitatem: nihilque relictum est, exceptis pauperibus, populi terrae. Et constituit Nabuchodonosor Matthaniam, patruum eius pro eo, imposuitque nomen ei Sedeciam. Et fecit Sedecias malum coram Domino, iuxta omnia quae fecerat Ioakim.

Factum est autem anno nono regni eius, venit Nabuchodonosor, et omnis exercitus eius in Ierusalem, et circumdedit eam, urbemque destruxit, et succendit domum Domini et domum regis, et domos Ierusalem. Et muros Ierusalem in circuitu destruxit omnis exercitus Chaldaeorum. Filios autem Sedeciae occidit coram eo, et oculos eius effodit, vinxitque eum catenis, et adduxit in Babylonem. Hoc modo finis regni meridionalis venit, et terra Iuda facta est provincia Babyloniae.

pauper - poor
patruus - uncle (paternal)
destruere - destroy
succendere - set on fire
effodere - dig out
provincia - province
praepositus - chief
eunuchus - eunuch
introducere - bring in
macula - spot
annona - food supply
unde - from which
enutrire - nourish
tribus annis postea - 3 yrs. later
polluere - defile
mensa - table
contaminare - defile
potus - drink
macilentus - lean
prae (w. abl.) - more than
adolescens - youth
coaevus - of same age
condemnare - condemn
tentare - test, tempt
legumen - legume, pulse
vesci (w. abl.) - eat
contemplari - look at
alere - feed
corpulentus - fat
scientia - knowledge
disciplina - learning
intelligentia - understanding
visio - vision
intellectus - understanding
decuplus - ten-fold
ariolus - diviner
magus - wise man

De Propheta Daniele in Babylone

Nabuchodonosor rex Babylonis duxit multos Iudaeos in captivitatem in terram suam. Et ait rex ad Asphenez, praepositum eunuchorum, ut introduceret de filiis Israel, et de semine regio pueros in quibus nulla esset macula, qui possent stare in palatio regis, ut doceret eos litteras et linguam Chaldaeorum. Et constituit eis rex annonam per singulos dies de cibis suis, et de vino, unde bibebat ipse, ut, enutriti tribus annis, postea starent in conspectu regis. Fuerunt ergo inter eos de filiis Iuda: Daniel, Ananias, Misael et Azarias. Et imposuit eis praepositus eunuchorum nomina: Danieli, Baltassar; Ananiae, Sidrach; Misaeli, Misach; et Azariae, Abdenago. Proposuit autem Daniel in corde suo, ne pollueretur de mensa regis (lex enim Mosaica prohibebat ne comederent quosdam cibos), et rogavit eunuchorum praepositum, ne contaminaretur. Dedit autem Deus Danieli gratiam et misericordiam in conspectu principis eunuchorum. Et ait princeps eunuchorum ad Danielem: "Timeo ego dominum meum regem, qui constituit vobis cibum et potum. Qui si viderit vultus vestros macilentiores prae ceteris adolescentibus coaevis vestris, condemnabitis caput meum regi." Et dixit Daniel ad Malasar, quem constituerat princeps eunuchorum super Danielem, Ananiam, Misaelem et Azariam: "Tenta nos, obsecro, servos tuos diebus decem, et dentur nobis legumina ad vescendum, et aqua ad bibendum: et tunc contemplare (imperative) vultus nostros, et vultus puerorum qui aluntur cibo regio. Et sicut videris, facies cum servis tuis." Qui, audito sermone huiuscemodi, tentavit eos diebus decem. Post dies autem decem apparuerunt vultus eorum meliores et corpulentiores prae omnibus pueris qui alebantur cibo regio. Porro Malasar tollebat cibos et vinum eorum, dabatque eis legumina. Pueris autem his dedit Deus scientiam et disciplinam in omni libro et sapientia; Danieli autem intelligentiam omnium visionum et somniorum.

Completis itaque diebus, post quos dixerat rex ut introducerentur, introduxit eos praepositus eunuchorum in conspectu Nabuchodonosor. Cumque eis locutus fuisset rex, non sunt inventi tales de universis sicut Daniel, Ananias, Misael et Azarias; et steterunt in conspectu regis. Et omne verbum sapientiae et intellectus quod petivit ab eis rex, invenit in eis decuplum super cunctos ariolos et magos qui erant in universo regno eius.

Vocabularium

alere, aluit, alitus - feed, nourish	adolescens, enti - youth
amovére, movit, motus - remove, move away	bibliotheca, a - library
introducere, -duxit, -ductus - bring in, introduce	eunuchus, o - eunuch
retinére, -tinuit, -tentus - keep back, retain	macula, a - spot
succendere, -cendit, -census - enkindle, arouse	mensa, a - table
suscipiunt, (3) -cepit, -ceptus - receive, sustain, bear	praepositus, o - chief, one in charge
tentare, (1) - test, try, tempt	scientia, a - knowledge
vesci (w. abl.) - eat	tabula, a - table, picture

Nunc Cogitemus et Exerceamus Nos

Now for a bit more ablative absolute practice, but this time, we will have a sidetrack in the absolutes. Again, we shall turn dependent clauses into ablative absolutes. And, at least part of the time, let us put the participle of the absolute first.
Sample: Postquam agnum qui in scholam venerat vidit, Maria laeta fuit.
Answer: Viso agno qui in schola fuerat (or, to be fancy: Viso qui in schola fuerat agno).

1. Quia Daniel, qui Iudaeus erat, rogavit...
2. Cum exercitus, quem miserant, veniret...
3. Cum vas implevisset, ut biberet...
4. Postquam rex, quia oravit, reductus est...
5. Quia Daniel somnium, quod viderat, explicat...
6. Quia rex, ut revertatur, obsecrat...
7. Cum verba, quae dixit, audivissent...
8. Quamquam virum, quem odit, vidit...
9. Quia Hebraeos, quos contempsit, vicit...
10. Cum vir ut spectaret ascenderet...

It would be very good practice to translate these too, as you did in lesson 25.

Scramble Exercise

Regnante qui pius erat Iosia, finis venit imperii Assyriae. Mortuo qui vir doctus erat rege Assurbanipal, in thronum terrae quae olim multas gentes ne resistere vellent terruerat venerunt tres qui non tam magni erant reges. Obsidentibus qui ex terris olim victis venerant ducibus fracta est ut caderet urbs Ninive. Capta ergo quae superba fuerat urbe, inter se reges qui vicerant terram diviserunt.

English to Latin

1. Assyria.when powerful kings reigned, had been a terror to other nations (use double dative).
2. Because Daniel, who was of the royal line asked, the servant of the king brought legumes to eat.
3. After the days had been fulfilled as the king ordered, they were brought to the king.
4. When he had captured the city, Nabuchodonosor took all the treasures of the temple to Babylon.
5. Legumes were food to them (use double dative).

LECTIO VIGESIMA SEPTIMA
De participiis perfectis verborum deponentium

De Somnio quod habuit Nabuchodonosor

Anno secundo regni sui vidit Nabuchodonosor somnium et conterritus est spiritus eius, et somnium eius fugit ab eo. Praecepit autem rex, ut convocarentur arioli et magi, et malefici et Chaldaei, ut indicarent regi somnia sua. Qui cum venissent, steterunt coram rege. Et dixit rex ad eos: "Vidi somnium, et mente confusus, ignoro quid viderim." Responderuntque Chaldaei regi: "Rex, in sempiternum vive: dic somnium servis tuis, et interpretationem eius indicabimus." Et respondens rex ait Chaldaeis: "Somnium recessit a me. Sed nisi indicaveris mihi somnium, et interpretationem eius, peribitis vos, et domus vestrae publicabuntur. Si autem somnium et interpretationem eius narraveritis, praemia et dona, et honorem multum accipietis a me. Somnium igitur et interpretationem eius indicate mihi." Responderunt secundo, atque dixerunt: "Rex somnium dicat servis suis, et interpretationem illius indicabimus." Respondit rex, et ait: "Vere novi, quod tempus redimitis, scientes quod somnium fugit a me. Si ergo somnium non indicaveritis mihi, clarum est quod interpretationem quoque fallacem, et deceptione plenam composueritis, ut loquamini mihi.
Somnium itaque dicite mihi, ut sciam quod interpretationem quoque eius veram loquamini." Respondentes ergo Chaldaei coram rege dixerunt: "Non est homo super terram qui sermonem tuum, rex possit implere. Neque regum quisquam magnus et potens verbum huiuscemodi petit ab omni ariolo et mago et Chaldaeo. Sermo enim, quem tu quaeris rex, gravis est, nec reperietur quisquam qui indicet illum in conspectu regis, exceptis diis, quorum non est cum hominibus conversatio." Quo audito, rex, in furore et in ira magna, praecepit ut perirent omnes sapientes Babylonis. Et, egressa sententia, sapientes interficiebantur. Quaerebanturque Daniel et socii eius, ut perirent. Tunc Daniel interrogavit de lege atque sententia ab Arioch, principe exercitus regis, qui egressus fuerat ad interficiendos sapientes Babylonis. Et interrogavit eum qui a rege potestatem

conterrere - terrify greatly
spiritus - spirit, breath
arioli... - diviners, magicians, Chaldeans
confusus - confused
publicare - confiscate
donum - gift
secundo - a second time
tempus redimere - try to gain time
fallax - deceptive
deceptio - deception
plenus (w. abl.) - full of
componere - put together
diis (same as deis)
conversatio - life
furor - wrath
sententia - sentence
quam ob causam - why
crudelis - cruel
solutio - solution
mysterium - mystery
revelare - reveal
confiteri - confess
praise (w. dat.)
transferre - take away
intelligentibus - to those who understand
disciplina - learning
profundus - deep
constituta in tenebris - placed in darkness
festinus - speedy, fast

acceperat, quam ob causam tam crudelis sententia a facie regis esset egressa. Cum ergo rem indicasset Arioch Danieli, Daniel ingressus rogavit regem, ut tempus daret sibi ad solutionem indicandam regi. Et ingressus est domum suam, Ananiaeque et Misaeli et Azariae sociis suis indicavit negotium, ut quaererent misericordiam a facie Dei coeli de mysterio isto, et non perirent Daniel et socii eius cum ceteris sapientibus Babylonis. Tunc Danieli mysterium per visionem nocte revelatum est; et benedixit Daniel Deum coeli, et locutus ait: "Sit nomen Domini bene - dictum, a saeculo et usque in saeculum, quia sapientia et fortitudo eius sunt. Et ipse mutat tempora et aetates: transfert regna, atque constituit: dat sapientiam sapientibus, et scientiam intelligentibus disciplinam. Ipse revelat profunda et abscondita, et novit constituta in tenebris, et lux cum eo est. Tibi, Deus patrum nostrorum confiteor, teque laudo, quia sapientiam et fortitudinem dedisti mihi; et nunc ostendisti mihi quae rogavimus te, quia sermonem regis aperuisti nobis."

Post haec Daniel ingressus ad Arioch, quem constituerat rex, ut perderet sapientes Babylonis, sic ei locutus est: "Sapientes Babylonis ne perdas: introduc me in conspectu regis, et solutionem regi narrabo." Tunc Arioch festinus introduxit Danielem ad regem, et dixit ei: "Inveni hominem de filiis capti - vitatis Iuda, qui solutionem regi annuntiet." Respondit rex, et dixit Danieli, cuius nomen erat Baltassar: "Putasne, vere potes mihi indicare somnium quod vidi, et interpretationem eius?" Et respondens Daniel coram rege ait: "Mysterium, quod rex interrogat, sapientes, magi, arioli, et aruspices non possunt indicare regi. Sed est Deus in caelo, revelans mysteria, qui indicavit tibi rex Nabuchodonosor, quae ventura sunt in novissimis temporibus. Somnium tuum, et visiones capitis tui in cubili tuo huiuscemodi sunt: Tu rex cogitare coepisti in lecto tuo, quid esset futurum post haec, et Deus qui revelat mysteria, ostendit tibi quae ventura sunt. Mihi quoque non in sapientia (quae in me est plus quam in cunctis viventibus) mysterium hoc revelatum est, sed ut interpretatio regi manifesta fieret, et cogitationes mentis tuae scires. Tu, rex, videbas, et ecce, quasi statua una grandis. Statua illa magna et statura sublimis stabat contra te, et aspectus eius erat terribilis. Huius statuae caput ex auro optimo erat, pectus autem et brachia de argento, porro

aruspex - soothsayer
cubile - bedroom
manifestus - clear
statua - statue
statura - stature
sublimis - lofty contra (w. obj.) - opposite
aspectus - appearance
pectus - breast

venter et femora ex aere. Tibiae autem ferreae; pedum quaedam pars erat ferrea, quaedam autem fictilis. Videbas ita, donec abscissus est lapis de monte sine manibus, et percussit statuam in pedibus eius ferreis et fictilibus, et comminuit eos. Tunc contrita sunt pariter ferrum, testa, aes, argentum et aurum, et redacta quasi in paleam aestivae areae. Quae rapta sunt vento, nullusque locus inventus est eis. Lapis autem, qui percusserat statuam, factus est mons magnus, et implevit universam terram.

Hoc est somnium: interpretationem quoque eius dicemus coram te, rex. Tu rex regum es, et Deus coeli, regnum et fortitudinem, et imperium et gloriam dedit tibi. Et omnia in quibus habitant filii hominum et bestiae agri, volucres quoque coeli—dedit in manu tua; et sub ditione tua universa constituit: tu es ergo caput aureum. Et post te consurget regnum aliud, minus te, argenteum: et regnum tertium, aereum, quod imperabit universae terrae. Et regnum quartum erit velut ferrum. Quomodo ferrum comminuit et domat omnia, sic comminuet et conteret omnia haec. Porro, quia vidisti pedum et digitorum partem testae figuli, et partem ferream—regnum divisum erit: ex parte regnum erit solidum, et ex parte contritum. In diebus autem regnorum illorum suscitabit Deus coeli regnum, quod in aeternum non dissipabitur; et regnum eius alteri populo non tradetur. Comminuet autem, et consumet universa regna haec, et ipsum stabit in aeternum, secundum quod vidisti quod de monte abscissus est lapis sine manibus, et comminuit testam et ferrum et aes et argentum et aurum. Deus magnus ostendit regi quae ventura sunt postea: et verum est somnium, et fidelis interpretatio eius."

Tunc rex Nabuchodonosor cecidit in faciem suam, et Danielem adoravit, et hostias et incensum praecepit, ut sacrificarent ei. Loquens ergo rex, ait Danieli: "Vere Deus vester Deus deorum est, et Dominus regum, et revelans mysteria, quoniam tu potuisti aperire hoc mysterium." Tunc rex Danielem in sublime extulit, et munera multa et magna dedit ei, et constituit eum principem super omnes provincias Babylonis, et praefectum magistratum super cunctos sapientes Babylonis. Daniel autem postulavit a rege; et constituit rex Sidrach, Misach, et Abdenago super opera provinciae Babylonis.

De interpretatione prophetiae Danielis adhuc disputant scriptores hodierni. Satis clarum est quod primum regnum est regnum Neo-

venter - stomach
femur - thigh
aes - bronze
tibia - leg
ferreus - of iron
fictilis - of clay
comminuere - crush
pariter - equally
testa - clay
redigere - reduce, bring to
palea - chaff
aestiva - summer
area - threshing floor
volucris - bird
ditio - sway, power
minus te - less than you
velut - as
quomodo - just as
domare - subdue
digitus - toe, finger
figulus - potter
ex parte - in part
dissipare - scatter,

consumere - consume
efferre - exalt
praefectus - chief,
magistratus - magistrate
disputare - dispute
Neo-Babylonicus - Neo-Babylonian
superare - overcome
Medi - the Medes

Babylonicum, et est, regnum regis Nabuchodonosor. Similiter clarum est quod lapis significat regnum vel ecclesiam Christi, quod spiritualiter superabit omnia regna huius mundi. Sed quid de regno secundo, tertio, et quarto? Multi putant ea esse regna Medorum Graecorum, et Romanorum—sed alii dicunt ea significare regna Medorum, Alexandri Magni, et Successorum Alexandri Magni. Veritatem certam huius rei nescimus.

Vocabularium

comminuere, minuit, minutus - crush	pariter - likewise, equally, together
confitéri, fessus est - confess, praise (w. dat.)	aes, aere, magnum - bronze
revelare, (1) - reveal	crudelis, e, i - cruel digitus, o - finger, toe
	donum, o - gift
	fallax, -aci - false, deceptive
	festinus, a, um - speedy, quick
	spiritus, u - spirit, breath, wind, life
	sublimis, e, i - lofty, sublime

Nunc Cogitemus et Exerceamus Nos

Most perfect participles have a passive feeling. e.g., *interfectus* means, in crude basic translation "having been killed." But the perfect participle of a deponent verb has, of course, active meaning. So we drop the word "been", e.g., *locutus* means "having spoken." So let us practice a few ablative absolutes using such deponent participles. To make it more interesting, we will put in some examples of normal verbs too. Show that you understand the following examples by giving an expanded Latin form for each. You need not repeat the main clause with each.

Sample: Rege locuto, captivi interfecti sunt.
Answer: Quia rex locutus est. Or: Postquam rex locutus est.

1. Militibus egressis ad pugnam, populus laetus erat.
2. Locuto Moyse, siluit omnis populus.
3. Occiso Goliath, Israelitae exclamaverunt.

4. Mortuo Goliath, Philisthini fugerunt.
5. Profecto propheta, populus ad idola reversus est.
6. Audita interpretatione, rex dona dedit.
7. Reverso propheta, populus ad Deum oravit.
8. Egressa sententia, sapientes interficiebantur.
9. Accepta a Deo interpretatione, Daniel ad regem vadit.
10. Secuto populo, propheta laetus factus est.
11. Confesso viro malo, vir bonus liberatus est.
12. Revelato somnio, sapientes non sunt interfecti.

It would be good to translate each example twice: once, in crude literal form, once in good expanded English form.

Scramble Exercise

Egressa a rege ut sapientes interficerentur sententia, ad caeli Deum, qui hominibus in Deo confisis secreta revelat, oravit Daniel. Rex enim somnium, quod viderat, oblitus ab iis qui sapientes esse, sed non erant, visi sunt, et somnium et interpretationem petierat. Cui illi impossibile esse quod petivit responderunt. Quod autem hominibus impossibile, quia homines erant, visum est, Danieli confiso in Deo vero facile erat.

English to Latin

1, Having forgotten the dream, the king was terrified.
2. Having heard the answer of the wise men, the king was angry.
3. When the sentence had gone out, Daniel asked that the king give him time.
4. After the dream had been interpreted, Daniel received great gifts.
5. Because he had trusted in God, Daniel was not killed.

LECTIO VIGESIMA OCTAVA

Plura de usu participiorum extra ablativos absolutos

De Daniele et falso deo Bel.

Erat quoque idolum apud Babylonios nomine Bel. Et impendebantur in eo per dies singulos duodecim artabae similae, et oves quadraginta, vinique amphorae sex. Rex quoque colebat eum, et ibat per singulos dies adorare eum. Porro Daniel adorabat Deum suum. Dixitque ei rex: "Quare non adoras Bel?" Qui respondens, ait ei: "Quia non colo idola manufacta, sed viventem Deum, qui creavit coelum et terram et habet potestatem omnis carnis." Et dixit rex ad eum: "Non videtur tibi esse Bel vivens Deus? An non vides quanta comedat et bibat quotidie?" Et ait Daniel arridens: "Ne erres, rex: iste enim intrinsecus luteus est, et forinsecus aereus, neque comedit aliquando." Et iratus rex vocavit sacerdotes eius, et ait eis: "Nisi dixeritis mihi, quis est qui comedat cibos hos, moriemini. Si autem ostenderitis quoniam Bel comedat haec, morietur Daniel, quia blasphemavit in Bel." Et dixit Daniel regi: "Fiat iuxta verbum tuum." Erant autem sacerdotes Bel septuaginta. Et venit rex cum Daniele in templum Bel Et dixerunt sacerdotes Bel: "Ecce, nos egredimur foras, et tu rex pone escas, et vinum misce, et claude ostium, et signa anulo tuo: et cum ingressus fueris mane, nisi inveneris omnia comesta a Bel, morte moriemur, vel Daniel, qui mentitus est adversum nos." Contemnebant autem, quia fecerant sub mensa absconditum introitum, et per illum ingrediebantur semper, et devorabant ea quae posita sunt. Factum est igitur, postquam egressi sunt illi, rex posuit cibos ante Bel; praecepit autem Daniel pueris suis, et attulerunt cinerem, et cribravit cinerem per totum templum coram rege; et egressi clauserunt ostium, et signantes anulo regis, abierunt. Sacerdotes autem ingressi sunt nocte iuxta consuetudinem suam, et uxores et filii eorum, et comederunt omnia, et biberunt. Surrexit autem rex primo diluculo, et Daniel cum eo. Et ait rex: "Salva sunt signacula, Daniel?" Qui respondit: "Salva sunt, rex." Statimque cum aperuisset ostium, videns rex mensam, exclamavit voce magna: "Magnus es Bel, et non est apud te dolus ullus." Et risit Daniel, et tenet regem ne ingrederetur

idolum - idol
apud (w. obj.) - with, among
impendere - expend
artaba - measure (12=about 164 bushels)
simila - fine wheat flour
amphora - vessel
vinum - wine
manufactus - made by hands
quantus - how great
arridére (w. dat.) - smile at
errare - err, wander
intrinsecus - on inside
luteus - of clay
forinsecus - on outside
aliquando - at any time
quoniam - that (ind. disc.)
blasphemare - blaspheme
foras - to the outside
esca - food
signare - seal
anulus - ring
comestus - eaten
mentiri - lie
introitus - entrance
devorare - devour
cinis - ashes
cribrare - sift
ostium - door

intro, et dixit: "Ecce pavimentum: animadverte, cuius vestigia sint haec." Et dixit rex: "Video vestigia virorum et mulierum et infantium." Et iratus est rex. Tunc apprehendit sacerdotes et uxores et filios eorum; et ostenderunt ei abscondita ostiola, per quae ingrediebantur, et consumebant quae erant super mensam. Occidit ergo illos rex, et tradidit Bel in potestatem Danielis, qui subvertit eum et templum eius.

salvus - safe, intact

De Daniele et Dracone

Et erat draco magnus (id est, serpens magnus) in loco illo; et colebant eum Babylonii. Et dixit rex Danieli: "Ecce, nunc non potes dicere quod iste non sit deus vivens: adora ergo eum." Dixitque Daniel: "Dominum Deum meum adoro, quia ipse est Deus vivens: iste autem non est Deus vivens. Tu autem rex, concede mihi potestatem, et interficiam draconem sine gladio et fusti." Et ait rex: "Potestatem tibi concedo." Tulit ergo Daniel picem, et adipem et pilos, et coxit pariter, fecitque massas, et posuit in os draconis: et diruptus est draco. Et dixit: "Ecce, quem colebatis." Quod cum audissent Babylonii, indignati sunt vehementer, et congregati adversum regem, dixerunt: "Iudaeus factus est rex: Bel destruxit, draconem interfecit, et sacerdotes occidit." Et dixerunt cum venissent ad regem: "Trade nobis Danielem, alioquin interficiemus te et domum tuam." Vidit ergo rex, quod irruerent in eum vehementer, et, necessitate compulsus, tradidit eis Danielem. Qui miserunt eum in lacum leonum; et erat ibi diebus sex. Porro in lacu erant leones septem; et dabantur eis duo corpora quotidie, et duae oves; et tunc non data sunt eis, ut devorarent Danielem. Erat autem Habacuc propheta in Iudaea, et ipse coxerat cibos, et ibat in campum, ut ferret messoribus. Dixitque Angelus Domini ad Habacuc: "Fer prandium quod habes, in Babylonem Danieli, qui est in lacu leonum." Et dixit Habacuc: "Domine, Babylonem non vidi, et lacum nescio." Et apprehendit eum Angelus Domini in vertice eius, et portavit eum capillo capitis sui, posuitque eum in Babylone supra lacum in impetu spiritus sui. Et clamavit Habacuc, dicens: "Daniel, serve (vocative case) Dei, tolle prandium, quod misit tibi Deus." Et ait Daniel: "Recordatus es mei, Deus, et non dereliquisti diligentes te."

dolus - deception
intro - within
pavimentum - floor
ostiolum - little door
consumere - consume
draco - dragon,
serpent fustis - club
concedere - grant
picem... - pitch, fat
coquere - cook
massa - lump
dirumpere - break apart
indignari - be indignant
destruere - destroy
alioquin - otherwise
lacus - den
leo - lion
messor - reaper
prandium - meal
capillus - hair
73

impetus - rush
diligentes - those who love
confestim - at once
lugere - grieve for
introspicere - look within
incolumis - unharmed

Surgensque Daniel comedit. Porro Angelus Domini restituit Habacuc confestim in loco suo. Venit ergo rex die septimo, ut lugeret Danielem, et venit ad lacum, et introspexit, et ecce, Daniel sedens incolumis et integer in medio leonum. Et exclamavit voce magna rex, dicens: "Magnus es, DEmine Deus Danielis." Et extraxit eum de lacu leonum. Porro illos, qui perditionis eius causa fuerant, intromisit in lacum; et devorati sunt in momento coram eo. Tunc rex ait: "Paveant omnes habitantes in universa terra Deum Danielis, quia ipse est Salvator; faciens signa et mirabilia in terra, qui liberavit Danielem de lacu leonum."
Debemusne ergo credere quod hic rex Babylonis (nomen eius nescimus, nam Scriptura Sancta nomen eius non dat nobis) credidit in Deum verum, ita ut fieret Iudaeus? Non. Probabiliter rex solummodo credidit Deum Danielis esse unum inter multos veros deos.

integer - untouched, fresh
extrahere - draw out
perditio - ruin
pavére - dread
Salvator - Savior
principium - beginning
auctoritas - authority
Medi - Medes
Persae - Persians
succedere (w. dat.) - succeed, follow

De Fine Regni Neo - Babylonici, et de Principio Regni Persarum

Nabuchodonosor erat maximus regum Neo-Babylonicorum. Ille fecit urbem Babylonem valde magnum et bene rexit imperium suum. Sed post mortem eius, in thronum venit filius eius Amel-Marduk. Ille non placuit sacerdotibus Babylonicis, et interfectus est post duos annos. Illi successerunt duo reges debiles: Nergalshar-usur, et Labashi-Marduk. Sed hic depositus est per coniurationem, et Nabunaid factus est rex. Nabunaid erat homo religiosus et superstitiosus. Per magnam regni sui partem erat non in Babylone, sed in Arabia. Sed antequam discederet Nabunaid, auctoritatem in Babylone filio suo Belshazzar dedit, sicut legimus in quodam textu Babylonico: "... commisit regnum ei." Itaque Belshazzar regebat in Babylone pro patre suo per multos annos, et cives huius urbis locuti sunt de eo sicut de rege, quia auctoritatem regis habuit.
Sed ad orientem, in Persia, erat rex magnus nomine Cyrus II (559-30). Ille vicit Medos, sed nihilominus dedit Medis eadem iura quae Persae ipsi habebant. Anno 539 Cyrus Babylonem facile cepit. Hoc modo venit finis imperii Neo - Babylonici in Mesopotamia, et principium regni Persarum in eadem terra. Cyrus erat vir bonus, et bene regere novit. Ut amorem populorum subiectorum

conciliare - win over
prohibitio - prohibition
memoria tenere - hold in memory
distinctus - dictinct
Iudaea - Judea
reaedificare - rebuild
reficiunt - remake
aedificatio - building
accusatio - accusation
intermittere - interrupt
locutus < loquor - to speak (dep. 3)

conciliaret, permisit omnibus ut deos suos colerent sine prohibitione. Ipse etiam coluit Marduk, deum maximum Babylonis.

Memoria tenemus quod multi ex regno Israel, et etiam ex regno Iuda in Babyloniam portati sunt ab Assyriis, et etiam a Nabuchodonosor. Israelitae qui ex regno septentrionali venerunt, mixti sunt cum Babyloniis, et tempore Cyri, non iam erant populus dis - tinctus. Sed Iudaei ex regno meridionali non ita mixti sunt. Principio regni sui, rex Persarum et Medorum Iudaeis concessit ut in terram suam reverterentur, dixitque: "Haec dicit Cyrus, rex Persarum: 'Omnia regna terrae dedit mihi Dominus Deus coeli, et ipse praecepit mihi, ut aedificarem ei domum in Ierusalem, quae est in Iudaea. Quis est in vobis de universo populo eius? Sit Deus illius cum ipso: ascendat in Ierusalem, quae est in Iudaea, et aedificet domum Domini Dei Israel.'" Rex quoque Cyrus protulit vasa templi Domini, quae tulerat Nabuchodonosor de Ierusalem, et posuerat ea in templo dei sui, remisitque ea in Ierusalem. Probabiliter fere quadraginta duo millia Iudaeorum in Iudaeam reversi sunt prima parte anni 538. Hi qui reversi sunt, conati sunt reaedificare templum Domini, et altare holocaustorum refecerunt. Viri autem qui in Samaria habitabant, voluerunt Iudaeos adiuvare in aedificatione templi. Iudaei autem auxilium eorum non acceperunt, qua de causa Samaritani accusationes contra Iudaeos miserunt ad regem Persarum, Tunc intermissum est opus domus Domini in Ierusalem, et non fiebat usque ad annum secundum regni Darii, regis Persarum (qui regnavit 522-486).

Vocabularium

concedere, -cessit, -cessus - concede, grant
conciliare, (1) - win over
consumere, -sumpsit, -sumptus - consume
coquere, -coxit, -coctus - cook
destruere, -struxit, -structus - destroy
dirumpere, -rupit, -ruptus - break open
errare, (1) - wander, err
intermittere, -misit, -missus - interrupt
lugére, luxit, luctus - grieve, mourn
memoria tenere - remember
mentiri, (4) - lie
reficiunt,(3) refecit, refectus - remake, restore

apud (w. obj.) - with, at, among, at house of, in works of
foras - forth, to the outside
auctoritas, -tate, magna - authority
cinis, ere, malus - ashes
incolumis, e, i - unharmed
integer, gra, grum - fresh, untouched
Medis - Medes ostium, o - door
principium, o - beginning
quantus, a, um - how great
vinum, o - wine

Nunc Cogitemus et Exerceamus Nos

Often participles are used outside of ablative absolutes in such a way that they have the feeling of sidetracks. In the following sentences, let us expand the participles into suitable sidetracks, in Latin. We need not repeat the whole sentence, of course.

> Sample: Daniel erat vir qui, interrogatus a rege, somnium explicavit.
> Answer: Quia interrogatus est. Or: Postquam interrogatus est. Or: Cum interrogatus esset.

1. Rex Babylonicus venit ad templum, et, rogatus a Daniele, sacerdotes vocavit.
2. Rex in templum ingressus est, et, videns mensam, exclamavit.
3. Rex vidit Danielem, qui in Bel non credidit, ponentem cineres in templo.
4. Rex Babylonicus, quia multi clamaverunt, adhuc amans Danielem, eum tradere coactus est.
5. Danielem quem amavit, a Deo servatum, non amisit rex.
6. Daniel qui in lacu fuerat, a leonibus non devoratus, Dominum Deum suum laudavit. 7. Assyrii ad urbem venerunt, sed, ab angelo percussi, eam non ceperunt.
8. Regem Israel, obedire nolentem, punivit Dominus.
9. Hunc regem magnum, ab hostibus interfectum, nemo honoravit.
10. Hunc prophetam quem Deus miserat, interpretatum somnium suum, rex adorare voluit.
11. Saul conatus est revocare Samuelem, quem timuit, a se profectum.

It would be good to translate each example in two ways, as you did in lesson 27.

Scramble Exercise

Regem quendam Babylonicum, amantem Danielem, a sacerdotibus clamantibus quia Daniel draconem interfecerat, coactum esse Danielem tradere dicit historia. Quem septimo die, in lacum leonum missum adhuc viventem invenit idem rex. Eidem Danieli, in lacu leonum manenti, cibos per prophetam ab angelo portatum misit Dominus. Sacerdotes autem mali, locuti contra Danielem, in lacum eundem missi, statim sunt devorati.

English to Latin

1. Cyrus who conquered Babylon, after he had entered the city, said that the god Marduk had sent him.
2. In Babylonia he found many Jews who, led there (illuc) by other kings, wished to return.
3. The men who lived in Samaria, when they saw that the Jews were building a temple wished to help.
4. The Jews who had been in captivity, when they returned wanted to build a temple.

LECTIO VIGESIMA NONA

De usu participii praesentis loco clausulae relativae

De aedificatione templi

In anno secundo Darii regis, in mense sexto, in die una mensis factum est verbum Domini in manu Aggaei prophetae ad Zorobabel, ducem Iuda dicens: "Haec ait Dominus exercituum dicens: Populus iste dicit: 'Nondum venit tempus domus Domini aedificandae.'" Et factum est verbum Domini in manu Aggaei prophetae dicens: "Numquid tempus vobis est ut habitetis in domibus laqueatis, et domus ista deserta? Et nunc haec dicit Dominus exercituum: Ponite corda vestra super vias vestras. Seminastis multum, et intulistis parum. Comedistis, et non estis satiati. Bibistis, et non pleni estis. Operuistis vos, et non estis calefacti: et qui mercedes congregavit, misit eas in sacculum pertusum. Haec dicit Dominus exercituum: Ponite corda vestra super vias vestras: ascendite in montem, portate ligna, aedificate domum, et acceptabilis mihi erit."

Surrexerunt ergo Zorobabel, dux Iuda, et prophetae Dei, et viri alii, coeperuntque aedificare templum Domini. In ipso autem tempore venit ad eos Thathanai, qui erat dux constitutus a Persis trans flumen, dixitque eis: "Quis dedit vobis consilium, ut domum hanc aedificaretis." Misitque Thathanai dux regionis trans flumen epistolam ad Darium, regem Persarum, dicens: "Dario regi, pax omnis. Notum sit regi, venisse nos ad Iudaeam provinciam, et vidisse domum Dei magni, quam aedificant Iudaei. Interrogavimus ergo senes illos: 'Quis dedit vobis potestatem, ut domum hanc aedificaretis?' Et responderunt nobis dicentes: 'Nos sumus servi Dei coeli et terrae, et aedificamus templum quod erat exstructum ante hos annos multos, quodque rex Israel magnus aedificaverat, et exstruxerat. Postquam autem ad iram provocaverunt patres nostri Deum coeli, tradidit eos in manus Nabuchodonosor regis Babylonis; domum quoque hanc destruxit, et populum eius in Babylonem transtulit. Anno autem primo Cyri regis Babylonis, Cyrus rex proposuit edictum, ut domus Dei haec aedificaretur.' Nunc ergo, si videtur regi bonum, recenseat in bibliotheca regis, quae est in Babylone, utrum a Cyro rege iussum

laqueatus - with panelled ceiling
ponita corda - consider your ways
seminare - sow
intulistis parum - you have brought in little (into barns)
satiare - satisfy
calefacere - make warm
sacculum pertusum - bag with holes
acceptabilis - acceptable
Thathanai - Thathanai regio - region
exstruere - build
ante annos multos - many years ago
provocare - provoke
transferre - carry over
edictum - edict, order
recensére - examine, review
utrum - whether
reponere - put away
Ecbatana - Ecbatana (city)
volumen - volume
commentarius -

fuerit, ut aedificaretur domus Dei in Ierusalem: et voluntatem regis super hac re mittat ad nos." Tunc Darius rex praecepit; et recensuerunt in bibliotheca librorum, qui erant repositi in Babylone; et inventum est in Ecbatanis volumen unum; talisque scriptus erat in eo commentarius: "Anno primo Cyri regis, Cyrus rex decrevit ut domus Dei aedificaretur, quae est in Ierusalem." Praecepit itaque Darius rex, ne Thathanai impediret opus. In - super dedit rex auxilium Iudaeis, ut templum aedificare possent. Et compleverunt domum Dei anno sexto regni Darii regis. Fecerunt autem filii Israel, sacerdotes et Levitae, et reliqui filiorum transmigrationis dedicationem domus Dei in gaudio.

record
decernere - decree
impedire - hinder
convivium - banquet
inclytus - renowned
praefectus - prefect
divitiae - riches
magnitudo - greatness
invitare - invite
Susan - Susan (city)
vestibulum - Court
horti... - of the garden and wood which was planted by the care & hand of the king

De Regina Esther

Non omnes Iudaei reversi sunt ex captivitate. Quidam enim ex eis remanere maluerunt.

Post mortem autem Darii regis, venit in solium Medorum et Persarum filius eius Assuerus (qui etiam vocabatur Artaxerxes, vel Xerxes: regnavit 486-65). Tertio anno imperii sui, fecit Assuerus grande convivium cunctis principibus et pueris suis, fortissimis Persarum, et Medorum inclytis, et praefectis provinciarum coram se, ut ostenderet divitias gloriae regni sui, ac magnitudinem potentiae suae, multo tempore, centum et octoginta diebus. Cumque implerentur dies convivii, invitavit omnem populum qui inventus est in Susan, a maximo usque ad minimum, et iussit septem diebus convivium praeparari in vestibulo horti et nemoris, quod regio cultu et manu consitum erat. Vasthi quoque regina fecit convivium feminarum in palatio, ubi rex Assuerus manere consueverat. Itaque die septimo, cum rex esset hilarior, et post nimiam potationem incaluisset vino, praecepit septem eunuchis qui in conspectu eius ministrabant, ut introducerent reginam Vasthi coram rege, posito super caput eius diademate, ut ostenderet cunctis populis et principibus pulchritudinem illius; erat enim pulchra valde. Quae recusavit, et ad regis imperium, quod per eunuchos mandaverat, venire contempsit. Unde iratus rex, et nimio furore succensus,

Vasthi - Vasthi (queen)
hilaris - cheerful
potatio - drinking
incalescere - grow warm
diadema - crown
pulchritudo - beauty
ad - at, because of

interrogavit sapientes (qui ex more regio semper ei aderant) cui sententiae Vasthi regina subiaceret, quae Assueri regis imperium, quod per eunuchos manda - verat, facere noluisset. Responditque Mamuchan, audiente rege atque principibus: "Non solum regem laesit regina Vasthi, sed et omnes populos et principes qui sunt in cunctis provinciis regis Assueri. Egredietur enim sermo reginae ad omnes mulieres, ut contemnant viros suos, et dicant: 'Rex Assuerus imperavit ut regina Vasthi intraret ad eum, et illa noluit.' Atque hoc exemplo omnes coniuges principum Persarum atque Medorum parvipendent imperia maritorum. Ergo regis iusta est indignatio. Si tibi placet, egrediatur edictum a facie tua, et scribatur iuxta legem Persarum atque Medorum, quam mutari illicitum est, ut nequaquam ultra Vasthi ingrediatur ad regem, sed alia, quae melior est illa regnum illius accipiat." Placuit consilium eius regi et principibus, fecitque rex iuxta consilium Mamuchan. His ita gestis, postquam regis Assueri ira quievit, dixerunt servi regis: "Quaerantur regi puellae virgines ac speciosae, et mittantur qui considerent per universas provincias puellas speciosas et virgines; et adducant eas ad civitatem Susan. Et quaecumque inter omnes oculis regis placuerit, ipsa regnet pro Vasthi." Placuit sermo regi, et ita ut consilium dederant, iussit fieri.

Erat vir Iudaeus in Susan, nomine Mardochaeus, qui fuit nutritius filiae fratris sui quae vocabatur Esther, et erat pulchra nimis. Cumque amisisset utrumque parentem Esther (mortuis patre eius ac matre), Mardochaeus sibi eam adoptavit in filiam. Cumque regis imperium nuntiatum esset et iuxta mandatum illius multae pulchrae virgines adducerentur Susan; Esther quoque inter ceteras puellas tradita est Egeo eunucho. Quae placuit ei, et invenit gratiam in conspectu illius. Ipsa autem noluit indicare ei populum et patriam suam: Mardochaeus enim praeceperat ei, ut de hac re omnino taceret, ne reiceretur quia mulier Iudaea esset (nomen enim Esther non erat nomen Iudaicum, sed nomen Persicum, significans "stella"). Mardochaeus deambulabat quotidie ante vestibulum domus in qua electae virgines servabantur, curam agens salutis Esther, et scire volens, quid ei accideret.

Instabat dies quo Esther deberet intrare ad regem. Quae non quaesivit muliebria orna - menta, sed accepit quaecumque voluit Egeus eunuchus. Ducta est itaque ad regem Assuerum, et adamavit eam rex plus quam omnes mulieres, habuitque gratiam

furor - rage
succensus - enkindled
mos - custom
ex - in accord with
cui sententiae - under what sentence she lay
laedere - harm
parvipendere - treat as of little importance
maritus - husband
indignatio - indignation
illicitus - forbidden
melior est illa - better than she
quiescere - become quiet
speciosus - beautiful
considerare - look for
nutritius - foster father
tacére - be silent
reicere - reject
deambulare - walk
curam agere - take care of
instare - be at hand, press on

et misericordiam coram eo super omnes mulieres, et posuit diadema regni in capite eius, fecitque eam regnare in loco Vasthi. Et iussit convivium praeparari permagnificum cunctis principibus et servis suis pro nuptiis Esther.
Mardochaeus autem manebat ad portam regis et ecce, Bagathan et Thares duo eunuchi regis, qui ianitores erant et in primo palati limine praesidebant, voluerunt insurgere contra regem et occidere eum. Quod Mardochaeum non latuit, statimque nuntiavit reginae Esther, et illa regi ex nomine Mardochaei, qui ad se rem detulerat. Quaesitum est, et inventum; et suspensus est uterque eorum in patibulo. Mandatumque est historiis et annalibus coram rege.

muliebris - womanly
ornamentum - ornament
adamare - fall in love with
permagnificus - very magnificent
nuptiae - wedding
ianitor - doorkeeper
praesidere - guard
insurgere - rise up
Quod M. non... - this did not escape (notice of) M.
deferre - report
uterque - each
patibulum - gibbet
annales - annals

Vocabularium

impedire, (4) - hinder, impede
instare, -stitit, -status - press on, be near
laedere, laesit, laesus - injure
quiescere, quievit, quietus - become quiet, rest
recensere, censuit, censitus - review, examine
reiciunt,(3), iecit, iectus - reject, throw back
satiare, (1) - satisfy
seminare, (1) - sow
tacére, tacuit, tacitus - be silent
utrum - whether
ante multos annos - many years ago
convivium, o - banquet
divitiae, is - riches
mos, more, bonus - custom (in pl.: character, morals)
speciosus, a, um - beautiful, handsome

Nunc Cogitemus et Exerceamus Nos

Present participles can be very handy to replace relative clauses, among other things. Let us explore the possibilities of this one use today. Often, not always, these participles stand alone, and mean "the one who does something" etc.
So let us expand these present participles into relative clauses in Latin. First, some in which the participle is nominative.

Sample: Credentes venerunt.
Answer: Illi qui credebant venerunt.

Let us notice that we used the nominative of ille because the participle was nominative. Is, ea, id could be used instead of ille, of course.

1. Pugnantes vicerunt.
2. Audientes didicerunt.
3. Laborantes aedificaverunt.
4. Petentes acceperunt.

And, of course, such participles can be singular too.

Sample: Credens venit.
Answer: Ille qui credebat venit.

1. Pugnans vicit. Audiens didicit.
2. Laborans aedificavit.
3. Petens accepit.

Now let us try a few in which the participle (and therefore the form of ille) will be in the objective.

Sample: Vidit credentes.
Answer: Vidit illos qui credebant.

1. Amavit laborantes.
2. Vidit venientes.
3. Audivit loquentes.
4. Vidit venientem.
5. Vidit pugnantem.

And now, a few in which the participle (and therefore the form of ille) is dative or ablative.

Sample: Dedit dona laborantibus.
Answer: Dedit dona illis qui laborabant.

1. Locutus est venientibus.
2. Nocuerunt pugnantibus.
3. Dedit dona credenti.
4. Exprobravit venienti.
5. Persuasit audienti.
6. Servatus est a custodientibus.
7. Amatus est a videntibus.
8. Interfectus est a spectantibus.

And now, for a few with a bit of variety in them—since they are longer, do not bother to repeat the whole sentence. Simply give the relative clause and the form of ille as we have been doing.

> Sample: Rex malus non amavit credentes in Deum verum.
> Answer: Illos qui credebant.

1. Rex dedit auxilium laborantibus in templo.
2. Laborantes Domino placuerunt.
3. Nihil agentes non acceperunt multa bona.
4. Rex spectavit ingredientes.
5. Multi cibi parati sunt venientibus.
6. Dedit auxilium facienti id quod poterat.
7. Interpretanti somnium dona dedit.

Let us also translate each example.

Scramble Exercise

Cum Iudaei propter edictum quod dederat ille qui rex Medorum et Persarum erat templum Domino Deo aedificare coepissent, prohibere aedificantes conatus est ille qui a Persis dux constitutus, laborantes viderat. Cui volentes templum aedificare dixerunt se ita propter edictum Cyri, qui eis etiam ut in terram suam reverterentur permisisset, facere. Quae cum audisset constitutus dux ad regem Persarum ut voluntatem eius sciret epistulam misit.

English to Latin

1. Those who wanted to build the temple came together.
2. The one who was established as leader by the Persians came to those who were working.
3. Help was given by the king to those who were building.
4. The temple was completed by the builders in the sixth year of king Darius.
5. Those who say that Darius is evil do not speak the truth.

LECTIO TRIGESIMA

Nihil novi hodie, veteribus studeamus

Continuatio narrationis de regina Esther

Post haec rex Assuerus exaltavit Aman, et posuit solium eius super omnes principes quos habebat. Cunctique servi regis, qui in foribus palatii versabantur, flectebant genua, et adorabant Aman; sic enim praeceperat eis rex. Solus Mardochaeus non flectebat genu, neque adorabat eum. Cui dixerunt pueri regis, qui ad fores palatii praesidebant: "Cur tu solus non observas mandatum regis?" Cumque hoc crebrius dicerent, et ille nollet audire, nuntiaverunt Aman, scire cupientes utrum perseveraret Mardochaeus in sententia sua: dixerat enim eis se esse Iudaeum. Quod cum audisset Aman, et experimento probasset quod Mardochaeus non flecteret sibi genu, nec se adoraret, iratus est valde. Et non solum in Mardochaeum voluit mittere manus suas; audierat enim quod esset gentis Iudaeae, magisque voluit omnem Iudaeorum qui erant in regno Assueri, perdere nationem dixitque Aman regi Assuero: "Est populus per omnes provincias regni tui dispersus, novis utens legibus et ceremoniis, insuper et regis scita contemnens. Et optime nosti, quod non expediat regno tuo, ut insolescat hic populus per licentiam. Si tibi placet, decerne, ut pereat, et decem millia talentorum dabo thesauris tuis." Tulit ergo anulum, quo utebatur, de manu sua, et dedit eum Aman, inimico Iudaeorum, dixitque ad eum: "Argentum quod tu polliceris tuum sit: de populo age quod tibi placet." Vocatique sunt scribae regis, et scriptum est ut iusserat Aman, missaeque sunt litterae signatae anulo regis Assueri ad universas provincias, ut occiderent atque delerent omnes Iudaeos, a puero usque ad senem quodam die, hoc est, tertio decimo die mensis duodecimi. Statimque in Susan pependit edictum, rege etAman celebrante convivium, et cunctis Iudaeis, qui in urbe erant flentibus.

Quae cum audisset Mardochaeus, scidit vestimenta sua, et indutus est sacco, spargens cinerem capiti, et in platea mediae civitatis voce magna clamabat, ostendens amaritudinem animi sui. Ingressae autem sunt puellae Esther, nuntiaveruntque ei. Vocatoque Athach eunucho, quem rex ministrum ei dederat, praecepit ei ut iret ad Mardochaeum et disceret ab eo cur hoc faceret. Egressusque Athach

exaltare - exalt
foris - door
genu - knee
flectere - bend
praesidere - guard
observare - observe
experimentum - trial
dispersus - scattered
ceremonia - ceremony
scitum - ordinance
nosti - novisti
expedire - be expedient
insolescere - be haughty
talentum - talent
anulus - ring
scriba - scribe
signare - sign
saccus - sackcloth

ivit ad Mardochaeum stantem in platea civitatis, ante ostium palatii; qui indicavit ei omnia quae acciderant. Exemplar quoque edicti, quod pendebat in Susan, dedit ei, ut reginae ostenderet et moneret eam, ut intraret ad regem, et deprecaretur eum pro populo suo. Regressus Athach, nuntiavit Esther omnia quae Mardochaeus dixerat. Quae respondit ei, et iussit ut diceret Mardochaeo: "Omnes servi regis, et cunctae quae sub ditione eius sunt provinciae norunt, quod sive vir, sive mulier non vocatus in atrium regis intraverit, sine ulla cunctatione, statim interficiatur: nisi forte rex auream virgam ad eum tetenderit pro signo clementiae atque ita possit vivere. Ego igitur quomodo ad regem intrare potero, quae triginta diebus non sum vocata ad eum?" Quod cum audisset Mardochaeus rursum mandavit Esther dicens: "Ne putes quod animam tuam tantum liberes, quia in domo regis es: si enim nunc tacueris, per aliam occasionem liberabuntur Iudaei, et tu, et domus patris tui peribitis. Et quis novit, utrum idcirco ad regnum veneris, ut in tali tempore saluti nobis sis?" Rursumque Esther haec Mardochaeo verba mandavit: "Vade, et congrega omnes Iudaeos quos in Susan repereris, et orate pro me. Non comedatis, et non bibatis tribus diebus et tribus noctibus. Et ego cum ancillis meis similiter ieiunabo: et tunc ingrediar ad regem, contra legem agens, non vocata, tradensque me morti et periculo." Ivit itaque Mardochaeus, et fecit omnia quae ei Esther praeceperat.

Die autem tertio, induit Esther vestimenta sua regalia et splendida, et cum invocasset omnium salvatorem Deum, assumpsit duas ancillas, et ingressa est cuncta per ordinem ostia, stetitque ante regem, ubi ille sedebat super solium regni sui, indutus vestibus regalibus, auroque fulgens, et pretiosis lapidibus; eratque terribilis aspectu. Cumque elevasset faciem, et ardentibus oculis furorem pectoris indicasset, regina corruit, et, vultu pallido, caput reclinavit super ancillam suam. Sed convertit Deus spiritum regis in mansuetudinem, et festinus ac metuens exsilivit de solio, et sustentans eam brachiis suis donec rediret ad se, his verbis blandiebatur: "Quid habes Esther? Ego sum frater tuus. Noli timere: non morieris. Non enim pro te, sed pro omnibus haec lex constituta est. Accede igitur, et tange sceptrum." Cumque illa adhuc taceret, tulit rex auream virgam, et posuit super collum eius, et osculatus est eam et ait: "Cur mihi non loqueris? Quae respondit: "Vidi te, domine, quasi Angelum Dei: et conturbatum est cor meum prae timore

spargere - scatter
platea - broad street
amaritudo - bitterness
exemplar - copy
pendere - hang
deprecari - beg
regredi - go back
ditio - rule
norunt < noverunt
atrium - inner court
cunctatio - delay

forte - by chance, perhaps
aurea virga – golden scepter
clementia - clemency
ancilla - handmaid
regalis - royal
salvator - savior
fulgére - gleam
aspectus - sight
ardens - burning
furor - rage
pectus - breast
pallidus - pale
reclinare - lean
mansuetudo - meekness
exsilire - leap forth
sustentare - hold up
blandiri - soothe
collum - neck
conturbare - disturb greatly
exanimari - faint
consolari - console
petitio - request
dimidius - half

gloriae tuae. Valde enim mirabilis es, domine, et facies tua plena est gratiarum." Cumque loqueretur, rursus corruit regina, et paene exanimata est. Rex autem turbabatur, et omnes ministri eius consolabantur eam.

Post haec dixit ad eam rex: "Quid vis Esther regina? Quae est petitio tua? Etiam si dimidiam partem regni petieris, dabitur tibi." At illa respondit: "Si regi placet, obsecro, ut venias ad me hodie, et Aman tecum ad convivium, quod paravi." Statimque rex "Vocate," inquit, "cito Aman, ut obediat voluntati Esther." Venerunt itaque rex et Aman ad convivium, quod eis regina paraverat. Divitque ei rex, postquam vinum biberat abundanter "Quid petis, ut detur tibi? Et pro qua re postulas ? Etiam si dimidiam partem regni mei petieris, impetrabis." Cui respondit Esther: "Petitio mea et preces sunt istae: Si inveni in conspectu regis gratiam, et si regi placet, ut det mihi quod postulo, et meam impleat petitionem, veniat rex et Aman ad convivium quod paravi eis, et cras aperiam regi voluntatem meam." Egressus est itaque illo die Aman laetus. Cumque vidisset Mardochaeum sedentem ante fores palatii, et non solum non surrexisse sibi, sed ne motum quidem esse de loco suo, iratus est valde. Et reversus in domum suam, convocavit ad se amicos suos et uxorem suam; et exposuit illis magnitudinem divitiarum suarum, et quanta gloria eum rex elevasset super omnes principes. Et post haec ait: "Regina quoque Esther nullum alium vocavit ad convivium cum rege praeter me, apud quam etiam cras cum rege comedam. Et cum haec omnia habeam, nihil me habere puto, quamdiu videro Mardochaeum Iudaeum sedentem ante palatium regis." Responderuntque ei uxor eius et ceteri amici: "Iube parari excelsam crucem, et dic mane regi, ut appendatur super eam Mardochaeus, et sic ibis cum rege laetus ad convivium." Placuit ei consilium et iussit excelsam parari crucem.

Noctem illam duxit rex insomnem, iussitque sibi afferri historias et annales praeteritorum temporum. Quae cum, illo praesente, legerentur, ventum est ad locum, ubi scriptum erat, quomodo nuntiasset Mardochaeus insidias Bagathan et Thares eunuchorum, regem occidere cupientium. Quod cum audisset rex, ait: "Quid praemii et honoris pro hac re Mardochaeus accepit?" Dixerunt ei servi: "Nihil omnino mercedis accepit." Statimque rex: "Quis est," inquit, "in atrio?" Aman enim in atrium domus regis intraverat, ut rogaret regem, ut iuberet Mardochaeum suspendi in cruce quae ei

abundanter - abundantly
impetrare - obtain
prex - prayer
exponere - explain
magnitudo - greatness
quamdiu - as long as
excelsus - high
appendere - hang
insomnis - sleepless
ventum est - they came
regius - royal
stola - robe
praetermittere - pass by
dignus (w. abl.) - worthy of
evenire - happen, come out
compellere - compel

fuerat praeparata. Responderuntque pueri: "Aman stat in atrio."Dixitque rex: "Ingrediatur." Cumque esset ingressus ait rex illi: "Quid debet fieri viro, quem rex honorare desiderat?" Cogitans autem in corde suo Aman quod nullum alium nisi se rex vellet honorare respondit: "Homo quem rex honorare cupit, debet indui vestibus regiis, et imponi super equum in quo rex ipse sedet, et accipere regium diadema super caput suum; et primus de regiis principibus teneat equum eius, et per plateam civitatis incedens clamet et dicat: "Sic honorabitur, quemcumque rex voluerit honorare." Dixitque ei rex: "Festina, et sumpta stola et equo, fac sicut locutus es Mardochaeo Iudaeo, qui sedet ante fores palatii. Cave, ne praetermittas quidquam ex his quae locutus es." Tulit itaque Aman stolam et equum, indutumque Mardochaeum in platea civitatis, et impositum equo praecedebat atque clamabat: "Hoc honore dignus est, quemcumque rex voluerit honorare." Reversus est Mardochaeus ad fores palatii, et Aman festinavit ire in domum suam, lugens et operto capite. Narravitque uxori suae et amicis omnia quae evenissent sibi. Cui responderunt sapientes, quos habebat in consilio, et uxor eius: "Si de semine Iudaeorum est Mardochaeus, ante quem cadere coepisti, non poteris ei resistere, sed cades in conspectu eius." Adhuc loquentibus illis, venerunt eunuchi regis, et celeriter eum ad convivium, quod regina paraverat, ire compulerunt.

Vocabularium

compellere, pulit, pulsus - compel, gather	forte - by chance
deprecari, (1) - beg	quamdiu - as long as
evenire, venit, venturus - happen, come out	ancilla, a - handmaid, slave girl
expedire, (4) - be expedient, free, prepare	creber, bra, brum, - frequent
flectére, flexit, flectus - bend	foris, i, alta - door
impetrare, (1) - obtain (by asking)	genu, u - knee
pendere, pependit - hang, be suspended	pectus, ore, magnum - heart, breast
praetermittere, misit, missus - pass by, omit	prex, prece. bona - prayer
spargere, sparsit, sparsus - scatter	regius, a, um - royal

Nunc Cogitemus

Let us review the new features we have been practicing in the last five lessons.

Scramble Exercise

Viso Aman, cuius thronum super omnes principes quos rex habuit exaltatum est, flectebant genua omnes servientes regi. Adorantes huic viro qui non sine superbia erat placuerunt. Nolente qui Iudaeus erat Mardochaeo adorare, valde est iratus Aman. Qui ad palatium reversus regem ut omnis periret populus ex quo venerat Mardochaeus rogavit. Audita petitione, petenti edictum dedit rex.

English to Latin

1. The girls heard those who were weeping, and announced to Queen Esther.
2. The queen, having spoken with Mardochaeus, said that she would not eat for three days and three nights.
3. Mardochaeus said that perhaps she had been sent to the palace to save the Jews (use double dative).
4. The queen having entered the place in which the king sat was terrified.

LECTIO TRIGESIMA PRIMA

De ordine verborum in oratione obliqua

Concluditur narratio de regina Esther

Intravit itaque rex et Aman, ut biberent cum regina. Dixitque ei rex etiam secunda die postquam vino incaluerat: "Quae est petitio tua, Esther, ut detur tibi? Et quid vis fieri? Etiam si dimidiam regni mei petieris, impetrabis." Ad quem illa respondit: "Si inveni gratiam in oculis tuis, O rex, et si tibi placet, da mihi animam meam, pro qua rogo, et populum meum, pro quo obsecro. Traditi enim sumus ego et populus meus, ut conteramur, interficiamur, et pereamus. Atque utinam in servos et ancillas venderemur: esset tolerabile malum, et gemens tacerem. Nunc autem hostis noster est ille cuius crudelitas redundat in regem." Respondensque rex Assuerus ait: "Quis est iste, et cuius auctoritatis ut haec audeat facere?" Dixitque Esther: "Hostis et inimicus noster pessimus iste est Aman." Quod ille audiens, statim obstupuit, vultum regis ac reginae videre non ferens. Rex autem iratus surrexit, et de loco convivii intravit in hortum. Aman quoque surrexit, ut rogaret Esther reginam pro anima sua: intellexit enim a rege sibi paratum malum. Qui cum reversus esset de horto, et intrasset convivii locum, dixit Harbona, unus de eunuchis, qui stabant in ministerio regis: "En, patibulum, quod paraverat Mardochaeo, qui locutus est pro rege, stat in domo Aman." Cui dixit rex: "Appendite eum in eo." Suspensus est itaque Aman in patibulo quod paraverat Mardochaeo; et regis ira quievit. Die illo dedit rex Assuerus Esther reginae domum Aman , inimici Iudaeorum, et Mardochaeus ingressus est ante faciem regis. Tulitque rex anulum, quem Aman habuerat, et Mardochaeo tradidit. Esther autem constituit Mardochaeum super domum suam.

incalescere - grow warm
dimidius - half
anima - life
utinam.. - I wish we were being sold
tolerabilis - bearable
gemére - groan
crudelitas - cruelty
redundare - overflow
cuius auctoritatis - of what authority
obstupescere - be struck dumb
hortus - garden
en - look
patibulum - gibbet
appendere - hang
anulus - ring
Ptolomaeus - Ptolemy
privilegium - privilege
unitas - unity
inducere - bring in
Hellenicus - Greek

De Alexandro Magno et Successoribus eius

In ultima parte saeculi quarti, imperator potens ex Macedonia qui nominatus est Alexander Magnus omne imperium Persarum cepit. In hac terra erat Iudaea. Sed Alexander mortuus est post

manifestus - manifest
consentire - consent
servitus - slavery
idolum - idol

paucos annos, et duces exercitus eius inter se pugnaverunt. Ptolomaeus Aegyptum accepit; Seleucus magnam partem antiqui imperii Persarum tenere potuit, sed non potuit Iudaeam habere: hanc enim terram Ptolomaeus rexit. Usque ad annum centesimum nonagesimum nonum (199) ante Christum reges Aegypti Iudaeam tenuerunt: sed illo anno Antiochus tertius, qui erat rex Syriae, habens partem imperii quod olim Seleucus rexerat, Iudaeam vicit. Antiochus III et Seleucus IV, successor Antiochi, multa privilegia Iudaeis dederunt (quamquam Seleucus, in parte ultima regni sui, thesauros templi capere conatus est). Post haec successit Seleuco frater eius, qui Antiochus Quartus nominatus est. Hic Antiochus, quaerens unitatem in omni imperio suo, conatus est inducere mores Hellenicos in terris suis. Seipsum vocavit, lingua Graeca "Theos Epiphanes,"quod significat: "Deus manifestus," vel "Deus qui apparet" hominibus. (Regnavit 175-63 ante Christum).

Scripsit itaque rex Antiochus IV omni regno suo, ut esset omnis populus unus, et relinqueret unusquisque legem suam. Et consenserunt omnes gentes secundum verbum regis Antiochi; et multi ex Israel consenserunt servituti eius, et sacrificaverunt idolis, et coinquinaverunt sabbatum. Sed non post multum temporis, misit rex senem quendam Antiochenum, qui compelleret Iudaeos ut se transferrent a patriis et Dei legibus.

In hac persecutione Eleazarus, unus ex principibus scribarum iussus est carnes porcinas comedere, id quod non licebat Iudaeis. At ille gloriosissimam mortem magis quam odibilem vitam volens, voluntarie praeibat ad supplicium. Hi autem qui adstabant, iniqua miseratione commoti, propter antiquam viri amicitiam tollentes eum, secreto rogabant ut aliae carnes afferrentur quas comedere ei licebat, ut videretur comedisse carnes porcinas sicut rex imperaverat. At ille cogitare coepit dignitatem suae aetatis et vitam suam praeteritam bene actam, et secundum legem Dei respondit cito dicens: "Mori malo. Non enim aetati nostrae dignum est fingere, ut multi adolescentium, arbitrantes Eleazarum transisse ad mores alienigenarum, decipiantur propter meam simulationem et propter modicum corruptibilis vitae tempus. Nam etsi in praesenti tempore suppliciis hominum eripiar—sed manum Omnipotentis nec vivus nec defunctus effugiam. Quam ob rem, fortiter e vita excedendo, senectute dignus apparebo. Adolescentibus autem exemplum

coinquinare - defile
sabbatum - sabbath
Antiochenus - of Antioch
transferre - bring over
patrius - of the fathers
scriba - scribe
carnes porcinae - pork
odibilis - hateful
voluntarie - voluntarily
praeire - go ahead
supplicium - punishment
iniquus - wicked
miseratio - pity
commotus - moved
amicitia - friendship
dignitas - dignity
cito - quickly
fingere - pretend, form
arbitrari - think
alienigena - foreigner
decipere - deceive
simulatio - pretense
modicus - little
corruptibilis - corruptible
etsi - even if
eripere - deliver
Omnipotens - The Almighty
defunctus - dead
effugere - escape
excedere - go out
senectus - old age
promptus - ready
una - together with
malo, malle - prefer

forte relinquam, si prompto animo, ac fortiter pro gravissimis ac sanctissimis legibus moriar." His dictis, confestim ad supplicium trahebatur.

Accidit etiam ut septem fratres una cum matre sua apprehensi, iuberentur a rege comedere contra legem carnes porcinas. Unus autem ex illis, qui erat primus, sic ait: "Quid quaeris, et quid vis discere a nobis? Parati sumus mori magis quam patrias Dei leges praevaricari." Iratus itaque rex iussit sartagines et ollas aeneas succendi. Quibus statim succensis, iussit linguam amputari ei qui primus locutus fuerat, et, cute capitis abstracta, iussit summas quoque manus et pedes eius abscindi, ceteris eius fratribus et matre spectantibus. Et cum iam per omnia inutilis factus esset, iussit ignem admoveri, et eum adhuc spirantem torreri in sartagine. In qua, cum diu cruciaretur, ceteri una cum matre invicem hortabantur mori fortiter dicentes: "Dominus Deus videbit veritatem et consolabitur in nobis." Mortuo itaque illo primo, hoc modo, sequentem ducebant ad illudendum, et, cute capitis eius cum capillis abstracta, interrogabant eum si comederet priusquam toto corpore per membra singula puniretur. At ille, respondens patria voce dixit: "Non faciam. "Propter quod et iste primi tormenta accepit; et in ultimo spiritu constitutus sic ait: "Tu autem scelestissime, in praesenti vita nos perdis; sed rex mundi defunctos nos pro suis legibus in aeternae vitae resurrectione suscitabit."

Post hunc tertius illuditur, et linguam postulatus, cito protulit, et manus fortiter extendit. Et cum fiducia ait: "E coelo ista possideo, sed propter Dei leges nunc haec ipsa despicio, quoniam ab ipso me ea recepturum spero. Ita ut rex et qui cum ipso erant mirarentur adolescentis animum, quod tamquam nihilum duceret cruciatus.

praevaricari - transgress
sartagines... - frying pans and bronze caldrons
amputare - cut off
cutis - skin
abstrahere - drag off
iussit... - ordered the tops of his hands & feet to be cut off for him (ei)
per omnia - in all ways
inutilia - useless
admovére - move up
spirare - breathe
torrere - burn, roast
cruciare - torment
invicem - one another
hortari - encourage
consolare - console
illudere - mock
capillus - hair
priusquam - before
sc ele stus - wicked
linguam postulatus - asked for his tongue
fiducia - confidence
tamquam - as
nihilum... - make nothing of it
cruciatus - torment

Vocabularium

arbitror, (1) - think, judge	cito - quickly
consentire, -sensit, -sensus - consent, agree with (w. dat.)	en - look!
fingere, finxit, fictus - form, fashion, pretend	etsi - although, even if
gemere, gemuit, gemitus - groan	priusquam - before
inducere, duxit, ductus - bring in, lead in	anulus, o - ring
	iniquus, a, um - unfair, unjust, evil, uneven
	supplicium, o - punishment

Nunc Cogitemus et Exerceamus Nos

Now it is time to get a bit more practice on the objective + infinitive structure, such as we did in lessons 21 and 22, but now we shall use a bit more elaborate word order in them. Notice these special features:

1. Sometimes the verb of saying, etc. comes in the middle of the structure.
   e.g., Venisse dixit Pompeium in Graeciam.

2. We can skip the esse with future active or perfect passive infinitives.
   e.g., Pompeium dixit venturum.

3. We can use the objective + infinitive not only after dicere, but also with many other verbs. e.g., it is written, he learns, he hears, he judges, he pretends, he promises. In fact, it can be used after some nouns, e.g., sententia or suspicio.

Furthermore, if there is even an implication that someone is thinking or speaking (e.g., someone sends a messenger or letter, or comes to see someone) that is enough. But in such examples, most books help you by printing a colon (:) just before the objective + infinitive. Of course, not all colons mean that, but when you see one, and then notice an objective + infinitive, you will know what is going on. So for practice, here is a short story paragraph about ancient Greece, and about the wars of some of her greatest city-states: Sparta, Thebes, Miletus, Athens, with each other, and with Persia. At each slanting line (/) give the sort of comment you gave in lessons 21 and 22. If you suspect that an objective is the subject of an infinitive, it will suffice to say that one "is involved in something."

Historia/ dicit/ Graeciam/ non fuisse/ unam nationem:/ revera/ multas urbes/ in terra Graeciae/ fuisse/ et omnes has urbes/ fuisse/ civitates liberas/ quasi nationes separatae/essent/. Has urbes/ audimus/ inter se/ pugnavisse:/ Spartam/ contra Athenas/ pugnavisse:/ Thebas/ contra Spartam/. Et alia similia bella/ fuisse/ docet/ historia Graeca/. In Asia Minore/ multas urbes Graecas/ scriptores/ dicunt/ fuisse:/ has urbes/ fuisse sub potestate/ imperii Persiae/. Sed sententia harum urbium/ haec erat:/ se/ non remansuros/ sub Persia/. Itaque/ unam ex his / Miletum/ dicunt/ conatum expellere/ Persiam/. Eratne/ in mente magni regis Persiae/ suspicio/ Miletum/ pugnaturum/? Incertum/. Sed magnam classem/ contra Graecos/ dicunt missam.

Scramble Exercise

Reginam Esther dixit rex id quod vellet impetraturam etiamsi dimidiam partem omnium terrarum quas haberet ipse peteret: se reginam vere amare, et facturum omnia quae ipsa, quam in reginam elegisset, vellet. Cui regina: se non velle magna, nec partem dimidiam petere totius regni, sed vitam suam, et salutem multorum, qui in populo, ex quo venisset, essent. Quibus auditis in mentem venit illius viri qui cum illis erat suspicio: regem contra ipsum aliquid facturum, forsan etiam occisurum.

English to Latin

1. The old man said that he would not eat pork.
2. He also did not accept other meat: the young men would think he had sinned against the law of God.
3. The first of the brothers was brought to the king: (he said that) he was ready to die rather than transgress the ancestral laws.
4. The second brother came: God the king of the world would raise up into eternal life those who obeyed His laws.

LECTIO TRIGESIMA SECUNDA

Plura de ordine verborum in oratione obliqua

De morte aliorum fratrum

Et hoc ita defuncto, quartum vexabant, similiter torquentes. Et cum iam esset ad mortem, sic ait: "Meliorem nos a te interfecti spem habemus resurrectionis: tibi enim, resurrectio ad vitam non erit." Et cum cepissent quintum, vexabant eum. At ille, respiciens in eum dixit: "Potestatem inter homines habens, cum sis corruptibilis, facis quod vis. Noli autem putare genus nostrum a Deo esse derelictum. Tu autem exspecta: et videbis magnam potestatem eius—quomodo te et semen tuum torquebit." Post hunc ducebant sextum, et is, mori incipiens, sic ait: "Noli frustra errare. Nos enim propter nos ipsos haec patimur, quia peccavimus in Deum nostrum. Tu autem, ne putes tibi sine poena futurum esse quod contra Deum pugnare tentaveris."

Mater autem, quae septem filios sub unius diei tempore pereuntes conspiciebat, bono animo ferebat, propter spem quam in Deum habebat. Singulos illorum hortabatur fortiter, voce repleta sapientia, masculinum animum femineae cogitationi inserens, et dixit ad eos: "Mundi creator, qui formavit hominis nativitatem, quique omnium invenit originem, spiritum vobis iterum cum misericordia reddet et vitam, sicut nunc vosmetipsos despicitis propter leges eius."

Antiochus autem, contemni se arbitrans, simul etiam despiciens vocem matris, cum adhuc adolescentior remaneret, non solum verbis hortabatur, sed et cum iuramento dixit se divitem et felicem eum facturum. Sed ad haec cum adolescens nequaquam inclinaretur, vocavit rex matrem et suadebat ei, ut servaret adolescentem. Cum autem multis eam verbis esset hortatus, promisit se locuturam filio suo. Itaque, inclinata ad illum, irridens crudelem tyrannum, ait patria voce: "Fili mi, miserere mei. Peto, fili, ut aspicias ad coelum et terram, et ad omnia quae in eis sunt, et intelligas, quod ex nihilo fecit illa Deus, et hominum genus. Ita fiet, ut non timeas carnificem istum, sed dignus fratribus tuis effectus, suscipe mortem, ut in illa

vexare - torment
torquere - torture
frustra - in vain
ne putes... - do not think the fact that you ...will be without punishment for you
hortari - urge, exhort
voce repleta ... - with a voice filled with wisdom
masculinum ... - putting a masculine spirit into feminine thought
formare - form
origo - origin
vosmetipsos: vos ipso with emphatic *met*
iuramentum - oath
felix - happy
inclinare - bend
suadere - persuade
irridere - laugh at
patrius - of the fathers ancestral
misereri (w. poss. or dat.) have pity on
carnifex - executioner
efficere - make, bring about
miseratio - mercy
inventor - finder
malitia - evil
effugere - escape
increpatio - reproach
correptio - correction
modicus - little
reconciliare - reconcile

miseratione cum fratribus tuis te recipiam." Cum haec illa adhuc diceret, ait adolescens: "Quem exspectatis? Non obedio praecepto regis, sed praecepto legis, quae data est nobis per Moysen. Tu autem, qui inventor omnis malitiae in Hebraeos factus es, non effugies manum Dei. Nos enim pro peccatis nostris haec patimur. Et si nobis propter increpationem et correptionem Dominus Deus noster modicum iratus est—sed iterum reconciliabitur servis suis. Tu autem o sceleste, et omnium hominum pessime noli frustra extolli vanis spebus. Nondum enim omnipotentis Dei iudicium effugisti. Nam fratres mei, modico nunc dolore sustentato, sub testamento aeternae vitae effecti sunt: Tu autem iudicio Dei iustas poenas superbiae tuae solves. Ego autem, sicut et fratres mei, animam et corpus meum trado pro patriis legibus, invocans Deum ut genti nostrae propitius sit, et ut tu confitearis quod ipse est Deus solus. In me et in fratribus meis cessabit Omnipotentis ira, quae super omne genus nostrum iuste venit." Tunc rex in ira crudelius super omnes hunc torsit. Et hic itaque defunctus est purus, per omnia in Domino confidens. Novissime autem post filios, mater ipsa consumpta est.

scelestus - wicked
extollere - raise up
vanus - vain
spes - hope
nondum - not yet
sustentare - bear
poenas solvere - pay penalty
invocare - call on
propitius - merciful
vae - woe
contritio - crushing
hic - here
ignobilis - ignoble
cilicium - sack cloth
constanter - firmly
ornare - adorn
propitius - favorable
iustitia - justice
transgredi - transgress, go over
contremiscere - tremble
zelus - zeal polluere - defile
testis - witness
animabus: dat.&abl. of anima
iustificatio -ordinance

De Bellis Machabaeorum

In diebus illis surrexit Mathathias, qui erat sacerdos, et quinque filios habuit: Ioannem, Simonem, Iuda, Eleazarum, et Ionathan. Hi viderunt mala quae fiebant in populo Iuda et in Ierusalem. Et dixit Mathathias: "Vae mihi. Quare natus sum videre contritionem populi mei, et contritionem civitatis sanctae, et sedere hic cum datur in manibus inimicorum? Templum enim eius sicut homo ignobilis." Et scidit vestimenta sua Mathathias, et filii eius, et operuerunt se ciliciis, et luxerunt valde. Et venerunt illuc in civitatem Modin qui missi erant a rege Antiocho, ut cogerent eos qui in hanc civitatem fugerant sacrificare, et a lege Dei discedere. Et multi de populo Israel consentientes access - erunt ad eos. Sed Mathathias et filii eius constanter steterunt. Et respondentes, qui missi erant ab Antiocho, dixerunt Mathathiae: "Princeps, et clarissimus, et magnus es in hac civitate, et ornatus filiis et fratribus. Ergo accede prior, et fac iussum regis, sicut fecerunt omnes gentes, et viri Iuda, et qui remanserunt in Ierusalem, et eris tu, et filii tui, inter amicos regis, et habebis aurum et argentum et munera multa." Et respondit Mathathias, et dixit magna voce: "Etsi omnes gentes regi Antiocho obediunt, ut discedat unusquisque a lege patrum suorum et consentiat mandatis eius, ego, et filii mei, et fratres mei, obediemus legi patrum nostrorum. Propitius sit nobis Deus: non est nobis bonum relinquere legem et iustitiam Dei: non audiemus verba regis Antiochi, nec sacrificabimus transgredientes legis nostrae mandata, ut eamus altera via." Et ut (when) cessavit loqui verba haec, accessit quidam Iudaeus in omnium conspectu sacrificare idolis super aram in civitate Modin, secundum iussum regis. Et vidit Mathathias, et doluit, et contremuit cor eius.

Et exclamavit Mathathias voce magna in civitate, dicens: "Omnis qui zelum habet legis, exeat post me." Et fugit ipse et filii eius in montes, et reliquerunt quaecumque habebant in civitate. Tunc descenderunt multi quaerentes iudicium et iustitiam in desertum. Et sederunt ibi ipsi, et filii eorum, et mulieres eorum. Et nuntiatum est viris regis, et exercitui qui erat in Ierusalem civitate David, quod discessissent viri quidam, qui non obedierunt mandato regis, in loca secreta in deserto, et abiissent post illos multi. Et statim perrexerunt ad eos viri regis Antiochi, et constituerunt adversus eos proelium in die sabbatorum, et dixerunt ad eos: "Resistitis et nunc adhuc? Exite, et facite secundum verbum regis Antiochi, et vivetis." Et dixerunt: "Non exibimus, neque faciemus verba regis, ut polluamus diem sabbatorum." Et fecerunt viri Antiochi adversus eos proelium. Et non responderunt Iudaei eis, nec lapidem miserunt in eos, dicentes: "Moriamur omnes in innocentia nostra, et testes erunt super nos coelum et terra, quod iniuste perditis nos." Et intulerunt illis bellum die sabbatorum, et mortui sunt ipsi, et uxores eorum, et filii eorum et pecora eorum, usque ad mille animas hominum. Et cognovit Mathathias, et amici eius, et luxerunt super eos valde. Et dixit vir proximo suo: "Si omnes fecerimus sicut fratres nostri fecerunt, et non pugnaverimus adversus gentes pro animabus nostris et iustificationibus nostris, nunc citius disperdent nos a terra." Et cogitaverunt in die illa dicentes: "Omnis homo, quicumque venerit ad nos in bello die sabbatorum, pugnemus adversus eum, et non moriemur omnes, sicut mortui sunt fratres nostri."

Vocabularium

efficiunt, (3) fecit, fectus - make, bring about	hic - here
hortari, (1) - urge.encourage	frustra - in vain
suadere.suasit, suasus (w. dat.) - persuade	iustitia, a - justice
testis.i.verus - witness	propitius. a, um - merciful, kind
torquere, torsit, tortus - twist, torture	Spartiates. a - Spartan
transgrediuntur, (3), gressus est - cross over, transgress	spes, e (5th) - hope

Nunc Cogitemus et Exerceamus Nos

Let us again give the comments at the slanting lines in the following story, which continues the story of yesterday, and tells of the battle of Marathon.

Persiam/ autem/ fuisse/ imperium maximum/ clarum est:/ exercitum magnum/ et classem magnam/ habuisse/. Venit ergo/ ex Asia/ in urbem Athenas/ nuntius:/ Miletum/ captum / a Persis/! Multos Graecos/ fortiter pugnavisse/ sed quosdam Graecos/ tradi - disse/ amicos suos/ hostibus/. Athenas/ doluisse/ legimus;/ sed etiam timuisse/. Regem Persarum/ venturum/ contra Athenas/ putaverunt/. Revera/ rex Persarum/ se/ pollicitus est/ venturum/. Anno ergo 490/ ante Christum/ Persas/ legimus/ venisse;/ et ad Mara - thonem/ cum Graecis/ pugnasse/. Non multos/ habuisse/ Graeciam/ certum/. Athenien - ses/ misisse ergo/ nuntium/ in Spartam/ audimus/. Quid/ facturos putamus/ Spartiatas/? Statim venisse/? Spartiatae convenerunt:/ se non posse/ statim venire;/ debere exspe - ctare/ lunam plenam/. Athenienses autem/ fortiter pugnasse/ narrat/ historia/ Persasque/ victas/ ad Marathonem/.

Scramble Exercise

Omnem Persiam Alexandrum qui imperator maximus cum adhuc iuvenis esset factus est cepisse narrat historia: Ex omnibus civitatibus Graecis eum exercitum, ut contra Persiae regem proficisceretur, collegisse. Eum, multis proeliis maximis in terra in quam pervenerat factis, etiam magnum regem ipsum Persiae vicisse. Usque ad fines Indiae suum exercitum duxisse, voluisseque ad orientales terras pergere, nec potuisse. Dixisse exercitum, cui confidebat, Indiam vincere noluisse.

English to Latin

(Use objective + infinitive indirect discourse wherever possible)

1. The second son also refused to obey the king: he wanted to obey the law of his fathers.
2. The third son came: he despised his body for the sake of the laws of God.
3. Antiochus would not, said the fourth son, have a good resurrection.
4. The mother looked at the last son: he ought to look at the heaven and earth, and understand that God had made them from nothing.

LECTIO TRIGESIMA TERTIA

De congruentia verborum separatorum

Continuatur narratio de bellis Machabaeorum

Tunc congregati sunt ad eos omnes Assidaei (verbum Hebraicum Hasidim significat "Pii"), fortes viribus ex Israel; et omnes qui fugiebant a malis additi sunt ad eos, et collegerunt exercitum, et percusserunt peccatores in ira sua, et viros iniquos (id est, Iudaei qui ad legem gentium transierunt) in indignatione sua. Et circuivit Mathathias, et amici eius, et destruxerunt aras, et persecuti sunt filios superbiae (id est, eos qui missi erant a rege Antiocho), et victorias fecerunt.

Et appropinquaverunt dies Mathathiae moriendi, et dixit filiis suis: "Nunc o filii, zelum legis habete, et date animas vestras pro testamento patrum vestrorum. Et memoria tenete opera patrum, quae fecerunt in generationibus suis, et accipietis gloriam magnam et nomen aeternum. Abraham nonne in tentatione inventus est fidelis, et reputatum est ei ad iustitiam? Ioseph in tempore angustiae suae custodivit mandatum, et factus est dominus Aegypti. David in sua misericordia consecutus est solium regni in sempiternum. Elias, dum zelat zelum legis, receptus est in coelum. Daniel in sua simplicitate liberatus est de ore leonum. Et ita cogitate per generationem et generationes, quod omnes qui sperant in Deum, non deficiunt. Et verba viri peccatoris ne timeatis, quia gloria eius stercus et vermis est: hodie extollitur, et cras non invenietur, quia reversus est in terram suam, et cogitatio eius periit. Vos ergo, filii, confortamini, et viriliter agite in lege, quia in ipsa gloriosi eritis. Et ecce, Simon frater vester, scio quod vir consilii est: ipsum audite semper, et ipse erit vobis pater. Et Iudas Machabaeus, fortis viribus a iuventute sua, sit vobis princeps exercitus; et ipse aget bellum populi." Et benedixit eos, et appositus est ad patres suos, et sepultus est a filiis suis in sepulchris patrum suorum in Modin.

Et surrexit Iudas, qui vocabatur Machabaeus (probabiliter nomen eius significat "malleus"—haec est enim significatio verbi Hebraici "Maqqabah") filius eius pro eo; et adiuvabant

Assidaei - Assideans (sect of Pious Jews)
indignatio - indignation
zelus - zeal
testamentum - testament
tentatio - temptation
reputare - reckon: it was considered ground for his justification
zelum zelare - really be zealous
simplicitas - simplicity
leo - lion
stercus - dung
vermis - worm
extollere - lift up
cogitatio - thought
viriliter - manfully
gloriosus - glorious
apponere - add to
malleus - hammer

eum omnes fratres eius, et universi qui se coniunxerant patri eius, et proeliabantur proelium Israel cum laetitia. Et persecutus est iniquos, et repulsi sunt inimici prae timore eius. Et perambulavit civitates Iuda et perdidit impios ex eis, et avertit iram ab Israel. Et congregavit Apollonius gentes (hic Apollonius, secundum scriptorem Iudaicum, Flavium Iosephum nomine, erat gubernator Samariae) et a Samaria virtutem multam et magnam ad bellandum contra Israel. Et cognovit Iudas, et exiit obviam illi, et percussit et occidit illum; et ceciderunt vulnerati multi, et reliqui fugerunt. Et accepit spolia eorum, et gladium Apollonii abstulit Iudas, et erat pugnans eo omnibus diebus. Et audivit Seron, princeps exercitus Syriae, quod congregavit Iudas fideles et ait: "Faciam mihi nomen, et glorificabor in regno, et vincam Iudam et eos qui cum ipso sunt". Et praeparavit se; et ascenderunt cum eo castra impiorum; et appropinquaverunt usque ad Bethoron. Et exivit Iudas obviam illi cum paucis. Ut (when) autem viderunt exercitum venientem sibi obviam, dixerunt Iudae: "Quomodo poterimus pauci, pugnare contra multitudinem tantam et tam fortem, et nos fatigati sumus ieiunio hodie?" Et ait Iudas: "Facile est ut multi concludantur in manus paucorum: et non est differentia in conspectu Dei coeli, liberare per multos, vel per paucos: quoniam non in multitudine exercitus est victoria belli, sed de coelo fortitudo est. Ipsi veniunt ad nos in multitudine superba, ut disperdant nos; nos vero pugnabimus pro animabus nostris et legibus nostris: et ipse Dominus conteret eos ante faciem nostram: vos autem ne timueritis eos." Ut cessavit autem loqui, insiluit in eos subito; et contritus est Seron et exercitus eius in conspectu ipsius; et secutus est eum usque in campum, et ceciderunt ex eis octingenti viri, reliqui autem fugerunt in terram Philisthiim.

Et cecidit timor Iudae ac fratrum eius super omnes gentes in circuitu eorum; et pervenit ad regem nomen eius, et de praeliis Iudae narrabant omnes gentes. Ut audivit autem rex Antiochus sermones istos iratus est, et misit et congregavit exercitum universi regni sui, castra fortia valde; et aperuit aerarium suum, et dedit stipendia exercitui in annum; et mandavit illis ut essent parati ad omnia. Et vidit, quod defecit pecunia de thesauris suis, et tributa regionis modica erant propter plagam quam fecit in

proeliari - battle
laetitia - joy
repellere - drive back
perambulare - go through
impius - wicked
gubernator - governor
virtus - strength
obviam - to meet
spolium - spoil
glorificare - glorify
fatigare - make weary
ieiunium - fasting
concludere - shut up
vero - but
insilire - leap in, on
subito - suddenly
timor - fear
aerarium - treasury
stipendium - pay

terra. Et timuit, et cogitavit ire in Persidem, et accipere tributa regionum, et congregare argentum multum. Et reliquit Lysiam, hominem nobilem de genere regali, et tradidit ei medium exercitum et elephantos, et mandavit ei de omnibus quae volebat, ut mitteret exercitum ad conterendam virtutem Israel et reliquias Ierusalem, et ad auferendam memoriam eorum de loco. Et rex assumpsit partem exercitus et exivit ab urbe sua, et venit trans Euphraten flumen. Et elegit Lysias Ptolomaeum, et Nicanorem, et Gorgiam, viros potentes ex amicis regis, et misit cum eis quadraginta millia virorum et septem millia equitum ut venirent in terram Iuda et disperderent eam secundum verbum regis.

Et vidit Iudas et fratres eius quod multiplicata sunt mala, et exercitus applicabant ad terram eorum; et cognoverunt verba regis, quae mandaverat. Et dixerunt unusquisque ad proximum suum: "Erigamus deiectionem populi nostri, et pugnemus pro populo nostro, et sanctis nostris." Et congregatus est conventus, ut essent parati in proelium, et ut orarent, et misericordiam peterent. Et venerunt in Maspha. Ierusalem enim erat sicut desertum: non erat ex filiis eius qui ingrederetur et egrederetur, sed filii alienigenarum erant in arce. Venerunt ergo in Maspha, quia locus orationis erat in Maspha temporibus antiquis. Et ieiunaverunt illa die, et induerunt se ciliciis, et cinerem imposuerunt capiti suo, et sciderunt vestimenta sua: et clamaverunt voce magna in coelum, dicentes: "Quid faciemus? Ecce, nationes convenerunt adversum nos, ut nos disperdant. Tu scis quae cogitant in nos. Quomodo poterimus stare ante faciem eorum, nisi tu, Deus, adiuves nos?" Et ait Iudas: "Accingimini, et estote filii potentes, et estote parati in mane, ut pugnetis adversus nationes has, quae convenerunt adversus nos, disperdere nos et sancta nostra. Quoniam melius est nos mori in bello, quam videre mala gentis nostrae et sanctorum. Sicut autem fuerit voluntas in coelo, sic fiat."

tributum - tribute
regio - region
modicus - little
Lysias - Lysias
regalis - royal

reliquiae - remnants

Gorgias - Gorgias

multiplicare - multiply

erigere - lift up
deiectio - dejection
pugnare - fight
conventus - assembly

alienigena - foreigner
arx - citadel

cilicium - sack cloth

accingere - gird, prepare

melius est... - it is better that we die

Vocabularium

extollere - lift up, exalt insilire, insiluit - leap on, jump on reputare, (1) - think, consider, reckon	subito - suddenly impius, a, um - wicked, impious laetitia. a, - joy leo, leone, magnus - lion modicus, a, um - little, moderate regio, one, magna - region zelus, o - zeal, emulation

Nunc Cogitemus et Exerceamus Nos

Since Latin depends on endings, it is possible to separate two words that agree and would belong together in English. Sometimes this is done for the sake of rhythm, sometimes for emphasis or balance, sometimes simply for the sake of fancy work. We have already seen some of it in the ablative absolutes with side tracks inside them. But let us practice more. Read the following sentences, then repeat the whole clause in which a pair of words appear, but put the separated words together. Afterwards, translate the whole sentence.

Sample: Adiuvabant eum omnes qui in desertum fugerant Iudaei.
Answer: Adiuvabant eum omnes Iudaei.

1. Ut viderunt exercitum qui missus est obviam venientem sibi, timuerunt.
2. Iudaei contra maximos virorum malorum exercitus pugnaverunt.
3. Viri boni omnem, sicut promiserant legem Dei servaverunt.
4. Deus magna per Machabaeos beneficia dedit.
5. Fortibus non cessavit Deus viris auxilium mittere.
6. Virorum qui pugnare non poterant piorum orationibus adiuti sunt.
7. Super omnes qui de proeliis eius audierunt gentes cecidit timor Iudae.
8. Omnibus quos viderant interfectis hostibus, laeti erant Iudaei.
9. Mathathias mala quae viri impii faciebant opera odit.
10. Videte quod per omnes quae ab initio mundi sunt generationes, viri boni Deo placuerunt.
11. Surrexit Iudas, et multos qui contra populum Dei venerant viros malos vicit.

Scramble Exercise

Malos qui ad legem gentium, quia in Deo non confidebant, transierant Iudaeos, percusserunt pii qui ut legi obedirent congregati sunt viri fortes. Magnas quas fecerunt victorias gentes quae contra Iudaeos venerant spectantes timuerunt. Bona quae fecerunt in generationibus suis opera memoria tenenda esse dixit Mathathias. Virorum contra legem Dei peccantium verba non audienda esse crediderunt.

English to Latin

(If you can, separate some pairs of words)

1. In the many temptations which they have, good men are faithful.
2. To all who trust (use present participle) in Him, God gives help.
3. Many evils, as they feared, came upon them.
4. Unjust men who went over to the law of the gentiles did not come to Mathathias.
5. With great power, as He had promised, God saved them.

LECTIO TRIGESIMA QUARTA

Plura de congruentia verborum separatorum

De dedicatione Templi

Et assumpsit Gorgias quinque millia virorum, et mille equites electos; et moverunt castra nocte, ut applicarent ad castra Iudaeorum, et percuterent eos subito. Et audivit Iudas, et surrexit ipse et potentes, percutere virtutem exercituum regis. Et venit Gorgias in castra Iudae nocte, et neminem invenit, et quaerebat eos in montibus, quoniam dixit: "Fugiunt hi a nobis." Et cum dies factus esset, apparuit Iudas in campo cum tribus millibus virorum, qui tegumenta et gladios non habebant. Et ait Iudas viris, qui secum erant: "Ne timueritis multitudinem eorum, et impetum eorum ne formidetis. Mementote, quomodo salvi facti sunt patres nostri in Mari Rubro, cum sequeretur eos Pharao cum exercitu multo.

Et nunc clamemus in coelum, et miserebitur nostri Dominus, et quia memor erit testamenti patrum nostrorum, et conteret exercitum istum ante faciem nostram hodie: et scient omnes gentes, quia est, qui liberet Israel." Et elevaverunt alienigenae oculos suos, et viderunt eos venientes. Et exierunt de castris in proelium; et tuba cecinerunt hi qui erant cum Iuda. Et congressi sunt; et contritae sunt gentes et fugerunt in campum. Et vidit Gorgias quod in fugam conversi sunt sui, et succenderunt castra. Et Iudas reversus est ad spolia castrorum, et acceperunt aurum multum et argentum et alia bona. Et conversi hymnum canebant et benedicebant Deum quoniam bonus est, quoniam in saeculum misericordia eius.

Sequenti anno congregavit Lysias virorum electorum sexaginta millia, et equitum quinque millia et venerunt in Iudaeam. Et viderunt Iudaei exercitum fortem et oraverunt dicentes: "Benedictus es, salvator Israel, qui contrivisti impetum potentis in manu servi tui David. Conclude exercitum istum in manu populi tui Israel, et confundantur in exercitu suo et equitibus." Et commiserunt proelium, et ceciderunt de exercitu Lysiae quinque millia virorum. Videns autem Lysias fugam suorum et Iudaeorum audaciam, et quod parati sunt aut vivere aut mori

tegumentum - protective armor
impetus - attack
formidare - fear
mementote (imperat.) - remember
salvus - safe
ruber - red
miserere (w. dat. or poss.) - have mercy on
memor - mindful of
est... - that there is (one) who frees
tuba - trumpet
canere - sing, play
congredi - come

spolium - spoils
salvator - savior
concludere - shut up
confundere - confound
committere proelium - begin battle
Antiochia - Antioch (city)
renovare - renew
profanare - profane
laus - praise
ornare - decorate
corona - crown
exspoliare - despoil
concurrere - run together
congeries - heap
insanabilis - incurable
invisibilis - invisible
dirus - dreadful

fortiter, abiit Antiochiam ut rursus venirent in Iudaeam. Dixit autem Iudas et fratres eius: "Ecce, contriti sunt inimici nostri. Ascendamus nunc mundare sancta, et renovare." Et congregatus est omnis exercitus, et ascenderunt in montem Sion. Et viderunt sanctuarium desertum, et altare profanatum. Et sciderunt vestimenta sua, et luxerunt valde, et imposuerunt cinerem super caput suum. Tunc acceperunt lapides integros secundum legem, et aedificaverunt altare novum, et aedificaverunt sancta. Et fecerunt dedicationem altaris diebus octo, et obtulerunt holocausta cum laetitia, et sacrificium laudis. Et ornaverunt faciem templi coronis aureis; et facta est laetitia in populo magna valde. Haec dedicatio facta est mense Decembri, anno centesimo sexagesimo quinto (165) ante Christum.

amarus - bitter
interna - internal organs
collisio - bruising
vexare - pain
fluctus - wave
gestatorium - litter
contestari - testify to
vermis - worm

De morte Pessima Regis Antiochi

Fere hoc tempore Antiochus sine honore revertebatur de Persia. Intraverat enim in urbem quae dicitur Persepolis, et tentavit exspoliare templum, et civitatem opprimere, sed, multitudine concurrente ad arma, in fugam versus est Antiochus. Hic itaque magna affectus ira, volebat Iudaeos perdere. Ideoque iussit exercitum suum iter sine intermissione facere, dicens se facturum esse Ierusalem congeriem sepulchrorum Iudaeorum. Sed qui universa conspicit, Dominus Deus Israel, percussit eum insanabili et invisibili plaga. Ut enim finivit sermonem istum, apprehendit eum dolor dirus viscerum, at amara internorum tormenta. Insuper accidit ut de curru caderet, et gravi corporis collisione vexaretur. Itaque is, qui sibi videbatur etiam fluctibus maris imperare, supra humanum modum superbia repletus, nunc, humiliatus ad terram, in gestatorio portabatur, manifestam Dei potentiam in semetipso contestans, ita ut de corpore impii regis vermes scaturirent, et in doloribus carnes eius effluerent. Odore illius et foetore exercitus gravabatur ita ut nemo eum, qui paulo ante sidera coeli contingere sibi arbitrabatur, portare posset.

Hinc igitur rex, ex gravi superbia deductus, coepit ad scientiam sui venire, divina plaga admonitus, doloribus suis augmenta capientibus per momenta singula. Et cum nec ipse iam foetorem

scaturire - gush out
effluere - flow forth
foetor - stench
gravare - burden
sidera ... - he seemed to himself to touch the stars
deductus - brought down
admonitus - warned
doloribus... - his pains increasing
subditus - subject
scelestus - wicked
optare - wish
Athenienses - Athenians
ornare - decorate
felix - happy gratias agere - give thanks
constitutus - being

utilitas - utility
designare - choose

suum ferre posset, ita ait: "Iustum est subditum esse Deo." Orabat autem hic scelestus Dominum, et nunc optat liberam facere civitatem ad quam festinans veniebat ut eam sepulchrorum congeriem faceret. Et Iudaeos nunc aequales Atheniensibus facturum esse pollicetur, templum etiam sanctum pollicetur optimis donis ornaturum. Super haec, se Iudaeum futurum. Sed, non cessantibus doloribus, scripsit ad Iudaeos dicens: "Optimis civibus Iudaeis, plurimam salutem, et bene valere, et esse felices (optat) rex Antiochus. Si bene valetis, et filii vestri bene valent, et si sicut vultis omnia sunt, maximas agimus gratias. Et ego in infirmitate constitutus, necessarium arbitratus sum pro communi utilitate curam habere, et designavi filium meum Antiochum regem, et scripsi ad eum. Oro itaque vos, et peto ut memores sitis beneficiorum et ut unusquisque conservet fidem ad me et ad filium meum." Igitur hic homicida et blasphemus, pessime percussus, in montibus miserabili morte mortuus est,

Quare Deus orationem Antiochi et promissa eius non audivit, ut eum curaret? Probabiliter Antiochus non veram habuit poenitentiam. Forsan enim poenituit eum quia peccavit in Deum. Sed forsan poenituit eum quia dolorem viscerum et foetorem sentiebat. Si poenitentia eius bona erat, quia in Deum peccavit, tunc Deus revera peccatum eius dimisit, etiamsi eum a morte mala non liberavit. Sed quid verum sit difficile est dicere.

memor - mindful of
conservare fidem - keep loyalty
homicida - murderer
blasphemus - blasphemer
miserabilis - miserable
poenitet - cause to repent
poenitet eum - he repents
etiamsi - even if

<u>Vocabularium</u>

canere, cecinit, - sing, play (on instrument)
confundere, -fudit, -fusus - confound, disturb
gratias agere, egit, actus - give thanks
memento (future imperative: plural is <u>mementote</u>) - remember!
miseréri, miseritus est (w. dat. or poss.) - have mercy or pity on
optare, (1) – wish
ornare (1) – adorn, decorate
poenitet (paenitet) 2, penituit - cause to repent (poenitet eum - he repents)
felix, ici - happy, successful
impetus, - u - attack, onrush
oblatio, one, bona - offering
ruber, -bra, -brum - red
spolium, o - plunder, spoils

<u>Nunc Cogitemus et Exerceamus Nos</u>

Now for a bit more practice on separated words in agreement, but this time we will include some examples having three words, all separated. Again, let us translate each example after putting together the separated words.

1.Multis non sunt victi maximis qui venerant exercitibus.
2. Cum paucis percussit eos fortibus qui in Deo confidebant viris.
3. In illis vicerunt maximis quae fecerunt proeliis.
4. Fortem contra se venientem sicut exspectaverunt exercitum viderunt.
5. Novos, qui numquam in usu fuerant et integros, sicut lex imperavit sumpserunt lapides.
6. Multarum quae sine macula erant et optimarum, ut Deo placerent, victimarum oblatione Deum honoraverunt.
7. Aureis cum laetitia coronis templum ornaverunt.
8. Insanabili quia graviter peccaverat, et invisibili est percussus Antiochus plaga.
9. Superbi qui Deum non timuerat et pessimi omnium creverunt regie tormenta.
10. Fortes ut nos disperdant convenerunt contra nos nationes.
11. Suis cum dolore imposuerunt cineres capitibus.
12. Liberam nunc optat facere quam delere voluerat civitatem.

<u>Scramble Exercise</u>

"Optimam optimis quos habeo civibus salutem opto," scripsit malus qui gravia suis in visceribus tormenta sentiebat rex. "Pro communi volens habere, sicut debeo, salute curam, ad bonum quem amo scripsi filium meum ut magnum quod sustinere non iam possum accipiat regnum. Multorum ergo quae iam dedi et magnorum quae daturus est filius meus beneficiorum memores sitis."

English to Latin

(If you can, separate some pairs or groups of words)

1. They saw that the sanctuary which they loved was deserted.
2. Our worst enemy whom we feared is now dead.
3. He entered into a great city to capture great treasures as he desired.
4. The army was burdened with the very bad odor of the king who had been proud.
5. He promises that he will adorn the holy temple with the best gifts.

LECTIO TRIGESIMA QUINTA

De usu participii praesentis loco clausulae relativae

De Fine Regni Iudaeorum

Post mortem Antiochi, Lysias adhuc pugnavit contra Iudaeos, filius enim Antiochi puer erat. Iudas Machabaeus contra Lysiam, et etiam contra alios hostes populi sui pugnavit. Anno centesimo sexagesimo ante Christum, in proelio interfectus est, et exercitus eius victus est. Nihilominus, frater eius Ionathas alium collegit exercitum, sed pauci Iudaei secuti sunt eum. Anno autem centesimo quadragesimo secundo Ionathas exivit ut pugnaret contra ducem exercitus Syriae, qui vocabatur Tryphon. Tryphon autem, videns quod Ionathas veniebat ad se cum exercitu, excepit eum cum honore, et dixit Ionathae: "Utquid vexasti universum populum, cum bellum nobis non sit? Et nunc remitte eos in domos suas. Elige autem tibi viros paucos qui tecum sint, et veni mecum in Ptolemaidam, et tradam illam urbem tibi, et reliqua praesidia, et exercitum, et conversus, abibo. Propterea enim veni." Et credidit ei Ionathas et fecit sicut dixit et dimisit exercitum, et abierunt in terram Iuda. Retinuit autem secum tria millia virorum, ex quibus remisit in Galilaeam duo millia, mille autem venerunt cum eo. Ut autem intravit Ptolemaidam Ionathas, clauserunt portas civitatis cives huius civitatis; et comprehenderunt eum, et interfecerunt gladio omnes qui cum eo intraverant. Ionathas autem ipse interfectus est postea.

Post haec, factus est frater Ionathae Simon dux Iudaeorum (142 - 34), qui multas etiam victorias fecit. Sed ipse cum duobus filiis interfectus est dolo in convivio a quodam Ptolomaeo (non erat rex Aegypti) qui erat gener eius. Unus autem filius eius, Ioannes Hyrcanus nomine, non erat in convivio. Ptolomaeus misit viros qui Ioannem interficerent, sed Ioannes, monitus a quodam viro quod pater eius perierat et quod alii veniebant ad eum interficiendum, apprehendit viros qui venerant perdere eum, et occidit eos.

Hoc loco venimus ad finem Veteris Testamenti. Reliquas partes historiae Iudaeorum invenimus in libris scriptoris Iudaei, qui vocatur Flavius Iosephus.

Syria - Syria
Trypho - Tryphon
excipere - receive
utquid - why
vexare - trouble
Ptolemaida - Ptolemais (city)
propterea - for that reason
Galilaea - Galilee
dolus - deception, guile

Reges huius temporis pugnabant plus pro gloria sua quam pro lege Dei. Spiritus enim huius mundi gradatim venit in eos ita ut mox opprimerent Pharisaeos (qui ex Assidaeis descenderunt. Assidaei autem pugnaverant cum Mathathia et Iuda Machabaeo) et faverent Sadducaeis. Sadducaei erant sacerdotes et alii qui traditiones Pharisaeorum reiciebant, et solummodo legem scriptam habere volebant (ipsi autem etiam suas habebant traditiones). Videbantur res huius mundi plus quam res Dei amare.

Ioannes Hyrcanus (134 - 104) erat summus sacerdos, sed non videtur nomen regis assumpsisse. Quia Pharisaei ambitiones mundanas huius Summi Sacerdotis non amaverunt, et voluerunt expellere eum ex Summo Sacerdotio, Ioannes Pharisaeos oppressit.

Post mortem Ioannis, filius eius Aristobulus I successit, sed solummodo unum annum regnavit. De regno eius fere nihil certi scimus. Huic successit Alexander Iannaeus (103 - 76) qui in matrimonium duxit Alexandram, viduam Aristobuli I. Iannaeus autem fere pessimus omnium horum regum erat. Pugnavit contra Pharisaeos in bello civili, sed cum moreretur, persuasit uxori suae, Alexandrae, ut pacem cum Pharisaeis faceret. Post mortem eius, Alexandra regnavit 76 - 67. Duo filii Alexandrae, Hyrcanus II et Aristobulus II, pugnaverunt inter se ut regnum obtinerent post mortem Alexandrae. Hyrcanus II regnavit tres menses, sed post hos, coactus est thronum suum et Summum Sacerdotium Aristobulo H dare. Hic autem non potuit regnum suum in pace possidere. Aretas enim, rex Arabiae, rogatus ab Antipatro (qui fuerat gubernatur Idumaeae) pugnavit contra Aristobulum et pro Hyrcano. Aristobulus itaque et Hyrcanus auxilium Romae rogaverunt. Fere hoc tempore, Pompeius Magnus, dux Romanus, de quo audivimus primo anno, erat in Syria, quam in provinciam Romanam fecit. Pompeius autem addidit etiam Iudaeam provinciae Syriae, anno sexagesimo tertio ante Christum. Hyrcanus factus est Ethnarcha et Summus Sacerdos, sed nomen regis non habuit. Anno quadragesimo, Antigonus, filius Aristobuli II, Ierusalem cepit. Herodes, filius Antipatri, fugit Romam. Ibi favorem Antonii et senatus Romani obtinuit, et factus est Rex Iudaeae a senatu Romano anno quadragesimo ante Christum.

Regnante hoc Herode, Christus natus est.

gener - son-in-law
gradatim - gradually
Summus Sacerdos - High Priest
mundanus - worldly
Summum Sacerdotium - High Priesthood
succedere - succeed
nihil certi - nothing certain
vidua - widow
Antipater - Antipater
Idumaea - Idumaea
Ethnarcha - Ethnarch
favor - favor

Vocabularium

vexare, (1) - trouble	gradatim - gradually dolus, o - guile, deception gener, -ero - son-in-law nihil certi - nothing certain (see page 262 of this book)

Nunc Cogitemus et Exerceamus Nos

In lesson 29 we learned to use present participles as relative clauses. Now, lest we forget this very useful device, it is time to return to it, to refresh our memories, and to add a few further develpoments. First, a few more sentences on the patterns we already know.

Sample: Venientes laeti erant.
Answer: Illi qui veniebant.

1. Credentes servati sunt.
2. Pugnans vicit. Audiens non obedivit.

And now some other cases: remember, the case of ille should be the same as the case of the participle:

1. Amavit pugnantes.
2. Audiverunt venientem.
3. Dedit dona venienti.
4. Dederunt multa laborantibus.
5. Opera laborantium erant bona.
6. Verba amantis placuerunt.

But now, let us notice that the verb in our expanded version does not always have to be a past tense. In all our examples thus far it has been past, but why? Because it had to match the time of the principal verb of the clause. Now suppose we try some of the same sentences, with the principal verb in the present or future— then the verb we use in our relative clause will also shift to present or future.

Sample: Venientes laeti sunt.
Answer: Illi qui veniunt laeti sunt.

1. Credentes servantur.
2. Pugnans vincit.
3. Amat pugnantes.
4. Audiunt venientem.
5. Dat dona venienti.
6. Dant multa laborantibus.
7. Opera laborantium sunt bona.
8. Verba amantis placent.

And now let us try some with futures:

Sample: Venientes laeti erunt.
Answer: Illi qui venient.

1. Credentes servabuntur.
2. Pugnans vincet.
3. Audiens obediet.
4. Amabit pugnantes.
5. Audient venientem.
6. Dabit dona venienti.
7. Dabit multa laborantibus.
8. Opera laborantium erunt bona.
9. Verba amantis placebunt.

And finally, let us assort them a bit:

1. Rex videt venientes in palatium.
2. Nihil agentes non accipient dona.
3. Interpretanti somnium multa bona dabit.
4. Multi cibi dati sunt venientibus ad convivium.
5. Contemnentes regem puniuntur.
6. Laborantes in templo placuerunt Domino.

Scramble Exercise

Venientem ad se cum exercitu ille qui ab Antiocho dux factus est exercitus Syriae non sine timore vidit. Venienti se daturum esse urbem Ptolemaidam, quia propterea venisset, dixit ab Antiocho constitutus dux. In urbem quia duci credidit ingredientem comprehenderunt qui mali erant cives eiusdem urbis. In Iudaea ipsa audientes omnia quae facta sunt non erant laeti.

English to Latin

1. Those who believed the general were captured.
2. I will give, he said, to him who comes with me, many good things.
3. They killed with the sword those who entered.
4. The words of those who said these things were not true.
5. Those who followed Ionathan were few.

LECTIO TRIGESIMA SEXTA

De sententiis periodicis

We have already spent some time this year learning to work with sidetracks. This sort of practice is extremely valuable, for with it, even long interwoven sentences are easy to follow. But it becomes easy only with much practice. Now it happens that in the *Missale Romanum* of 1962, there are very many miniature "orations" in the form of prayers. Some of these are very ancient; all are written in beautiful, finely wrought style. They have the further advantage of giving us practice on many of the features we have been studying since lesson 25. You will find them less involved and complicated than the Scrambles; but, on the other hand, the fact that they are not narrative, and do not come from a familiar con - text is a disadvantage. In all, the total difficulty should be about the same as that of the Scrambles . It will pay us to go over these many times, sometimes translating, sometimes following them in Latin without translating.

We will begin with some of the easier examples. Notice a few special features in some of these: 1. Some have two words in agreement that are separated, following the patterns we saw in lessons 33 and 34. To help us get started, we have printed some of the separated words in capitals, but this will be done only in a few orations, for we will not really need more than that. 2. Some have balanced combinations such as: sicut...ita; just as ... so also. But they are easy. 3. Some have such patterns as ut qui... — that we who — Of course, ut qui can also mean: "he who, you who, they who, etc." 4. Notice a pattern that appears for the first time in oration 9: facias nos praesentari: " may you make us (cause us) to be presented." The same thing can be done with other verbs, e.g., tribue.

One more help before starting: there are some stock words that come back over and over. If we learn them at once, it is a great help:

Praesta - grant! Exaudi - hear! Concede - grant!
Quaesumus - we beg. Omnipotens - Almighty.
Supplices - humbly. Propitius - graciously.

Finally, if you should get stuck, always look for three things: subject, verb, object: and translate them in that order, omitting all other words until that has been done. It is remarkable how often this device alone will clear a difficulty.

1. Preces populi tui, quaesumus Domine, clementer exaudi: ut, qui iuste pro peccatis nostris affligimur, pro tui nominis gloria misericorditer liberemur.

(preces - prayers; clementer graciously; misericorditer - mercifully;)

2. Concede, quaesumus, omnipotens Deus, ut qui ex merito nostrae actionis affligimur, tuae gratiae consolatione respiremus.
(actio - action; respirare - breathe easily)

3. Concede, quaesumus, omnipotens Deus; ut qui peccatorum pondere premimur, beati Dominici Confessoris tui patrocinio sublevemur.
(pondus - weight; beatus - blessed; confessor - confessor, a saint who is not a martyr; patrocinium, o - patronage, intercession; sublevare - relieve)

4. Deus qui nos beati Barnabae Apostoli tui meritis et intercessione laetificas; concede propitius; ut, qui TUA per eum BENEFICIA poscimus, dono tuae gratiae consequamur.
(laetificare - gladden; poscere - ask; donum - gift; consequi - obtain)

5. Mentes nostras, quaesumus, Domine, Paraclitus, qui a te procedit, illuminet; et inducat in OMNEM, sicut tuus, promisit Filius , VERITATEM.
(Paraclitus - Paraclete; illuminare - enlighten; inducere - lead into)

6. Sancti tui, quaesumus, Domine, nos ubique laetificent; ut, dum eorum merita recolimus, patrocinia sentiamus.
(ubique - everywhere; recolere - recall)

7. Absolve, quaesumus, Domine, tuorum delicta populorum; ut a peccatorum nexibus, quae pro nostra fragilitate contraximus, tua benignitate liberemur.
(absolvere - forgive; delictum - sin; nexus - bond; pro - because of; fragilitas - frailty; contrahere - contract; benignitas - kindness)

8. Praesta, quaesumus, omnipotens Deus: ut, qui in afflictione nostra de tua pietate confidimus, contra adversa omnia, tua semper protectione muniamur,
(de - in; pietas - devotedness; adversa - adverse things; munire, (4) - fortify, protect)

9. Omnipotens sempiterne Deus, maiestatem tuam supplices exoramus: ut, sicut unigenitus Filius tuus hodierna die, cum nostrae carnis substantia in templo est praesentatus; ita nos facias PURIFICATIS tibi MENTIBUS praesentari.
(sempiternus - eternal; maiestas - majesty; exorare - beg; unigenitus - only begotten; hodierna die - today; purificatis... with purified)

10. Praesta, quaesumus, omnipotens Deus, ut familia tua, quae se, affligendo carnem, ab alimentis abstinet, sectando iustitiam, a culpa ieiunet.
(alimentum - food; se abstinere - keep self from; sectari - pursue; culpa - fault; ieiunare - fast)

11. Quaesumus, omnipotens Deus: ut, qui caelestia alimenta percepimus, per haec contra omnia adversa muniamur.
(caelestis - heavenly; percipere - receive)

12. Concede, quaesumus, omnipotens Deus: ut, qui hodierna die Unigenitum tuum, redemptorem nostrum, ad caelos ascendisse credimus; ipsi quoque mente in caelestibus habitemus.
(hodierna die - today; Unigenitus - only begotten)

13. Deus misericordiarum pater, per merita et intercessionem beati Hieronymi, quem orphanis adiutorem et patrem esse voluisti; concede: ut spiritum adoptionis, quo filii tui nominamur et sumus, fideliter custodiamus.
(Hieronymus - Jerome; adiutor - helper; nominare - name)

14. Praesta, quaesumus, omnipotens Deus: ut, qui gloriosos Martyres fortes in sua confessione cognovimus, [eos] pios apud te in nostra intercessione sentiamus.
(confessio - confession of faith; pius. a.um - devoted, pious; apud - with;)

15. Suscipe, Domine, munera pro tuorum commemoratione Sanctorum; ut, sicut illos passio gloriosos effecit, ita nos devotio reddat innocuos.
(suscipere - receive; munus - gift; passio - suffering; reddere - make; innocuus - innocent)

16. Cordibus nostris, quaesumus Domine, gratiam tuam benignus infunde; ut, sicut ab escis carnalibus abstinemus, ita sensus quoque nostros a noxiis retrahamus excessibus.
(gratia - grace; benignus - kind, kindly; esca - food; carnalis - meat; sensus, u - sense; noxius - harmful; retrahere - withdraw)

17. Deus qui beatam Margaritam reginam eximia in pauperes caritate mirabilem effecisti: da, ut eius intercessione et exemplo, tua in cordibus nostris caritas iugiter augeatur.
(eximius - outstanding; caritas, tate - love; iugiter - constantly; augere - increase;)

18. Da nobis, quaesumus, omnipotens Deus: ut, sicut adoranda Filii tui natalitia praeven - imus, sic eius munera capiamus sempiterna gaudentes.
(adorandus - adorable; natalitia.ibus - birthday; praevenire - anticipate; munus, ere - gift, duty, function; gaudere - rejoice)

19. Deus qui nobis sub Sacramento mirabili, passionis tuae memoriam reliquisti: tribue, quaesumus, ita nos Corporis et Sanguinis tui sacra mysteria venerari; ut redemptionis tuae fructum in nobis iugiter sentiamus.
(mirabilis - wonderful; tribuere - grant, give; venerari - venerate; iugiter - constantly)

And now, let us take some with participles outside of ablative absolutes.

Remember, the basic translation for the present participle is: <u>facientes</u>—<u>doing</u>; <u>factus</u> (pf. pass. of normal verb)—<u>having been done</u>; <u>locutus</u> (pf. part. of deponent)—having spoken.

20. Deus qui beatum Titum Confessorem tuum atque Pontificem apostolicis virtutibus decorasti: eius meritis et intercessione concede: ut iuste et pie viventes in hoc saeculo, ad caelestem patriam pervenire mereamur.
(Pontifex - Bishop; apostolicus - apostolic; de - corare - adorn; saeculum - world; patria. a - fatherland; mereri. deponent - merit)

21. Excita, Domine, in Ecclesia tua Spiritum, cui beatus Laurentius Levita servivit: ut, eodem nos repleti, studeamus amare [id] quod amavit, et opere exercere quod docuit.
(excitare - arouse; replere - fill; studere - be eager)

22. Omnipotens sempiterne Deus, qui in dilecto Filio tuo, universorum Rege, omnia instaurare voluisti; concede propitius; ut cunctae familiae gentium, peccati vulnere disgregatae, eius suavissimo subdantur imperio.
(dilectus - beloved; instaurare - restore; vulnus - wound; disgregare - disperse, scatter; suavis - sweet; subdere - subject)

23. Deus, qui ad maiorem tui nominis gloriam propagandam, NOVO per beatum Ignatium SUBSIDIO militantem Ecclesiam roborasti; concede: ut, eius auxilio et imitatione cer - tantes in terris, coronari cum ipso mereamur in caelis.
(propagare - spread; subsidium - help; militare - struggle; Eclcesia - Church; roborare - strengthen; certare - struggle; coro - nare - crown)

24. Ecclesiam tuam, Domine, benignus illustra, ut, beati Ioannis Apostoli tui et Evange - listae illuminata doctrinis, ad dona perveniat sempiterna.
(benignus - kind, kindly; illus - trare - enlighten, adorn; Illuminare - enlighten; doctrina - doctrine)

25. Deus qui beatum Franciscum, novi ordinis institutorem, orandi studio et poenitentiae amore decorasti; da famulis tuis in eius imitatione ita proficere; ut, semper orantes et corpus in servitutem redigentes, ad caelestem gloriam pervenire mereantur.
(ordinis institutor - founder of order; studium - eagerness; poenitentia - penance; decorare - adom; famulus - servant; proficere - make progress; in servitutem redigere - bring into subjection)

26. Deus, qui diligentibus te bona invisibilia praeparasti; infunde cordibus nostris tui amoris affectum; ut te in omnibus et super omnia diligentes, promissiones tuas, quae omne desiderium superant, consequamur.
(diligere, -lexit, -lectus - love; diligentibus - for those who love; amoris affectus - attitude of love; desiderium - desire; consequi, consecutus - attain, reach, catch)

27. Praesta nobis, quaesumus, Domine, auxilium gratiae tuae; ut, ieiuniis et orationibus convenienter intenti, liberemur ab hostibus mentis et corporis.
(gratia - grace; ieiunium - fasting; convenienter - fittingly; intentus - applying self to)

28. Excita, quaesumus, Domine, tuorum fidelium voluntates; ut, divini operis fructum propensius exsequentes, pietatis tuae remedia maiora percipiant.
(excitare - arouse; propensius - more diligently; exsequi - pursue; pietas. tate - devotedness; remedium - remedy; percipiunt, (3) - receive)

Vocabularium

augére, auxit, auctus - increase illustrare, (1) - enlighten, adorn, shed light on laetificare, (1) - make joyful, gladden	beatus, a , um - blessed caelestis, e, i - heavenly caritas, tate, bona - love, charity famulus, o - servant patria, a – fatherland, home land patrocinium, o - patronage, help pietas, -tate, bona -piety, devotedness pius, a, um - pious, devoted s empiternus, a, um - eternal Unigenitus, o - Only begotten (Christ) vulnus, - ere, malum - wound

LECTIO TRIGESIMA SEPTIMA

Plura de sententiis periodicis

Now let us take some with ablative absolutes in them. Notice especially that many of them have the participle first, the same pattern that we saw in lessons 25 and 26. Re - member to use the basic translation for the sake of practice.e.g., te protegente - with you protecting.

29. Haec nos communio, Domine, purget a crimine; et, intercedente beato Thoma Martyre tuo atque Pontifice, caelestis remedii faciat esse consortes.
(communio - communion; purgare - cleanse; crimen - fault; intercedere - intercede; remedium - remedy; consors - sharing in)

30. Praesta, quaesumus, omnipotens Deus, ut de perceptis muneribus gratias exhibentes, intercedente beato Silvestro Confessore tuo atque Pontifice, beneficia potiora sumamus.
(gratias exhibere - give thanks; perceptus - received; beneficium - favor; potior - greater)

31. Deus a quo bona cuncta procedunt, largire supplicibus tuis; ut cogitemus, te inspirante, quae recta sunt; et, te gubernante, eadem faciamus.
(largire - grant!; supplex - suppliant, petitioner; inspirare - inspire; gubernare - govern, direct)

32. Praesta quaesumus, omnipotens Deus; ut, qui paschalia festa peregimus, haec, te largiente, moribus et vita teneamus.
(paschalis - paschal; pergere - pass through; largiri - grant)

33. Munera, Domine, oblata sanctifica; et, intercedente beato Barnaba apostolo tuo, nos per haec a peccatorum nostrorum maculis emunda.
(sanctificare - make holy; oblatus - offered; macula - stain ; emundare - cleanse)

34. Gratiam tuam, quaesumus, Domine, mentibus nostris infunde; ut, qui, Angelo nun - tiante, Christi Filii tui incarnationem cognovimus, per passionem eius et crucem, ad resurrectionis gloriam perducamur.
(incarnatio - incarnation)

35. Subveniat nobis, Domine, misericordia tua; ut ab IMMINENTIBUS peccatorum nostrorum PERICULIS, TE mereamur PROTEGENTE eripi, te liberante salvari.

(subvenire, w. dat. - come to aid; imminens - imminent; eripere - deliver; salvare - save)

36. Quaesumus, omnipotens Deus; ut, qui caelestia alimenta percepimus, intercedente beato Caietano Confessore tuo, per haec contra omnia adversa muniamur.
(alimentum - food)

37. Praesta, quaesumus, omnipotens Deus, ut, qui in tua protectione confidimus, cuncta nobis adversantia, te adiuvante, vincamus.
(adversantia - adverse things; adiuvare - help)

38. Da quaesumus, omnipotens Deus; ut, qui in tot adversis ex nostra infirmitate defi - cimus; intercedente unigeniti Filii tui passione respiremus.
(tot - so many; infirmitas - weakness; deficere - faint; respirare - have relief)

There is a very interesting type that is found in many Latin writers. The trick is that they have put a clause with some form of qui, quae quod ahead of the spot where we would place it in English:

Concede nobis: ut, *quem* in terris amamus, EUM in caelis videamus.

If we try to reproduce that effect in the same word order in English, it helps us get the feel of the Latin, though it is poor English:

Grant to us: that, *whom* we love on earth, HIM we may see in heaven.

In reading the Latin, try to follow in Latin word order, which is not hard once you practise a bit. But in translating into English, it is better to rearrange *by following up the ut clause across the switches*: that we may see him in heaven, whom we love on earth.
Notice too that Latin can do without such words as *eum* in this pattern:

Concede nobis: ut, *quem* in terris amamus, in caelis videamus.

We can also omit *him* in English, though not so easily.

39. Deus, qui nos annua beatae Caeciliae Virginis et Martyris tuae solemnitate laetificas: da, ut QUAM veneramur officio, [EAM] etiam piae conversationis sequamur exemplo.
(annuus, a, um - annual; solemnitas - solemnity; venerari - honor; officio - by our prayer; conversatio - life)

40. Adesto nobis, Domine Deus noster: et, QUOS tuis mysteriis recreasti, perpetuis defende subsidiis.

(Adesto nobis - be near us; recreare - restore; perpetuus - perpetual; subsidium - help)

41. Spiritum nobis, Domine, tuae caritatis infunde: ut, QUOS uno pane caelesti satiasti, tua facias pietate concordes.
(satiare - satisfy; concors - harmonious)

42. Deus qui in liberandis fidelibus tuis ab impiorum captivitate, beatum Raymundum Confessorem tuum mirabilem effecisti: eius nobis intercessione concede: ut, a peccatorum vinculis absoluti, QUAE tibi sunt placita, liberis mentibus exsequamur. (impius - wicked: absolutus - freed; placitus - pleasing; exsequi - carry out)

43. Deus qui Ecclesiam tuam beati Thomae Confessoris tui mira eruditione clarificas, et sancta operatione foecundas; da nobis, quaesumus: et QUAE docuit intellectu conspi - cere, et QUAE egit, imitatione complere.
(eruditio - learning; clarificare - enlighten; operatio - work; foecundare - make fruitful; intellectu conspicere - see with the mind)

44. Praesta, quaesumus, omnipotens et misericors Deus, ut quod ore contingimus, pura mente capiamus. (ore contingere - receive with our mouth, i.e., Holy Communion)

45. Quaesumus, Domine Deus noster; ut, quos DIVINIS reparare non desinis SACRAMENTIS, TUIS non destituas benignus AUXILIIS.
(reparare - restore; desinere, -sivit, -situs - cease; destituere - desert; benignus - kind)

46. Deus, qui populo tuo aeternae salutis beatum Ambrosium ministrum tribuisti; praesta, quaesumus: ut, quem Doctorem vitae habuimus in terris, intercessorem habere mereamur in caelis.
(salutis ministrum - minister of salvation; Doctor vitae - teacher of life; inter - cessorem habere - have AS an intercessor)

47. Deus, qui beatum Paschalem Confessorem tuum mirifica erga Corporis et Sanguinis tui sacra mysteria dilectione decorasti: concede propitius: ut quam ille ex hoc divino convivio spiritu, percepit pinguedinem, eandem et nos percipere mereamur.
(mirificus - wonderful; erga - towards; dilectio, one - love; decorare - adorn; quam spiritus pinguedinem - what richness of spirit; convivium - banquet)

48. Quaesumus, omnipotens Deus; Ut quoe divina tribuis participatione gaudere, HUMANIS non sinas subiacere PERICULIS.
(participatio - sharing; gaudere, gavisus est - rejoice; sinere - allow; subiacere - be subject to)

Now it is time to see the same pattern in other cases. They too are easy, but will need practice:

Concede: ut, *cuius* merita veneramur, *eius* vitam imitemur.
Grant: that *whose* merits we venerate, *his* life we may imitate.

Again, in reading in Latin, it is best to follow in the Latin order, but in translating, to rearrange as we have been doing: Grant that we may imitate his life (it is much easier to say: the life of him), whose merits we venerate. Still further, Latin can omit such words as eius in this pattern—but, in this case, English cannot: so we must supply them in English.

49. Deus qui Indiarum gentes beati Francisci praedicatione et miraculis Ecclesiae tuae aggregare voluisti; concede propitius: ut, cuius gloriosa merita veneramur, virtutum quoque imitemur exempla.
(praedicatio - preaching; aggregare - join to; venerari - honor; imitari - imitate)

50. Deus qui nos hodierna die Exaltationis sanctae Crucis laetificas; praesta, quaesumus: ut, cuius mysterium in terra cognovimus, eius redemptionis praemia in caelo mereamur.
(hodierna die - on this day; exaltio - exaltation)

51. Deus qui hanc sacratissimam noctem veri luminis fecisti illustratione clarescere: da, quaesumus: ut, cuius lucis mysteria in terra cognovimus, eius quoque gaudiis in caelo perfruamur.
(sacratus - consecrated; illustratione clar. - shine with brightness; perfrui - enjoy.w. abl.)

52. Deus qui ad evangelizandum pauperibus, et ecclesiastici ordinis decorem promo - vendum, beatum Vincentium apostolica virtute roborasti: praesta, quaesumus: ut, cuius pia merita veneramur, virtutum quoque instruamur exemplis.
(ad evang. paup - to preach the Gospel to the poor and to promote the beauty of the order of the Church; roborare - strengthen; instruere - instruct)

53. Quaesumus, Domine, salutaribus repleti mysteriis; ut, quorum solemnia celebramus, eorum orationibus adiuvemur.
(repletus - filled; celebrare - celebrate)

54. Deus fidelium remunerator animarum, qui hunc diem beati Apollinaris Sacerdotis tui martyrio consecrasti; tribue nobis, quaesumus, famulis tuis: ut, cuius venerandam celebramus festivitatem, precibus eius indulgentiam consequamur.
(remunerator - rewarder; martyrium - martyrdom; consecrare - consecrate; venerandus - venerable; indulgentia - pardon)

55. Vota populi tui, quaesumus, Domine, propitius intende; et quorum nos tribuis solemnia celebrare, fac gaudere suffragiis.
(votum - prayer; intende - hear; solemnia - solemnity; fac - make!; suffragium - intercession)

And now, we can vary this pattern just a trifle, thus:

Concede: ut, *cuius* meritis laetificamur, (*eius*) intercessione adiuvemur.

Grant: that *by whose* merits we are gladdened, we may be helped by *his* intercession.

Note: that the ablative of meritis causes us to put some such preposition as *by* ahead of *whose.*

56. Quaesumus, Domine, salutaribus repleti mysteriis: ut, CUIUS solemnia celebramus, EIUS orationibus adiuvemur.
(salutaris - saving; solemnia - solemnity; celebrare - celebrate; oratio - prayer)

57. Salutaris tui, Domine, munere satiati, supplices exoramus: ut cuius laetamur gustu, renovemur effectu.
(salutaris tui - your salvation; satiatus - satisfied; exorare - beg; laetari - be gladdened; gustus - taste; renovare - renew)

58. Omnipotens sempiterne Deus, qui Slavoniae gentes per beatos Confessores tuos atque Pontifices Cyrillum et Methodium ad agnitionem tui nominis venire tribuisti; praesta: ut quorum festivitate gloriamur, eorum consortio copulemur.
(Slavonia. a - Slavonia; gentes... venire tribuisti; agnitio - knowledge; festivitas - feast; gloriari - glory; consortium - fellowship: copulare - join)

59. Caelestibusrefecti sacramentis et gaudiis, supplices te rogamus, Domine: ut, quorum gloriamur triumphis, protegamur auxiliis.
(refectus - refreshed; gaudium - joy; triumphum - triumph)

60. Refecti cibo potuque caelsti, Deus noster, te supplices exoramus: ut, in cuius haec commemoratione percepimus, eius muniamur et precibus.
(potus - drink; commemoratio - commemoration; et - also)

61. Deus qui nos annua Apostolorum tuorum Philippi et Iacobi solemnitate laetificas; praesta, quaesumus: ut, quorum gaudemus meritis, instruamur exemplis. (instruere - teach)

Vocabularium

desinere, -sivit, -situs - cease, stop	annuus, a, um - annual, yearly
exorare, (1) - beg, appease	dilectio, -one, bona - love
gaudére, gavisus est - rejoice	gaudium, o - j oy
venerari, (1) - venerate, honor	oratio, one, bona - prayer, oration
	subsidium, o - help, aid

LECTIO TRIGESIMA OCTAVA

Plura de sententiis periodicis

Now let us try a few of the same patterns as those in lesson 37, but these will have the dative.

62. Deprecationem nostram, quaesumus, Domine, benignus exaudi; et QUIBUS suppli - candi praestas affectum, [EIS] tribue defensionis auxilium.
(deprecatio - prayer; supplicandi affectus - desire of praying; defensio - defense)

63. Deus qui Apostolis tuis Sanctum dedisti Spiritum; concede plebi tuae piae petitionis effectum: ut, quibus dedisti fidem, largiaris et pacem.
(petitio - petition; largiri,4 - give abundantly or freely)

64. Adesto supplicationibus nostris, omnipotens Deus, et, quibus fiduciam sperandae pietatis indulges, consuetae misericordiae tribue benignus effectum.
(Adesto suppl. - hear our prayers; fiduciam sper. piet. indul. - you give confidence to hope in your devotedness; consuetus - accustomed)

65. Suscipe munera, Domine, quaesumus, exultantis Ecclesiae; et, cui causam tanti gaudii praestitisti, perpetuae fructum concede laetitiae.
(exultare - exult; perpetuus - perpetual)

And now that we are fairly well used to the various patterns, let us take an assortment of the same patterns, and also, add just a few that are slightly different.

66. Deus qui nos annua beatorum Martyrum tuorum Marcellini, Petri atque Erasmi solemnitate laetificas; praesta, quaesumus: ut, quorum gaudemus meritis, accendamur exemplis.
(accendere - enkindle, arouse)

67. Deus qui beatum Petrum Chrysologum, Doctorem egregium, divinitus praemonstra - tum, ad regendam et instruendam Ecclesiam tuam eligi voluisti; praesta, quaesumus: ut, quem Doctorem vitae habuimus in terris, intercessorem habere mereamur in caelis.
(divinitus praem. - divinely pointed out; Petrum... eligi voluisti: Doctorem vitae - as a teacher of life)

68. Esto, Domine, propitius plebi tuae; et, quam tibi facis esse devotam, BENIGNO re - fove miseratus AUXILIO.
(Esto - be; devotus - devoted; refovere - restore; miseratus - taking pity)

69. Esto, quaesumus, Domine, propitius plebi tuae; ut, quae tibi non placent respuentes, tuorum potius repleantur delectationibus mandatorum.
(respuere - reject; potius - rathen; replere - fill; delectatio - delight; mandatum - command)

70. Deus, qui beatum Philippum Confessorem tuum Sanctorum tuorum gloria sublimasti; concede propitius: ut, cuius solemnitate laetamur, eius virtutum proficiamus exemplo.
(sublimare - exalt; laetari - be glad; proficere - profit)

71. Deus qui, miro ordine, Angelorum ministeria hominumque dispensas, concede pro - pitius: ut, a quibus tibi minstrantibus in caelo semper assistitur, ab his in terra vita nostra muniatur.
(miro ordine - in wonderful order; ministerium - ministry; dispensare - regulate; ministrans - servant; assistitur: impersonal use - service is given)

72. Adesto, quaesumus, Domine, supplicationibus nostris; ut esse, te largiente, mere - amur, et inter prospera humiles, et inter adversa securi.
(adesto - be present to, hear; supplicatio - prayer; prospera. adversa - prosperity, adversity; securus - safe)

73. Deus cuius Unigenitus per vitam, mortem et resurrectionem suam nobis salutis aeternae praemia comparavit; concede, quaesumus: ut, haec mysteria sacratissimo beatae Mariae Virginis Rosario recolentes, et imitemur quod continent, et quod promittunt, assequamur.
(salus aeterna - eternal salvation; comparare - obtain; Rosarius - Rosary; reco - lere - recall; imitari - imitate; continere - contain; assequi - attain;)

74. Praesenti sacrificio nomini tuo. nos. domine ieiunia dicata sanctificent; ut, [id] quod observantia nostra profitetur exterius, interius operetur effectu.
(praesenti sacrificio - by the present sacrifice; ieiunium - fast; dicatus - dedicated; observantia - observance; profitert - profess; exterius, interius - outwardly, inwardly;operari - bring about)

75. Respice, quaesumus, domine, ad ineffabilem Cordis dilecti Filii tui caritatem; ut quod offerimus, sit tibi munus acceptum, et nostrorum expiatio delictorum.

(ineffabilis - inexpress - ible; dilectus - beloved; acceptus - acceptable; expiatio - expiation; delictum - sin)

76. Familiam tuam, quaesumus, Domine, continua pietate custodi; ut quae in sola spe gratiae caelestis innititur^tua semper protectione muniatur.
(continuus - constant; inniti - depend on)

77. Refecti cibo potuque caelesti, Deus noster, te supplices deprecamur: ut, in cuius haec commemoratione percepimus, eius muniamur et precibus.
(refectus - refreshed; potus - drink; deprecari - beg)

78. Adesto nobis, Domine Deus noster: et quos sanctae Crucis laetari facis honore, eius quoque perpetuis defende subsidiis.
(adesto - be near to)

79. Excita, quaesumus, Domine, in Ecclesia tua Spiritum, quo repletus beatus Iosephat Martyr et Pontifex tuus animam suam pro ovibus posuit; ut, eo intercedente, nos quoque eodem Spiritu moti ac roborati, animam nostram pro fratribus ponere non vereamur.
(excitare - arouse; replere - fill; animam ponere - lay down life; oves - sheep; roborare - strengthen; vereri - fear)

80. Supplices te rogamus, omnipotens Deus: ut, QUOS tuis reficis sacramentis, interce - dente beato Barnaba apostolo tuo, tibi etiam placitis moribus dignanter tribuas deservire.
(reficiunt - restore; placitis moribus - pleasing morals; dignanter - graciously; deservire - serve.w. dat.)

81. Deus qui nos annua sanctorum Marytrum tuorum Faustini et Jovitae solemnitate laetificas; concede propitius: ut, quorum gaudemus meritis, accendamur exemplis.

82. Deus, qui omnipotentiam tuam parcendo maxime et miserando manifestas; multiplica super nos misericordiam tuam: ut, ad tua promissa currentes, caelestium bonorum facias esse consortes.
(omnipotentia - omnipotence; parcendo - by sparing; miserari - be merciful; manifestare - show; multiplicare - multiply; promissa - promises; consors - sharer)

83. Praesta, quaesumus, omnipotens Deus, ut quos ieiunia votiva castigant, ipsa quoque devotio sancta laetificet; ut, terrenis affectibus mitigatis, facilius caelestia

capiamus. (ieiunium - fast; votivus - prayerful; castigare - chasten; terrenus - earthly; affectus - love; mitigare - lessen)

84. Quaesumus, omnipotens Deus, ut illius salutaris capiamus effectum, cuius per haec mysteria pignus accepimus.
(illius salutaris effectus - accomplishment of salvation; pignus, ore .magnum - pledge)

85. Deus, qui unigenitum Filium tuum constituisti humani generis Salvatorem, et Iesum vocari iussisti; concede propitius: ut, cuius sanctum nomen veneramur in terris, eius quoque a.spectu perfruamur in caelis.
(Salvator - Savior; aspectus - sight; perfrui - enjoy.w. abl.)

86. Quos tantis, Domine, largiris uti mysteriis; quaesumus: ut effectibus nos eorum veraciter aptare digneris.
(uti - use, enjoy, w. abl. .effectus - effect; veraciter - truly; aptare - make fit for, w. dat.; digneris - may you deign)

87. Suscipe.quaesumus, Domine, preces populi tui cum oblationibus hostiarum; et, tua mysteria celebrantes, ab omnibus nos defende periculis.
(oblatio - offering; hostia - sacrifici

88. Deus, qui beatum Norbertum, Confessorem tuum atque Pontificem, verbi tui prae conem eximium effecisti, et per eum Ecclesiam tuam nova prole foecundasti; praesta, quaesumus: ut, eiusdem suffragantibus meritis, QUOD ore simul et opere docuit, te adiuvante, exercere valeamus.
(praeco - herald; eximius - excellent; proles. - offspring; foecundare - make fertile; suffragare - aid; simul - at same time; exercere - practice; valere - be able).

89. Deus, qui ad animarum salutem, beatum Franciscum Confessorem tuum atque Pont - ificem omnibus omnia factum esse voluisti; concede propitius: ut, caritatis tuae dulcedine perfusi, eius dirigentibus monitis ac suffragantibus meritis, aeterna gaudia consequamur.
(ad - for; salus - salvation; omnibus omnia—all things to all men; dulcedo - sweet - ness; perfusus - filled with; dirigere - direct; monitum advice; suffragare - help)

90. Vota populi tui, Domine, propitiatus intende; et, cuius nos tribuis solemnia celebrare, fac gaudere suffragiis.
(vota - prayers; intende - hear; suffragium - intercession)

91. Concede, quaesumus, omnipotens Deus: ut, qui protectionis tuae gratiam quaerimus, liberatia malis omnibus, secura tibi mente serviamus.

92. Deus, qui in Filii tui humilitate, iacentem mundum erexisti; fidelibus tuis perpetuam concede laetitiam; ut quos perpetuae mortis eripuisti casibus, gaudiis facias perfrui sempiternis.
(humilitas - lowliness; iacens - prostrate; erigere, rexit, rectus - lift up, exalt; eripiunt, ere, ripuit, reptus - snatch from, deliver; casus - fall, ruin)

93. Populum tuum, quaesumus Domine, propitius respice; et, quos ab escis carnalibus praecipis abstinere, a noxiis quoque vitiis cessare concede.
(respice - look favorably on; esca carnalis - meat; abstinere - keep from; noxius - harmful; vitium - vice. fault; cessare - keep from)

94. Deus qui beatum Thomam Pontificem insignis in pauperes misericordiae virtute de - corasti: quaesumus: ut, eius intercessione, in omnes, qui te deprecantur, divitias miser - icordiae tuae benignus effundas.
(insignis - outstanding; decorare - adorn; deprecari - beg; effundere - pour forth)

95. Deus, qui novum per beatam Angelam sacrarum Virginum collegium in Ecclesia tua florescere voluisti; da nobis: eius intercessione, angelicis moribus vivere; ut, terrenis omnibus abdicatis, gaudiis perfrui mereamur aeternis.
(collegium - order; florescere - flower; angelicus - angelic; terrenus - earthly; abdicare - resign)

96. Da nobis, quaesumus, omnipotens Deus, ut, qui infirmitatis nostrae conscii de tua virtute confidimus, sub tua semper pietate gaudeamus.
(infirmitas - weakness; conscius - aware of)

97. Protector noster aspice, Deus, ut, qui malorum nostrorum pondere premimur, percepta misericordia, libera tibi mente famulemur.
(aspice - look on us; pondus.ere - weight; perceptus - having been received;famulari - serve)

98. Deus qui Ecclesiam tuam semper gentium vocatione multiplicas; concede propitius: ut, quos aqua baptismatis abluis, continua protectione tuearis.
(vocatio - call; multiplicare - multiply; baptisma - baptism; abluere - wash; tuearis - may you guard)

99. Praesta, quaesumus, omnipotens Deus: ut natus hodie Salvator mundi, sicut divinae nobis generationis est auctor, ita et immortalitatis sit ipse largitor.
(generatio - birth; auctor - author; largitor - giver)

100. Spiritum nobis, Domine, tuae caritatis infunde; ut, quos sacramentis paschalibus satiasti, tua facias pietate concordes.
(paschalis - paschal; satiare - satisfy; concors - harmonious)

Vocabularium

accendere, -cendit, -census - enkindle, arouse, set on fire
continére, -tinuit, -tentus - contain, restrain
erigere, -rexit, -rectus - lift up, arouse, exaltexercére, -cuit, -citus - practice, exercise
largiri, itus est - give abundantly
perfrui, fructus est (w. abl.) - enjoy thoroughly
replére, -plevit, -pletus - fill
vereri, veritus est - reverence, fear
pondus, -ere, magnum - weight
proles, e, bona - offspring, child
vitium, o - vice, fault

LECTIO TRIGESIMA NONA

De usibus specialibus pronominis relativi

Today we begin to read a very practical and interesting work of St. Cyprian of Carthage, a courageous Bishop of the third century who died rather than worship idols as the Emperors Decius and Valerian commanded. It will take us a little while to get used to his style, for he writes a style that is somewhat different from that which we have been reading. In addition, he, like most ancient writers, uses his most elaborate language in the first few paragraphs. But it becomes notably easier after just a few paragraphs.

To make it easier to get started, let us notice two features of his style that are a bit new to us:

1. Dominus praedixerat horam venire.
   The Lord had predicted that the hour would come.

What is new? Just the present, venire, where we might have expected future, venturum. But this is not at all hard, it is merely a feature of conversational Latin style.

2. Ille qui fecit nos vivere, docuit et orare.
   He who made us live, also taught (us) to pray.

So the trick is simple: Anytime there is an et that will not fit in as "and" (or: both ... and), it is the same as etiam: "even" or "also". We might notice too that he uses a lot of the old patterns with which we are familiar, and also that he likes some of those we have seen since lesson 25, particularly the present participle standing for a relative clause, e.g., credentium; of those who believe.

As a special extra help, short Latin summaries of the thought are given in square brackets at the start of each paragraph.

De Vita S. Cypriani

Locus et annus nativitatis huius sancti non sunt noti nobis. Nihilominus, clarum est eum natum esse in Africa septentrionali, probabiliter in magna urbe, Carthagine, quae in antiquis temporibus contra Romam pugnaverat. Forsan natus est fere anno ducentesimo decimo post Christum. Sanctus Hieronymus (in libro suo De Viris Illustribus 67) dicit Cyprianum, antequam factus est Christianus rhetoricam docuisse gloriose, et conversum esse ad Christum a sacerdote qui nominatus est Caecilius. Christianus effectus, Cyprianus magnam partem bonorum suorum vendidit,

Hieronymus - Jerome
rhetorica - rhetoric
gloriosus - glorious
biennium - 2 yrs.
episcopus - bishop
consecrare - consecrate
cogitans futurum... - thinking he would be killed if he remained
curam agere - take

et pauperibus dedit. Haec facta sunt probabiliter fere anno ducentesimo quadragesimo quinto. Sacerdos factus est biennio post ac deinde, fere anno ducentesimo quadragesimo nono, episcopus Carthaginiensis consecratus est.

Sed mense Ianuario anni ducentesimi quinquagesimi, orta est persecutio ecclesiae, sub Decio imperatore Romano. Cyprianus, cogitans futurum esse ut interficeretur si in sua urba remansisset, fugit et abscondit se. Ex loco secreto curam egit populi sui per epistolas. Ibi remansit usque ad Pascha anni ducentesimi quinquagesimi primi.

In hac persecutione, multi Christiani fidem negaverunt, vel saltem per munera libellos emerunt, in quibus scriptum est eos idolis sacrificasse, quamquam id revera non fecerant. Quaestio ergo magna erat quid fieri deberet de his Christianis *lapsis*. De hac re scripsit Cyprianus in opere suo De Lapsis. Voluit admittere lapsos in ecclesiam, sed non sine gravibus operibus poenitentiae, nisi litteras speciales ab aliquo martyre accepissent.

Imperator Romanus Decius mortuus est anno 251. Etiam ante mortem eius, plaga magna imperium Romanum coepit vastare. Multi homines mortui sunt in hac plaga. Cyprianus ad populum scripsit opus De Mortalitate, ut scirent quomodo sentire deberent in hac angustia.

Sed alia orta est persecutio sub Imperatore Romano Valeriano. Die trigesimo Augusti, anno 257, Cyprianus apprehensus est, et in exsilium missus est. Proximo anno, die decimo tertio Septembris, Cyprianus iterum comprehensus est, et sequenti die, decollatus est.

Non solum De Lapsis et De Mortalitate scripsit Cyprianus—etiam de multis aliis rebus opera eius habemus, praesertim De Catholicae Ecclesiae Unitate, De Bono Patientiae, De Opere et Eleemosynis. Etiam multas scripsit epistolas, e quibus quinquaginta novem habemus quae certe a Cypriano scripta sunt.

Sed nunc volumus legere opus eius De Oratione Dominica. Hoc opus scripsit Cyprianus fere anno 251. Inter optima optima opera eius est—immo vero, inter optima commentaria omnium temporum in hanc orationem est. Sanctus Hilarius, in commentario suo de Evangelio secundum Matthaeum, nihil scripsit de oratione Dominica, dicens: "De orationis autem sacramento necessitate nos commentandi Cyprianus, vir sanctae

care of
Pascha - Easter
libellus - document
quaestio - question
labi - slip
lapsi - lapsed Christians
ecclesia - church
mortalitas - mortality, death
eleemosyna - alms
Oratio Dominica - Lord's prayer
commentarium - commentary
sacramentum - mystery, sacred thing
commentari - explain

memoriae, liberavit."

S. CYPRIANI
LIBER DE ORATIONE DOMINICA

[Summa. Praecepta Evangelii faciunt multa pro nobis: docent nos res divinas, ponunt fundamentum in quo spes aedificetur, faciunt fidem firmam, et alia bona faciunt. Docent mentes nostras in hac terra: et ducunt nos ad regna coelorum. In temporibus antiquis, Deus locutus est per prophetas; sed nunc loquitur per Filium ipsum. Filius aperit viam nobis, ut nos (qui caeci fuimus, et erravimus in tenebris mortis) habeamus lucem gratiae, et sic sequamur iter vitae, Domino duce.]

1. Evangelica praecepta, fratres dilectissimi, nihil sunt aliud quam magisteria divina, fundamenta aedificandae spei, firmamenta corroborandae fidei, nutrimenta fovendi cordis, gubernacula dirigendi itineris, praesidia obtinendae salutis. Quae dum docibiles credentium mentes in terris instruunt, ad coelestia regna perducunt. Multa et per prophetas, servos suos, dici Deus voluit et audiri. Sed quanto maiora sunt quae Filius loquitur, quae Dei sermo, qui in prophetis fuit, propria voce testatur, non iam mandans ut paretur venienti via, sed ipse veniens, et viam nobis aperiens et ostendens: ut qui,* in tenebris mortis errantes, improvidi et caeca prius fuimus, luce gratiae luminati, iter vitae, duce et rectore Domino, teneremus.

Evangelicus - of the Gospel
dilectissimus - most beloved
magisterium - teaching
fundamenta aed... - foundations of (for) building
spes - hope
firmamenta corr... - supports for strengthening faith
nutrimenta fov... - food to warm the heart;
gubernaculum - rudder;
dirigere - guide, direct;
praesidium - protection;
salus - salvation;
docibilis - teachable, docile; credentium - of those who believe;
instruere - instruct;
coelestis - heavenly;
perducere - lead through;
Multa et:= Multa etiam;
quanto maiora - how much greater (greater by how much);
Dei sermo - Word of God (Christ);
proprius - own, proper;
testari - bear witness, testify;
non iam - no longer;
precari - pray
benignitate ea - with that kindness
scilicet - that is, namely

*ut qui... - so that we who, wandering in the darkness of death, had before been unforeseeing and blind, being enlightened by the light of grace, might hold to the way of life, with the Lord as leader and guide. Qui inter... - And he, among His other salutary advice and divine teachings, by which he assisted His people towards salvation, also gave the form of praying. He himself advised and instructed what we should pray for.

[Summma. Inter alia, Deus qui fecit nos, etiam docuit nos orare. Hoc modo, loquentes ad Patrem oratione quam Filius docuit, facilius audiemur.]

2. Qui, inter caetera salutaria sua monita et praecepta divina, quibus populo suo consulit ad salutem, etiam orandi ipse formam dedit. Ipse quid precaremur monuit et instruxit. Qui fecit vivere, docuit et orare, benignitate ea scilicet qua et caetera dare et, conferre dignatus est, ut, dum prece et oratione quam Filius docuit apud Patrem loquimur, facilius audiamur. Iam praedixerat horam venire quando veri adoratores adorarent Patrem in spiritu et veritate, et implevit quod ante promisit: ut, qui spiritum et veritatem de eius sanctificatione percepimus, de traditione quoque eius vere et spiritualiter adoremus. Quae enim potest esse magis spiritalis oratio, quam [ea] quae a Christo nobis data est, a quo nobis et Spiritus sanctus missus est? Quae vera magis apud Patrem precatio, quam quae a Filio, qui est veritas, de eius ore prolata est? Ut aliter orare quam docuit non ignorantia sola sit, sed et culpa, quando ipse posuerit et dixerit: "Reicitis mandatum Dei, ut traditionem vestram statuatis."

dignari - deign, see fit;
praedicere - predict;
adorator - adorer;
ut qui... percepimus - so that we who received;
sanctificatio - sanctification; de - by;
spiritalis - spiritual;
Quae vera magis... - What prayer is more true before the Father than that which was brought forth by the Son who is the Truth, from His own mouth?;
precatio - prayer;
Ut aliter - so that to pray otherwise than as He taught, would be not only. ..
culpa - fault;
quando - since;
posuerit - set it down;
statuere - establish;

[Ergo, oremus hoc modo quo Deus docuit nos. Filius eius promisit: "Si quid petieritis a Patre in nomine meo, dabit vobis."—Nonne optime obtinebimus, si loquimur in verbis Filii ipsius!]

3. Oremus itaque, fratres dilectissimi, sicut magister Deus docuit. Amica et familiaris oratio est, Deum de suo rogare, ad aures eius ascendere Christi oratione. Agnoscat Pater Filii sui verba, cum precem facimus. Qui habitat intus in pectore, ipse sit et in voce. Et cum ipsum habeamus apud Patrem advocatum pro peccatis nostris, quando peccatores pro delictis nostris petimus, advocati nostri verba promamus.
Nam cum dicat, quia quodcumque petierimus a Patre in nomine eius, dabit nobis, quanto efficacius impetramus quod petimus in Christo nomine, si petamus ipsius oratione?

amicus - friendly
familiaris - belonging to the family, familiar
de suo rogare - to ask by means of his own (prayer)
auris - ear;
agnoscere - recognize
intus - within
advocatus – advocate (as an advocate);
quando... - when we sinners ask for (forgiveness) of our sins.;
promere - bring forth;
quia - that (ind. disc);
quanto efficacius - how much more effectively;

Vocabularium

consecrare, (1) - consecrate labi, lapsus est - slip, glide precari, (1) - pray statuere, statuit, statutus - establish, decide	biennium, o - (space of) two years Dominicus, a, um - of the Lord, Lord's ecclesia, a - church episcopus, - o - bishop precatio, one, bona - prayer proprius, a, um - own, one's own, proper sacramentum, o - mystery, sacred thing, sacrament et: same as etiam

Nunc Cogitemus et Exerceamus Nos

For some time we have been reading sentences beginning with some form of qui, and have not found them at all hard. Now let us practice a bit, to make our control better. It is helpful to notice that there are two quite different types. In one of these, the qui stands for some such pattern as Et ille. (The first sentence of paragraph 2 above is one of these: Qui...etiam orandi ipse formam dedit, i.e., Et ille [Filius] etiam orandi formam dedit). This first type may be a whole sentence all by itself: it is not necessary to have another clause.

In the second kind, the qui stands for some such pattern as Ille qui, nos qui, vos qui etc. (The second sentence of paragraph 2 has this form: Qui fecit vivere, docuit et orare. *i.e.*, Ille qui fecit [nos] vivere.etiam docuit [nos] orare). This second type cannot stand as a sentence by itself: at least one more clause is needed. We will practice the first type now, the second type in the next lesson.

So let us read the following sentences, and then repeat them, changing the qui into a suitable expanded form in Latin. Let us also translate each example. First, some in which qui stands for Et ille, or Et illi, in the nominative.

Sample: Qui venit ad regem.
Answer: Et ille venit ad regem.

1. Qui oravit ad Deum.
2. Qui petivit pacem,
3. Quae habuit agnum.
4. Qui urbem ceperunt.

But, of course, the qui may be in other cases too: Then the ille etc. will be in other cases:

Sample: Quos rex interfecit.
Answer: Et illos rex interfecit.

1. Quos Marcus non amavit.
2. Quem rex audivit.
3. Quibus dona dedit.
4. Cui pecuniam promisit.
5. A quibus rex dona accepit.
6. A quo rex interfectus est.

Notice how neuters go:
Sample: Quod regi non placuit.
Answer: Et illud regi non placuit.

1. Quod fecit.
2. Quod non prohibuit eos.
3. Quod vehementer eos terruit.
4. Quae displicuerunt eis.
5. Quae ille non amavit.

And now, let us take a few assorted samples:

1. Qui hostes ceperunt.
2. Quos rex odit.
3. Cui dona dedit.
4. Quod terruit eos.
5. Quem milites timeurunt.
6. Quibus Goliath exprobravit.
7. A quibus servatus est.

LECTIO QUADRAGESIMA

Iterum de usibus specialibus pronominis relative

[Sed necesse est orare bene: debemus scire quod stamus in conspectu Dei. Ergo non magna voce clamare debemus. Debemus orare in locis secretis; sed etiam debemus convenire cum aliis Christianis et orare cum sacerdote Dei. Semper modeste orandum est.]

4. Sit autem* orantibus sermo et precatio cum disciplina, quietem continens et pudorem. Cogitemus nos sub conspectu Dei stare. Placendum est divinis oculis et habitu corporis et modo vocis. Nam, ut impudentis est** clamoribus strepere, ita contra, congruit verecundo modestis precibus orare. Denique magisterio suo Dominus secreto orare nos praecepit, in abditis et semotis locis, in cubiculis ipsis, quod magis convenit fidei: ut sciamus Deum ubique esse praesentem, audire omnes et videre, et maiestatis suae plenitudine in abdita quoque et occulta penetrare, sicut scriptum est: "Ego Deus approximans, et non Deus de longinquo. Si absconditus fuerit homo in absconditis, ego ergo non videbo eum? Nonne coelum et terram ego impleo?" Et iterum: "In omni loco oculi Dei speculantur bonos et malos." Et quando in unum cum fratribus convenimus, et sacrificia divina cum Dei sacerdote celebramus, verecundiae et disciplinae memores esse debemus, non passim ventilare preces nostras inconditis vocibus, nec petitionem,*** commendandam modeste, Deo tumultuosa loquacitate iactare. Quia Deus non vocis, sed cordis auditor est. Nec admonendus est clamoribus, qui cogitationes videt, probante Domino et dicente: "Quid cogitatis nequam in cordibus vestris?" Et alio loco: "Et scient omnes ecclesiae, quia ego sum scrutator renis et cordis."

disciplina - discipline
quies - quietness
pudor - modesty
placendum est... - (we) must please the divine eyes
habitus - attitude
ut...ita - just as... so also
clamor - shout;
strepere - make noise;
contra - on contrary;
congruere - be fitting, agree with (w. dat.);
verecundus - respectful;
modestus - gentle, modest
denique - moreover;
magisterium - teaching;
abditus - hidden;
semotus - remote;
cubiculum - bedroom;
quod magis convenit... - which fits better with faith;
ubique - everywhere;
maiestas - majesty;
plenitudo - fullness;
occultus - secret;
penetrare - penetrate;
approximare - come near;
de longinquo - from afar;
speculari - look at;
verecundia - modesty;
memor - mindful of;
passim - indiscriminately;
ventilare - air;
inconditus - disorderly;
auditor - hearer;
quid - why;
nequam - evil (indeclinable);
scrutator - searcher;
renis et cordis - of heart and soul;****

*Sit autem... let there be, moreover, for those who pray, words and prayer...

**impudentis est - it is (the part of the characteristic of) a bold person. Note: this use of the poss. following (logically) after esse. It is poss. of characteristic, or predicate poss.
***nec petitionem, - nor to throw to God,, with tumultuous wordiness, our petition (which) should be presented modestly.
**** *ren, renis* means kidney, with heart is often used metaphorically.

[In Vetere Te stamento, Anna oravit modeste, et impetravit id quod petivit.]

5. Quod Anna in primo regnorum libro, Ecclesiae typum portans, custodit et servat: Quae Deum non clamosa petitione, sed tacite et modeste intra ipsas pectoris latebras precabatur. Loquebatur prece occulta, sed manifesta fide. Loquebatur, non voce, sed corde, quia sic Deum sciebat audire: et impetravit efficaciter quod petiit, quia fideliter postulavit. Declarat Scriptura divina quae dicit: "Loquebatur in corde suo, et labia eius movebantur, et vox eius non audiebatur, et exaudivit eam Dominus." Item legimus in psalmis: "Dicite in cordibus vestris et in cubilibus vestris conpungimini." Per Hieremiam quoque haec eadem Spiritus sanctus suggerit et docet dicens: "In sensu autem tibi debet adorari Deus."

Quod Anna... - and this Anna keeps Ecclesia
typum - bearing (being) a type of the Church
clamosus - loud
intra (w. obj.) - within
latebra – hiding place
efficaciter - effectively
declarare - explain
labium - lip
item - likewise
cubile - bedroom;
conpungimini - repent!;
Hieremias – Jeremias (the prophet);
suggerere - suggest, bring in;
In sensu... - God should be adored by you (rare dat. of agent) in the heart

[6. Ille qui orat non debet sibi confidere, sicut fecit Pharisaeus; sed debet humilitatem habere, sicut publicanus.]

6. Adorans autem, fratres dilectissimi, nec illud ignoret, quemadmodum in templo cum pharisaeo publicanus oraverit, non allevatis in coelum impudenter oculis, nec manibus insolenter erectis, sed pectus suum pulsans, et peccata intus inclusa contestans, divinae misericordiae implorabat auxilium. Et cum sibi pharisaeus placeret, sanctificari hic magis meruit qui sic rogavit, qui spem salutis non in fiducia innocentiae suae posuit, cum innocens nemo sit, sed peccata confessus humiliter oravit; et exaudivit orantem qui humilibus ignoscit. Quae Dominus in evangelio suo ponit et dicit: "Homines duo ascenderunt in

quemadmodum - how
publicanus - publican, tax collector
allevare - lift up
impudenter - boldly
insolenter - proudly
erigere - lift up
pulsare - beat
intus - within
inclusus - shut up
contestari - bear witness to
implorare - beg
sibi placere - be self-satisfied
magis, more - rather

templum orare, unus pharisaeus et unus publicanus. Pharisaeus cum stetisset, talia apud se precabatur: Deus, gratias tibi ago, quia non sum sicut caeteri homines: iniusti, raptores, adulteri, quomodo et publicanus iste. Ieiuno bis in sabbato, decimas do omnium quaecumque possideo. Publicanus autem de longinquo stabat, et neque oculos suos levabat ad coelum, sed percutiebat pectus suum dicens: Deus, propitius esto mihi peccatori. Dico, vobis, descendit hic iustificatus in domum suam magis quam ille pharisaeus. Quia omnis qui se extollit humiliabitur, et qui se humiliat exaltabitur."

fiducia - confidence et exaudivit... - and He who forgives the humble, heard the one who prayed
evangelium - Gospel;
raptores, adulteri - robbers, adulterers;
quomodo - as;
bis in sabbato - twice a week;
decima - tithe (10% given to church);
iustificare - justify;

[Nunc didicimus modum orandi: sed audiamus etiam verba ipsa orationis, quae Dominus docuit nos: Pater noster]

7. Quae nos, fratres dilectissimi, de divina lectione discentes, postquam cognovimus ad orationem qualiter accedere debeamus, cognoscamus, docente Domino, et quid oremus. "Sic, inquit, orate: Pater noster, qui es in coelis, sanctificetur nomen tuum, adveniat regnum tuum, fiat voluntas tua in coelo et in terra, panem nostrum cottidianum da nobis hodie, et dimitte nobis debita nostra sicut et nos remittimus debitoribus nostris, et ne patiaris nos induci in temptationem, sed libera nos a malo. Amen."

pray for
sanctificare - make holy;
cottidianus - daily (also: quotidianus)
debitor - debtor (one who offends);
pati - allow, suffer;

Quae nos... - And we, most dear brothers, learning these things (quae) from the divine reading, after we have learned how we ought to come to prayer, let us learn, with the Lord teaching, also what we should pray for.

Vocabularium

convenire, venit, venturus - fit with, agree with (w. dat.) magis - more, rather	quemadmodum - how, just as quid - why ut...ita - just as...so also clamore, ore, magnus - shout, cry cottidianus, a, um (quotidianus) - daily evangelium -o - Gospel fiducia, a - confidence, trust impudentis est - it's (characteristic) of a bold man modestus, a, um - modest, quiet, moderate

Nunc Cogitemus et Exerceamus Nos

Today let us practice on the type of qui that is equivalent to ille qui, nos qui, vos qui, etc. As we have mentioned, we can tell the two kinds apart since in this kind the qui clause cannot be the whole sentence by itself: it needs another clause. But the general sense helps very much too. So, let us change the qui to a suitable expanded Latin form and then translate each example.

Sample: Qui fecit haec, malus erat.
Answer: Ille qui fecit haec, malus erat.

1. Qui interfecit regem, peccavit.
2. Qui haec viderunt, territi sunt.
3. Qui amant Deum, bene faciunt.

And, of course, other cases of the relative can be used too. Here are some in which the relative changes case, but the *ille* remains nominative.

Sample: Quem rex amat, dona accipiet.
Answer: Ille quem rex amat, dona accipiet.

1. Quos rex odit, non vivent.
2. Quam Marcus amat, in schola est.
3. Cui rex praemia dedit mortuus est.
4. A quibus rex servatus est, praemia acceperunt.
5. Quibus Caesar ignovit, non morientur.

And now, let us try some in which we use, not ille, but some other pronoun, such as nos, vos, ego, etc, The general sense tells us which to use. But we can also notice that where the qui is nominative (which is most common) we simply look at the verb that goes with qui: if it has a we subject understood, we use nos: for a plural you, we use vos, etc.

Sample: Qui Deum amamus, debemus orare.
Answer: Nos qui Deum amamus...

1. Qui Christiani sumus, vocamus Deum Patrem.
2. Qui peccamus, Deum offendimus.
3. Qui haec videtis, debetis auxilium ferre.
4. Qui adoratis Deum, debetis bene vivere.
5. Qui oramus, loquimur verbis Christi.
6. Qui dona accepistis, debetis gratias agere.

Note: As we have said, there are some examples in which the ille or nos of the expanded form are in cases other than the nominative. Since these are not very frequent, we need not bother to practice on them today. But, in case you are curious, here are just a few samples. Quos rex vidit, interfecit—Illos quos rex vidit, interfecit. Quibus ignovit, dona dedit—Illis quibus ignovit, dona dedit.— And so on: they are not really hard, we need only watch the general sense. (Actually, we already saw some of these in the hundred orations).

We might add too, that these two special uses of qui can come not only at the very start of a sentence: sometimes they come inside a sentence, especially after a break in the thought.

LECTIO QUADRAGESIMA PRIMA

De specialibus demonstrativis

[Summa: Christus, doctor pacis, non vult homines orare solummodo pro seipsis. Ergo non dicimus, "Pater meus," sed "Pater noster." Omnes enim unum sumus. Sic oraverunt tres amici Danielis in camino (furnace) ignis. Sic Apostoli et Maria, Mater Iesu, ora verunt: et Deus orationem eorum exaudivit.]

8. Ante omnia pacis doctor atque unitatis magister singillatim noluit et privatim precem fieri, ut quis cum precatur, non pro se tantum precetur. Non enim dicimus: "Pater meus qui es in coelis," nec: "Panem meum da mihi hodie": nec dimitti sibi tantum unusquisque debitum postulat, aut, ut in temptationem non inducatur, atque a malo liberetur, pro se solo rogat. Publica est nobis et communis oratio, et quando oramus, non pro uno sed pro populo toto oramus, quia totus populus unum sumus. Deus pacis et con cordiae magister, qui docuit unitatem, sic orare unum pro omnibus voluit, quomodo in uno omnes ipse portavit. Hanc orationis legem servaverunt tres pueri in camino ignis inclusi, consonantes in prece, et spiritus consensione concordes. Declarat scripturae divinae fides, et dum docet quomodo oraverint tales, dat exemplum quod imitari in precibus debeamus, ut tales esse possimus. "Tunc," inquit,"illi tres tamquam ex uno hymnum canebant et b e n e d i c e b a n t Dominum." Loquebantur quasi ex uno ore, et nondum illos Christus docuerat orare. Et idcirco orantibus fuit impetrabilis et efficax sermo, quia promerebatur Dominum pacifica et simplex et spiritalis oratio. Sic et apostolos cum discipulis post ascensum Domini invenimus orasse. "Erant," inquit, "perseverantes omnes unanimes in oratione cum mulieribus et Maria, quae fuerat mater Iesu, et fratribus eius." Perseverabant in oratione unanimes, orationis suae et instan - tiam simul et concordiam declarantes; quia Deus, qui inhabi - tare facit unanimes in domo, non admittit in divinam et aeter - nam domum nisi apud quos est unanimis oratio.

doctor - teacher
unitas - unity
singillatim - singly
privatim - privately
concordia - harmony,
ut quis cum precatur ... - so that when one (quis) prays, he should ...
agreement, concord
sic. . . quomodo - thus ... as
tres pueri... - the 3 servants (of God) shut up in the furnace of fire
consonare - sing together
consensio - agreement
concors - harmonious
declarare - explain
scripturae divinae fides - the faithfulness of divine scripture
imitari - imitate
tamquam - as
impetrabilis - successful
efficax - effective;
promerebatur Dominum... - the prayer deserved well; of the Lord;
pacificus - peaceful;
simplex - simple;
ascensus - ascension;
perseverare - persevere;
unanimis - of one soul;
instantia - perseverance;
inhabitare - dwell;
non admittit nisi - admits only those among whom;

[Sacramenta orationis dominicae sunt magna: haec oratio continet omnia quae necessaria sunt. Nam homo qui renatus est per baptismum, vocat Deum ipsum "Pater. "Christus enim dedit nobis hanc potestatem, ut filii Dei simus.]

9. Qualia autem sunt, fratres dilectissimi, orationis dominicae sacramenta! quam multa! breviter in sermone collecta! sed in virtute spiritualiter copiosa! ut nihil omnino praetermissum sit, quod non in precibus atque orationibus nostris coelestis doctrinae compendio comprehendatur! "Sic," ait, "orate: pater noster qui es in coelis." Homo novus, renatus, et Deo suo per eius gratiam restitutus, "Pater" primo in loco dicit, quia filius esse iam coepit. "In sua," inquit,"propria venit, et sui eum non receperunt. Quotquot autem eum receperunt, dedit illis potestatem ut filii Dei fierent, qui credunt in nomine eius." Qui ergo credidit in nomine eius, et factus est Dei filius, hinc debet incipere,* ut et gratias agat, et profiteatur se Dei filium. Dum nominat patrem sibi esse in coelis Deum, contestatur quoque, inter prima statim nativitatis suae verba, renuntiasse se terreno et carnali patri, et patrem solum nosse se et habere coepisse qui sit in coelis, sicut scriptum est: "Qui dicunt patri et matri, 'non novi te,' et filios suos non agnoverunt, hi custodierunt praecepta tua, et testamentum tuum servaverunt." Item Dominus in evangelio suo praecepit, ne vocemus nobis patrem in terra, quod sit scilicet nobis unus pater qui est in coelis. Et discipulo qui mentionem defuncti patris fecerat respondit: "Sine: mortui mortuos suos sepeliant." Dixerat enim patrem suum mortuum, cum sit credentium pater vivus.

qualis - of what sort
copiosus - abundant
coelestis - heavenly
compendium - compendium, abridgement
renatus - reborn
Quotquot - as many as (to as many as)
agnoscere - recognize;
item - likewise;
scilicet - that is, namely;
mentio - mention;
vivus - living;

**hinc debet incipere...* - should begin at (with) this, that he both give thanks, and profess that he (is) a son of God. When he names God in heaven as his Father, he should bear witness also, among the first words at once (after) his birth, that he has renounced an earthly and carnal father, and that he knows only. and has begun to have, the Father who is in heaven, as it is written...(Cyprian does not call for disrespect for parents, but only for great attachment to God and detachment from things of earth).

[Deus est Pater eorum qui credunt et qui per novam nativitatem (in Baptismo) coeperunt esse filii Dei. Illi qui non credunt, non possunt Deum vocare Patrem hoc modo.]

10. Nec hoc solum, fratres dilectissimi, animadvertere et intelligere debemus, quod appellemus patrem qui sit in coelis, sed coniungimus et dicimus,"Pater noster,"id est, eorum qui credunt eorum, qui per eum sanctificati et gratiae spiritalis nativitate reparati, filii Dei esse coeperunt. Quae vox etiam Iudaeos perstringit et percutit, qui Christum, sibi per prophetas annuntiatum, et ad se prius missum, non tantum spreverunt infideliter, sed et crudeliter necaverunt. Qui iam non possunt patrem Deum vocare, cum Dominus eos confundat et redarguat dicens: "Vos de diabolo patre nati estis, et concupiscentias patris vestri facere vultis. Ille enim homicida fuit ab initio, et in veritate non stetit, quia veritas non est in illo." Et per Esaiam prophetam Deus clamat indignans: "Filios generavi et exaltavi, ipsi autem me spreverunt. Agnovit bos possessorem suum, et asinus praesepe Domini sui; Israel autem me non cognovit, et populus meus me non intellexit. Vae, gens peccatrix! populus plenus peccatis! semen nequam! filii scelesti! Dereliquistis Dominum, et in indignationem misistis illum sanctum Israel." In quorum exprobrationem Christiani, quando oramus,"Pater noster," dicimus, quia noster esse coepit, et Iudaeorum, qui eum reliquerunt, esse desivit. Nec peccator populus potest esse filius; sed quibus remissa peccatorum datur, eis filiorum nomen adscribitur, et eis aeternitas repromittitur, Domino ipse dicente: "Omnis qui facit peccatum, servus est. Servus autem non manet in domo in aeternum: filius manet in aeternum."

coniungimus - we continue nativitas - birth
reparare - restore, repair,
perstringere - rebuke, bind
spernere, scorn, reject
infideliter - faithlessly
necare - kill
redarguere - refute
concupiscentia - desire
homicida - murderer
Esaias - Isaias (the prophet) indignari - be angry or indignant
generare - beget
exaltare - exalt
possessor - owner
asinus - ass
praesepe - manger
vae - woe
peccatrix - sinner, sinful
nequam (indecl.) - wicked, evil
scelestus - wicked, criminal;
indignatio - indignation, anger;
In quorum... - to whose reproach;
quibus remissa... - to whom remission is given...to them is assigned;
aeternitas - eternity;
repromittere - promise;

[Deus vere bonus est! Permittit nobis vocare eum Patrem nostrum. Ergo debemus vitam nostram vivere sicut filii Dei.]

11. Quanta autem Domini indulgentia! quanta circa nos dignationis eius et bonitatis ubertas! ut sic nos voluerit orationem celebrare in conspectu Dei, ut Deum patrem vocemus, et, ut est Christus Dei Filius, sic et nos Dei filios

indulgentia - kindness
dignatio - condescension, kindness bonitas - goodness
ubertas - abundance
celebrare orationem - make prayer
nuncupare - name

nuncupemur! Quod nomen nemo nostrum in oratione auderet attingere, nisi ipse nobis sic permisisset orare. Meminisse itaque, fratres dilectissimi, et scire debemus, quia quando patrem Deum dicimus, quasi filii Dei agere debemus, ut quomodo nos nobis* placemus de Deo patre, sic sibi placeat et ille de nobis. Conversemur quasi Dei templa, ut Dominum in nobis constet habitare. Nec sit degener actus noster a Spiritu, ut, qui coelestes et spiritales esse coepimus, non nisi spiritalia et coelestia cogitemus et agamus, quia et ipse Dominus Deus dixit: "Eos qui clarificant me clarificabo; et qui me spernit, spernetur." Beatus quoque apostolus in epistola sua posuit: "Non estis vestri. Empti enim estis pretio magno. Clarificate et portate Deum in corpore vestro ."

Quod nomen... - and this name, no one of us would...
attingere - touch
quia - that (ind. disc.)
conversari - live;
constet - that it may be evident;
degener - degenerate (let not our acts be out of harmony with the Spirit of whom we are born);
non nisi - only;
clarificare - glorify;
beatus - blessed;
pretium - price;

* *ut quomodo nos nobis...* so that just as we are pleased with God our Father, so He may be pleased with us.

Vocabularium

agnoscere, -novit, -nitus - recognize	item - likewise
declarare, (1) - make clear, declare	non nisi - only
indignari, (1) - be indignant or angry	quomodo,..sic - just as...so also
repromittere, misit, missus - promise	coelestis, e, i - heavenly
spernere, sprevit, spretus - scorn, despise	concordia, a - harmony, agreement, concord
	concors, cordi - harmonious, in agreement
	dignatio, -one, bona - kindness, condescension
	efficax, -caci - effective, efficacious
	qualis, e, i - of what sort
	scelestus, a, um - wicked, criminal

Nunc Cogitemus et Exerceamus Nos

Many writers, including St. Cyprian, often use a sort of "pointer" system to help to put emphasis on a certain clause. That is, before we come to the clause, they have some word that points ahead to it, to focus attention on it. Paragraph 9 has one sample:

Qui...factus est Dei filius, hinc debet incipere, ut... gratias agat.
He who has become a son of God should begin with this (namely) that he gives thanks.

Paragraph 10. has a slightly different example:
Nec hoc solum... animadvertere debeamus, quod appellemus patrem qui sit in coelis.
Nor should we notice this only, (namely) that we call him Father who is in heaven.

And, of course, there are many other words that can be pointers.e.g., any form of hic or ille can point ahead to a clause with quod (that, the fact that, because) or ut (that, in order that), and similar words. Or some word such as propterea or idcirco or ideo (meaning: for this reason for this purpose) can point ahead to a quod or ut clause. Sometimes too, one of these words points ahead to an infinitive or objective + infinitive clause, e.g., Hoc dicit, nos debere amare Deum. But now, let us practice a bit. First repeat the pointer and the word to which it points in Latin (If it refers to an objective + infinitive, merely give the two words: the objective and its infinitive). Then translate the whole sentence.

1. Idcirco venimus, ut te videamus.
2. Haec propterea dixit ut Romani sperare possent.
3. Ideo hoc fecit ut alii timerent.
4. Orationem vehementem idcirco habuit quia Antonium timebat.
5. Propterea discessit Catilina quia Cicero eum terruerat.
6. Venit ideo in urbem quia voluit nos videre.
7. Hoc dixit: te debere venire.
8. Illud mihi placet, semper laborare.
9. Hoc bonum est, quod Caesar nos amat.
10. Illud melius est, quod pro nobis pugnabit.
11. Hoc bonum est, me te videre.

And now, for further practice, let us add pointers to the following sentences:

1. Non venit Marcus ut adiuvet nos.
2. Antonius Ciceronem proscripsit quia oderat eum.
3. Cicero dixit Catilinam esse in senatu.
4. Bonis pueris placet semper studere.
5. Bonum est Caesarem ignoscere Ciceroni.
6. Scripsit haec ut bona disceremus.

LECTIO QUADRAGESIMA SECUNDA

De anticipatione subiecti clausulae dependentis

[Quando dicimus: "Sanctificetur nomen tuum," non optamus ut Deus ipse sanctificetur: nos non facimus Eum sanctum. Sed oramus ut nos, qui in Baptismo sanctificati sumus, perseveremus in sanctitate.]

12. Post hoc dicimus: "Sanctificetur nomen tuum." Non quod optemus Deo ut sanctificetur orationibus nostris, sed quod petamus Domino ut nomen eius sanctificetur in nobis.
Ceterum, a quo Deus sanctificatur, qui ipse sanctificat? Sed quia ipse dixit: "Sancti estote, quoniam et ego sanctus sum," id petimus et rogamus, ut, qui in baptismo sanctificati sumus, in eo, quod esse coepimus, perseveremus. Et hoc cottidie deprecamur. Opus est enim nobis cottidiana sanctificatione, ut qui cottidie delinquimus, delicta nostra sanctificatione assidua repurgemus. Quae autem sit* sanctificatio, quae nobis de Dei dignatione confertur, apostolus praedicat dicens: "Neque fornicarii, neque idolis servientes... neque fraudulenti,** neque ebriosi, neque maledici, neque raptores regnum Dei consequentur. Et haec quidem fuistis; sed abluti estis, sed iustificati estis, sed sanctificati estis in nomine Domini nostri Iesu Christi, et in Spiritu Dei nostri. Haec sanctificatio ut in nobis permaneat oramus. Et quia Dominus et iudex noster sanato a se et vivificato comminatur iam non delinquere, ne quid ei deterius fiat, hanc continuis orationibus precem facimus. Hoc diebus ac noctibus postulamus, ut sanctificatio et vivificatio quae de Dei gratia sumitur, ipsius protectione servetur.

sanctificare - make holy
optare - wish
ceterum - as for the rest, furthermore
perseverare - persevere
cottidie - daily
opus est...sanctificatione - there is need of sanctification
delinquere - fail, sin
delictum - sin
assiduus - constant
repurgare - cleanse
consequi - obtain;
abluere - wash;
iustificare - make just;
Haec sanctificatio ut=ut haec
fornicarii, idolis servientes - fornicators, those who serve idols;
sanctificatio;
sanato... com - minatur... - warns the one healed and made alive by Him not to sin any more;
ne quid - lest anything;
deterior - worse;
continuus - constant;
vivificatio - giving of life;

**Quae autem sit...* - The Apostle preaches what is the sanctification which is conferred on us by the graciousness of God saying...

***fraudulenti, ebriosi, male - dici, raptores* - deceivers, drunkards, revilers, extortioners;

[13. In petitione: "Adveniat regnum tuum," non rogamus ut Deus ipse regnet—semper enim regnat—sed ut nos cum Christo regnemus. Vel, oramus ut Christus ipse (qui est regnum Dei) veniat nobis. Non desideramus potestatem habere in hoc mundo: coeleste regnum volumus.]

13. Sequitur in oratione: "Adveniat regnum tuum." Regnum etiam Dei repraesentari nobis petimus, sicuti et nomen eius ut in nobis sanctificetur postulamus. Nam Deus quando non regnat? Aut apud eum quando incipit, quod et semper fuit, et esse non desinit? Nostrum regnum petimus advenire a Deo nobis repromissum, Christi sanguine et passione quaesitum; ut, qui in saeculo ante servivimus, postmodum, Christo dominante, regnemus; sicut ipse pollicetur et dicit: "Venite benedicti Patris mei, percipite regnum quod vobis paratum est ab origine mundi." Potest vero, fratres dilectissimi, et ipse Christus esse regnum Dei, quem venire cottidie cupimus, cuius adventus ut cito nobis repraesentetur optamus. Nam cum resurrectio ipse sit, quia in ipso resurgimus, sic et regnum Dei potest ipse intelligi, quia in illo regnaturi sumus. Bene autem regnum Dei petimus, id est, regnum coeleste, quia est et terrestre regnum. Sed qui renuntiavit, iam saeculo maior est et honoribus eius et regno. Et ideo qui se Deo et Christo dicat, non terrena, sed coelestia regna desiderat. Continua autem oratione et prece opus est, ne excidamus a regno coelesti, sicut Iudaei, quibus hoc primum promissum fuerat, exciderunt, Domino manifestante et probante: "Multi," inquit, "venient ab oriente et occidente, et recumbent cum Abraham et Isaac, et Iacob in regno coelorum. Filii autem regni expellentur in tenebras exteriores. Illic erit ploratio et stridor dentium."
Ostendit quia ante filii regni Iudaei erant, quando et filii Dei esse perseverabant. Postquam cessavit circa illos nomen paternum, cessavit et regnum. Et ideo Christiani, qui in oratione appellare patrem Deum coepimus, nos et ut regnum Dei nobis veniat oramus.

repraesentare - bring, show
sicuti: same as
sicut apud eum quando... - and when does (that) begin to be with Him, which both was always, and has not ceased to be?
saeculum - world
postmodum - afterwards
dominari - rule, be Lord
percipiunt - receive
cottidie - daily
cuius adventus ut: ut cuius adventus resurgere - rise again
sic et regnum... - thus He can also be understood (to be) the heavenly kingdom
terrestris - earthly
renuntiare - renounce
terrenus - earthly, worldly
ideo - therefore
dicare - dedicate
opus est (w. abl.) - there is need of
excidere - fall out;
primum - at first, first;
manifestare - make clear;
recumbere - recline;
illic - there;
ploratio - wailing;
stridor dentium - gnashing of teeth;
ante - before (adv).;
circa (w. obj.) - around, about;
paternus - fatherly;
ideo - therefore;
appellare - call, name;

[Similiter, non petimus ut Deus possit facere quod vult—semper hoc potest—sed ut nos possimus facere voluntatem eius. Etiam Christus obedivit Patri, et fecit voluntatem eius: quanto magis nos debemus hoc facere!]

14. Addimus quoque et dicimus: "Fiat voluntas tua sicut in coelo et in terra," non ut Deus faciat quod vult, sed ut nos facere possimus quod Deus vult. Nam Deo quis obsistit quo minus quod velit faciat? Sed quia nobis a diabolo obsistitur, quo minus per omnia noster animus atque actus Deo obsequatur, oramus et petimus ut fiat in nobis voluntas Dei, quae ut fiat in nobis, opus est Dei voluntate, id est, ope eius et protectione. Quia nemo suis viribus fortis est, sed Dei indulgentia et misericordia tutus est. Denique et Dominus infirmitatem hominis quem portabat ostendens ait: "Pater, si fieri potest, transeat a me calix iste." Et exemplum discipulis suis tribuens, ut non voluntatem suam, sed Dei faciant, addidit dicens: "Verumtamen non quod ego volo, sed quod tu vis." Et alio loco dicit: "Non descendi de coelo ut faciam voluntatem meam, sed voluntatem eius qui misit me." Quod si Filius obaudivit ut faceret patris voluntatem, quanto magis servus obaudire debet ut faciat Domini voluntatem! sicut in epistola sua Ioannes quoque ad faciendam voluntatem Dei hortatur et instruit dicens: "Nolite diligere mundum, neque ea quae in mundo sunt. Si qui dilexerit mundum non est caritas patris in illo. Quia omne quod in mundo est, concupiscentia carnis est, et concupiscentia oculorum et ambitio saeculi, quae non est a Patre, sed ex concupiscentia mundi, Et mundus transibit et concupiscentia eius: qui autem fecerit voluntatem Dei, manet in aeternum, quomodo et Deus manet in aeternum." Qui in aeternum manere volumus, Dei, qui aeternus est, voluntatem facere debemus.

obsistere (w. dat.) - stand in way, hinder
quo minus - lest
nobis obsistitur - we are hindered (recall lesson 15)
animus - will, mind
obsequi (w. dat.) - submit, yield
quae ut fiat - and in order that this be done in us, there is need of... ops - help, resources
indulgentia - favor. kindness tutus - safe
denique - the refore, next, then
infirmitatem hominis - weakness of human nature
calix - chalice, trial
obaudire - obey
instruere - instruct
Si qui - if anyone;
caritas - love;
concupiscentia - desire;
ambitio - ambition;

[Quid vult Deus? Ut simus humiles, stabiles in fide, modesti in verbis, iusti, misericordes. Non debemus facere iniuriam, sed debemus iniurias tolerare et pacem tenere.]

conversatio - life
verecundia - modesty
iniuriam facere non nosse - not to know

15. Voluntas autem Dei est quam Christus et fecit et docuit. Humilitas in conversatione, stabilitas in fide, verecundia in verbis in factis iustitia, in operibus misericordia, in moribus disciplina, iniuriam facere non nosse, et factam posse tolerare, cum fratribus pacem tenere, Dominum toto corde diligere, amare in illo quod pater est, timere quod Deus est, Christo nihil omnino praeponere, quia nec nobis quidquam ille praeposuit, caritati eius inseparabiliter adhaerere, cruci eius fortiter ac fidenter assistere, quando de eius nomine et honore certamen est, adhibere in sermone constantiam, qua confitemur, in quaestione fiduciam, qua congredimur, in morte patientiam, qua coronamur. Hoc est cohaeredem Christi velle esse, hoc est praeceptum Dei facere, hoc est voluntatem Patris implere.

(how) to do injustice
factam posse tolerare - to be able to bear (in - justice) that is done
amare in illo quod pater est - to love in him the fact that He is a Father
praeponere - put some - thing (obj,) ahead of someone (dat.)
inseparabiliter - inseparably;
fidenter - confidently;
assistere (w. dat.) - stand by, assist;
cohaeres - coheir;

**quando de eius...* - when there is a struggle for His name and honor, to show constancy in our words, in which we confess (the faith), confidence in our trial, in which we battle, patience in our death, by which we are crowned;

Vocabularium

instruere, instruxit, instructus - teach, instruct manifestare, (1) - show, manifest regard to opus est (w. abl.) - there is need of sanctificare, (1) - make holy, sanctify	circa (w. obj.) - about, around, concerning, in cottidie (quotidie) - daily denique - therefore, next, then ideo - therefore, for this reason or purpose quam (w. adverb) - how concupiscentia, a - desire, concupiscence terrenus, a, um - earthly, of earth

Nunc Cogitemus et Exerceamus Nos

There is an interesting pattern in paragraph 12: Haec sanctificatio ut in nobis permaneat oramus. What has happened? the author has put the subject, haec sanctificatio, out just ahead of the ut clause to which it really belongs. He does this for emphasis. He did a similar thing in paragraph 13. Referring to Christ, who is, in a sense, the kingdom of God, he says: cuius adventus ut cito nobis repraesentetur optamus. Here the cuius stands for: et eius—and the whole expression really belongs inside the ut clause as subject: optamus ut eius adventus cito repraesentetur: we hope that His coming may be speedily brought to us. Sometimes when a word is put out ahead it becomes the object of a verb in the earlier clause: Dominus novit vias hominum, quod vanae (vain) sunt. That could have been: Dominus novit quod viae hominum vanae sunt.

So, to get used to this device, let us practice a bit. Read these sentences, then repeat them, putting the anticipated words in the more usual place, inside their own clause. Then translate each example. First, some in which the anticipated words stay nominative.

Sample: Haec gratia ut maneat nobiscum oramus.
Answer: Ut haec gratia maneat nobiscum oramus.
Ille homo quid sit facturus incertum est.
Multi homines quid velint difficile est scire.
Cuius nomen ut sanctificetur petimus.
Cuius voluntas ut fiat oramus.
Regnum Christi ut veniat celeriter petimus.

But much more often, the anticipated words become the object of the verb into whose clause they come.

Sample: Novi Marcum quod vir bonus est.
Answer: Novi quod Marcus vir bonus est.
Patientiam eius vidi, quod magna erat.
Hunc militem novit quod fortis est.
Catonem novit quod sapiens est.
Exercitum vidi quod magnus erat.

And now let us take a few examples with quam (how) followed by an adverb. Please notice that we must keep the quam and its adverb together, both in Latin and in translation.
Sample: Catilinam novit quam malus est.
Answer: Novit quam malus Catilina est.

Divitias novimus quam vanae sunt.
Hos milites vidimus quam celeriter venirent.
Puellam vidit quam pulchra esset.
Ciceronem audivit quam bene loqueretur.
Res terrenas video quam parvae sunt.

LECTIO QUADRAGESIMA TERTIA

De antecedentibus postpositis

[Petimus ut fiat voluntas Dei in coelo et in terra. Nam, quodam sensu, nos sumus coelum et terra. Corpus enim nostrum de terra venit, sed spiritus noster de coelo venit. Corpus autem et spiritus non eadem desiderant: pugnant inter se. Ergo petimus ut concordia fiat inter eos.]

16. Fieri autem petimus voluntatem Dei in coelo et in terra, quod utrumque ad consummationem nostrae incolumitatis pertinet et salutis. Nam cum corpus e terra et spiritum possideamus e coelo, ipsi terra et coelum sumus; et in utroque, id est, et corpore et spiritu, ut Dei voluntas fiat, oramus. Est enim inter* carnem et spiritum colluctatio, et discordantibus adversus se invicem cottidiana congressio, ut non quae volumus ipsa faci - amus: dum spiritus coelestia et divina quaerit, caro terrena et saecularia concupiscit. Et ideo petimus impense, inter duo ista ope et auxilio Dei, concordiam fieri; ut, dum et in spiritu et in carne voluntas Dei geritur, quae per eum renata est anima servetur. Quod aperte atque manifeste apostolus Paulus sua voce declarat. "Caro," inquit,"concupiscit adversus spiritum, et spiritus adversus carnem. Haec enim invicem adversantur sibi, ut non quae vultis ipsa faciatis. Manifesta autem sunt facta carnis, quae sunt adulteria,** fornicationes, immunditiae, spurcitiae, idololatriae, veneficia, homicidia, inimicitiae, contentiones. aemulationes, animositates, provocationes, simultates, dissensiones, haereses, invidiae, ebrietates, commi - sationes, et his similia; quae praedico vobis, sicut praedixi, quoniam qui talia agunt regnum Dei non possidebunt. Fructus autem Spiritus est caritas, gaudium, pax, magnanimitas, bonitas, fides, mansuetudo, continentia, castitas." Et idcirco cottidianis, immo continuis orationibus, hoc precamur et in coelo et in terra voluntatem circa nos Dei fieri, quia haec est voluntas Dei ut terrena coelestibus cedant, spiritualia et divina praevaleant.

quod utrumque - both (each) of which
consummatio - completion
incolumitas - safety
nam - for
uterque - each, both
saecularis - worldly
concupiscere - desire greatly
impense - strongly
ops - help, resources
gerere - carry out
quae per eum... - that the soul which has been reborn through Him...
adversari (w. dat.) - oppose

quae praedico... - as to which I predict to you...that they who...;
fructus - fruit;
caritas... - love, magnanimity, goodness, faith, meekness, continence, chastity;
continuus - constant;
hoc precamur: voluntatem... fieri - we ask this; that the will be done;
cedere - move, retreat, yield;
praevalére - prevail;

*Est enim inter... - For there is a struggle between flesh and spirit, and a warfare, since they fight against one another
**adulteria... - adulteries, fornications, uncleannesses, lasciviousness, idolatry, witchcraft, murder, enmity, contention, jealousy, anger, quarrels, factions, dissensions, heresies, envies, drunkenness, carousings;

[Sed haec petitio etiam potest significare quod debemus orare pro conversione inimicorum ad fidem. Inimici enim ecclesiae adhuc sunt "terra." Nos autem debemus esse "sal terrae," sicut Christus dixit.]

17. Potest et sic intelligi, fratres dilectissimi, ut quoniam mandat et monet Dominus, etiam inimicos diligere et pro iis quoque qui nos persecuntur orare, petamus et pro illis, qui adhuc terra sunt, et necdum coelestes esse coeperunt, ut et circa illos voluntas Dei fiat, quam Christus, hominem conservando et redintegrando, perfecit. Nam cum discipuli ab eo non iam terra appellentur, sed sal terrae, et Apostolus primum hominem vocet de terrae limo, secundum vero de coelo, merito et nos qui esse debemus patri Deo similes, qui solem suum oriri facit super bonos et malos, et pluit super iustos et iniustos, sic, Christo monente, oramus et petimus, ut precem pro omnium salute faciamus: ut quomodo in coelo, id est, in nobis, per fidem nostram voluntas Dei facta est ut essemus e coelo, ita et in terra, hoc est, in illis credere nolentibus, fiat voluntas Dei, ut qui adhuc sunt prima nativitate terreni, incipiant esse coelestes ex aqua et Spiritu nati.

ut quoniam mandat petamus - so that, since he commands, we should ask
persecuntur = persequuntur - persecute
necdum - not yet
redintegrare - restore
appellare - call, name
sal - salt
limus - slime (St. Paul in 1 Cor. 15,47 spoke of the first man, Adam, as being of the earth, earthly, and the second, Christ, as being from heaven, heavenly.)
vero - but;
merito - rightly;
pluere - rain;
ex aqua et Spiritu nati - born of water and the Spirit (Baptism);

[Quando petimus panem cottidianum, revera Christum petimus: Ipse est enim panis vitae. Ergo Eucharistiam, id est, Corpus Christi, cottidie accipimus.]

18. Procedente oratione postulamus et dicimus: "Panem nostrum cottidianum da nobis hodie." Quod potest et spiritualiter et simpliciter intelligi, quia et uterque intellectus utilitate divina proficit ad salutem. Nam panis vitae Christus est; et panis hic omnium non est, sed noster est. Et quomodo dicimus "Pater noster," quia intelligentium et credentium pater est, sic et panem nostrum vocamus, quia Christus eorum qui corpus eius

procedere - procede
uterque - each, both
intellectus - sense, understanding
utilitas - utility, usefulness
proficiunt - be profitable, advance
contingere - touch, happen
ne qui in Christo sumus... - lest we who are in Christ... be separated

contingimus panis est. Hunc autem panem dari nobis cottidie postulamus, ne, qui in Christo sumus, et eucharistiam eius cottidie ad cibum salutis accipimus, intercedente aliquo graviore delicto, dum abstenti et non communicantes a coelesti pane prohibemur, a Christi corpore separemur, ipso praedicante et dicente: "Ego sum panis vitae qui de coelo descendi. Si qui ederit de meo pane, vivet in aeternum. Panem autem quem ego dedero, caro mea est pro saeculi vita." Quando ergo dicit in aeternum vivere si qui ederit de eius pane: ut manifestum est eos vivere qui corpus eius attingunt et eucharistiam iure communicationis accipiunt, ita contra timendum est et orandum, ne, dum quis abstentus separatur a Christi corpore, remaneat a salute, comminante ipso et dicente: "Nisi ederitis carnem Filii hominis et biberitis sanguinem eius non habebitis vitam in vobis." Et ideo panem nostrum, id est Christum, dari nobis cottidie petimus, ut qui in Christo manemus et vivimus, a sanctificatione eius et corpore non recedamus.

intercedere - come between, intervene
delictum - sin
abstentus - held away
communicare - communicate
praedicare - preach, proclaim

Quando ergo dicit... - When therefore He says that whoever (si qui) eats... lives forever, just as it is evident that they live who... so on the contrary it is to be feared, and prayer must be made, lest, while one abstains and is separated from the body of Christ, he may remain (separated) from salvation;

[In eadem petitione pro pane cottidiano, discimus etiam quod non debemus multa bona terrena desiderare. Discipuli enim Christi non debent divitias cupere.]

19 - Potest vero et sic intelligi, ut qui seculo renuntiavimus, et divitias eius et pompas fide gratiae spiritualis abiecimus, cibum nobis tantum petamus et victum, quando instruat Dominus et dicat; "Qui non renuntiat omnibus quae sunt eius, non potest meus discipulus esse." Qui autem Christi coepit esse discipulus, secundum magistri sui vocem renuntians omnibus, diurnum debet cibum petere, nec in longum desideria petitionis extendere, ipso iterum Domino praescribente et dicente: "Nolite in crastinum cogitare. Crastinus enim ipse cogitabit sibi.
Sufficit diei malitia sua." Merito ergo Christi discipulus victum sibi in diem postulat, qui de crastino cogitare prohibetur; quia et contrarium sibi fit et repugnans ut

ut - goes with petamus
renuntiare - renounce
pompa - pomp
tantum - only
victus - livelihood
diurnus - daily
desiderium - desire
petitio - petition
praescribere - prescribe
in crastinum - for tomorrow
sufficiunt - suffice
malitia - evil
merito - rightly, deservingly
in diem - for the day
contrarium sibi fit... - it becomes contrary to itself and contradictory that we seek to live long in the

quaeramus in seculo diu vivere, qui petimus regnum Dei velociter adven - ire. Sic et beatus Apostolus monet, formans et corroborans spei nostrae ac fidei firmitatem. "Nihil," inquit, "intulimus in hunc mundum, verum nec auferre possumus. Habentes itaque exhibitionem et tegumentum, his contenti simus. Qui autem volunt divites fieri, incidunt in temptationem et muscipulas et desideria multa et nocentia, quae mergunt hominem in perditionem et in interitum. Radix enim omnium malorum est cupiditas quam quidam appetentes, naufragaverunt a fide et inseruerunt se doloribus multis."

world who ask that...
velociter - swiftly;
formare - form, instruct;
corroborare - strengthen;
firmitas - firmness, stability;
exhibitionem et tegumentum - sustenance and covering;
muscipula - snare (mousetrap: mus-capere);
mergere - sink;
perditio - ruin;
interitus - destruction, death;
radix - root;
cupiditas - desire, greed;
quam quidam... - which certain ones having (and, because some had greed);
naufragare - be shipwrecked;
inserere - involve;

[Multa pericula sunt in divitiis. Ille qui perfectus est, bona terrena dat pauperibus, ut thesaurum habeat in coelo.]

20. Docet non tantum contemnendas, sed et periculosas esse divitias: illic esse radicem malorum blandientium, caecitatem mentis humanae occulta deceptione fallentium. Unde et divitem stultum seculares copias cogitantem et se exuberantium fruc - tuum largitate iactantem redarguit Deus, dicens: "Stulte, hac nocte expostulatur anima tua. Quae ergo parasti, cuius erunt?" Laetabatur stultus in fructibus ipsa nocte moriturus: et cui vita iam deerat, victus abundantiam cogitabat. Contra autem, Dominus perfectum et consummatum docet fieri qui, omnibus suis venditis atque in usum pauperum distributis, thesaurum sibi condat in coelo. Eum dicit posse se sequi et gloriam dominicae passionis imitari, qui expeditus et succinctus nullis laqueis rei familiaris involvitur, sed solutus ac liber, facultates suas ad Deum ante praemissas ipse quoque comitatur. Ad quod ut possit

contemnendus - to be scorned
periculosus - dangerous
illic - there
blandiri - entice, flatter
caecitatem... - deceiving the blindness of the human mind by hidden deception
stultus - foolish
copia - abundances
e... iactantem - boasting
exuberans - abundant
fructum largitate - in abundance of fruits;
redarguere - refute, contradict;
expostulare - demand;
cui vita iam... - (he) to whom life was failing, was thinking of an abundance of the means of life;
consummatus - perfect;

unusquisque nostrum parare se, sic discat orare, et de orationis lege qualis esse debeat noscere.

in usum pauperum - for the good of the poor;
distribuere - distribute;
condere - lay up, found;
passio - passion, suffering;
succinctus - girded;
laqueus - snare;
res familiaris - family affairs;
involvere - surround, involve;
solutus - set loose;
liber - free;
facultas - possession;
comitari - accompany;

[Non enim debemus solliciti esse pro cibo cottidiano: Dominus enim curam habet pro nobis, sicut fecit pro Daniele in lacu leonum manente.]

21. Neque enim deesse cottidianus cibus potest iusto, cum scriptum sit; "Non occidet Dominus fame animam iustam."et iterum: "Iuvenior fui, et senui; et non vidi iustum derelictum, neque semen eius quaerens panem," item Dominus promittat et dicat: "Nolite cogitare, dicentes: Quid edemus, aut quid bibemus, aut quid vestiemur? Haec enim nationes quaerunt. Scit autem pater vester quia horum omnium indigetis. Quaerite primo regnum Dei et iustitiam Dei et haec omnia apponentur vobis." Quaerentibus regnum et iustitiam Dei omnia promittit apponi. Nam cum Dei sint omnia, habenti Deum nihil deerit, si Deo ipse non desit. Sic Danieli in leonum lacum iussu regis incluso, prandium divinitus procuratur, et inter feras esurientes et parcentes, homo Dei pascitur. Sic alitur Helias in fuga; et in solitudine, corvis ministrantibus et volucribus cibum sibi apportantibus, in persecutione nutritur. Atque, O humanae malitiae detestanda crudelitas! Ferae parcunt, aves pascunt—et homines insidiantur et saeviunt!

iuvenior - younger
senescere - grow old
edere - eat
vestire - clothe
indigere (w. poss. or abl.) - need
apponere - add
cum Dei sint omnia - since all things are God's
lacus - den
iussus - order
prandium - meal
divinitus - divinely
procurare - take care of
fera - beast
esurire - be hungry;
Helias - Elias;
corvus - raven;
volucris - bird;
apportare - bring to;
nutrire - feed;
malitia - malice, evil;
detestandus - detestable;
avis - bird;
insidiari - plot, lie in ambush;
saevire - rage;

Vocabularium

appellare, (1) - call, name	illic - there
cedere, cessit, cessus - move, retreat, yield	nam - for
concupiscere, cupivit, cupitus - desire greatly	vero - but
contingere, -tigit, -tactus - touch, happen	copia, a - supply, abundance (in plural: troops)
edere, edit, esus - est	desiderium, o - desire
indigere, indiguit (w. poss. or abl.) - need	malitia, a - malice, wickedness
praedicare, (1) - preach, proclaim	ops, ope, bona - help, resources
redarguere, -guit, -gutus - refute, contradict	petitio, one, bona - petition,
solvere, solvit, solutus - loosen, set free, pay	request stultus, a, um - foolish, fool
	uterque, traque, trumque - each, both

Nunc Cogitemus et Exerceamus Nos

Let us notice the special pattern that appears in one sentence in paragraph 16: ut... quae per eum renata est anima servetur. Anima is the antecedent of quae. Now an *antecedent* usually goes before the relative clause. But sometimes it comes after the relative, or gets inside the relative clause. If it gets into the relative clause, it normally is put into the same case as the relative. So now, for practice, repeat the following sentences, putting the antecedent ahead of its relative. Then translate each example.
Sample: Quos Romanos vidimus, amavimus.
Answer: Romanos quos vidimus amavimus.

Quos homines amamus, adiuvamus.
Quo tempore venisti, Caesar aberat.
Qui homines mala fecerant poenitentiam egerunt.
Quae supplicia meruit passus est.
Quo die vidit Aman Mardochaeum.eum odit.
Quam olim habuit gloriam Cicero amisit.
Quibus potuerunt diebus laboraverunt.
Quem dedisti mihi librum amavi.
Cui viro dona promisit non dedit.
Quibus hominibus Dominus dedit gratiam, etiam pacem dat.
Quam virum omnes boni oderunt in senatu videmus.

But sometimes when we put the antecedent out ahead of the relative, it needs to change case, according to the sense of the clause into which it comes.

Sample: Quam urbem viderunt, Ierusalem erat.
Answer: Urbs quam viderunt Ierusalem erat.

In quam terram venerant Persia erat.
Quem virum vidisti rex Numidiae est.
Quam puellam vidit pulchra erat.
Quos viros timuit magni erant.

LECTIO QUADRAGESIMA QUARTA

Nihil novi hodie, veteribus studeamus

Debemus cottidie petere ut debita nostra dimittantur, quia peccatores sumus, et cottidie peccamus. Sed Dominus fidelis est: promisit veniam (pardon) peccatoribus qui veniam rogant: faciet id quod promisit.]

22. Post haec, et pro peccatis nostris deprecamur dicentes: "Et remitte nobis debita nostra, sicut et nos remittimus debitoribus nostris." Post subsidium cibi petitur et venia delicti, ut qui a Deo pascitur, in Deo vivat, nec tantum praesenti et temporali vitae, sed et aeternae consulatur; ad quam veniri potest, si peccata donentur, quae "debita" Dominus appellat, sicut in evangelio suo dicit: "Dimisi tibi omne debitum, quia me rogasti." Quam necessario autem, quam providenter et salutariter admonemur quod peccatores sumus, qui pro peccatis rogare compellimur, ut, dum indulgentia de Deo petitur, conscientiae suae animus recordetur. Ne quis sibi quasi innocens placeat et se extollendo plus, pereat, instruitur et docetur peccare se cottidie, dum cottidie pro peccatis iubetur orare. Sic denique et Iohannes in in epistola sua monet dicens: "Si dixerimus quia peccatum non habemus, nos ipsos decipimus, et veritas in nobis non est. Si autem confessi fuerimus peccata nostra, fidelis et iustus est Dominus qui nobis peccata dimittat." In epistola sua utrumque complexus est, quod et rogare pro peccatis debeamus, et impetremus indulgentiam cum rogamus. Ideo et fidelem dixit Dominum ad dimittenda peccata, fidem pollicitationis suae reservantem. Quia qui orare nos pro debitis et peccatis docuit, paternam misericordiam promisit et veniam secuturam.

debitor - debtor, one who offends
subsidium - help
venia - pardon
delictum - sin
consulatur - that thought (care) be taken for not only the present...
veniri potest - one can come
donare - forgive
necessario - necessarily
providenter et salutariter - providently and wholesomely
admonére - remind
indulgentia - kindness, favor, pardon
recordari - remember, recall
conscientia - conscience
decipiunt - deceive;
complecti - embrace;
fidem pollicitationis - keeping the fidelity of his promise;
paternus - of a father, fatherly;

[Sed qui petimus veniam peccatis nostris, possumus hoc obtinere solummodo si nos etiam dimittimus illis qui contra nos peccaverunt. Nisi enim dimiserimus, Pater noster non dimittet, nec accipiet sacrificium nostrum.]

23. Adiunxit plane et addidit legem, certa nos conditione et

adiungere - join, add
plane - clearly
conditio - condition
sponsio - engagement
constringere - bind
secundum quod -

sponsione constringens ut sic nobis dimitti debita postulemus, secundum quod et ipsi debitoribus nostris dimittimus, scientes impetrari non posse quod pro peccatis petimus, nisi et ipsi circa debitores nostros paria fecerimus. Idcirco et alio in loco dicit: "In qua mensura mensi fueritis in ea remetietur vobis." Et qui servus, post dimissum sibi a domino omne debitum, conservo suo noluit ipse dimittere, in carcerem religatur. Quia indulgere conservo noluit, quod sibi a domino indultum fuerat, amisit. Quae adhuc fortius Christus in praeceptis suis, maiore censurae suae vigore, proponit. "Cum steteritis", inquit, "ad orationem, remittite si quid habetis adversus aliquem, ut et pater vester, qui in coelis est, remittat peccata vestra vobis. Si autem vos non remiseritis, neque pater vester, qui in coelis est, remittet vobis peccata vestra." Excusatio tibi nulla in die iudicii superest, cum secundum tuam sententiam iudiceris, et quod feceris, hoc et ipse patiaris. Pacificos enim et concordes atque unanimes esse in domo sua Deus praecipit, et quales nos fecit secunda nativitate, tales vult renatos perseverare; ut qui filii Dei esse coepimus, in Dei pace maneamus, et quibus spiritus unus est, unus sit et sensus. Sic nec sacrificium Deus recipit dissidentis, et ab altari revertentem prius fratri reconciliari iubet, ut pacificis precibus et Deus possit esse pacatus. Sacrificium Deo maius est pax nostra, et fraterna concordia, et de unitate Patris et Filii et Spiritus sancti plebs adunata.

according as
scientes impetrari... - knowing that what we ask for our sins can - not be obtained
par - equal, like
mensura - measure
metiri - measure
remetiri - measure in return
Et qui servus: Et servus qui
post dimissum. . . debitum - after the forgiveness of the debt
conservus - fellow servant religare - bind again, cast back
indulgere - be favorable, forgiving;
quod indultum... - that which had been forgiven, the forgiveness;
censura - rebuke;
vigor - vigor;
excusatio - excuse;
superesse - remain, be left over;
iudicare - judge, condemn;
pacificus - peaceful;
unanimis - of one mind;
renatus - reborn (by Baptism);
et quibus spiritus... - and that for those to whom there is one spirit, there may be one mind and feeling;
dissidens - disagreeing;
ab altari revertentem... - and he orders one returning (that one return) from the altar (and) first be

reconciled to his brother;
pacare - appease;
fraternus - brotherly;
de unitate - by means of the unity;
adunare - unite;

[Sic sacrificium Abel Deo placuit, et non sacrificium Cain, quia Deus videbat ea quae in cordibus eorum erant. Qui non habet pacem cum fratribus non potest ad regnum coelorum pervenire.]

24. Neque enim in sacrificiis, quae Abel et Cain primi obtulerunt, munera eorum Deus sed corda intuebatur, ut ille placeret in munere, qui placebat in corde. Abel pacificus et iustus, dum Deo sacrificat innocenter, docuit et ceteros, quando ad altare munus offerunt, sic venire cum Dei timore cum simplici corde, cum lege iustitiae, cum concordiae pace. Merito ille dum in sacrificio Dei talis est, ipse postmodum sacrificium Deo factus est, ut martyrium primus ostendens, initiaret sanguinis sui gloria dominicam passionem, qui et iustitiam Domini habuerat et pacem. Tales denique a Domino coronantur, tales in die iudicii cum Domino iudicabunt. Ceterum, discordans et dissidens et pacem cum fratribus non habens, secundum quod beatus Apostolus et scriptura sancta testatur, nec si pro nomine Christi occisus fuerit, crimen dissensionis fraternae poterit evadere, quia sicut scriptum est: "Qui fratrem suum odit, homicida est," nec ad regnum coelorum pervenit aut cum Deo vivit homicida, non potest esse cum Christo, qui imitator Iudae maluit esse quam Christi. Quale delictum est quod nec baptismo sanguinis potest ablui. Quale crimen est quod martyrio non potest expiari.

intueri - look at
simplex - simple
merito - rightly
postmodum - later
martyrium - martyrdom
initiare - begin
coronare - crown
ceterum - as for the rest, furthermore
discordans et dissident - a discordant and dissident man
secundum quod - according as
testari - testify, bear witness
necsi - not even if
dissensio - dissension, disagreement
fraternus - of a brother. brotherly;
homicida - murderer;
imitator - imitator;
delinquere - sin;
delictum - sin;
abluere - wash away;
expiare - expiate, atone for;
Illud... admonet Dominus - The Lord gives this warning
nihil adversarium posse - that the enemy can (do) nothing

[Petimus auxilium Dci in temptationibus, quia inimicus noster diabolus nihil potest facere contra nos sine permissione Dei.]

25. Illud quoque necessarie admonet Dominus ut in oratione dicamus: "Et ne patiaris nos induci in temptationem." Qua in parte ostenditur nihil contra nos adversarium posse, nisi Deus ante permiserit; ut omnis timor noster et devotio atque observatio ad Deum convertatur, quando in tentationibus nostris nihil malo liceat, nisi potestas inde tribuatur. Probat scriptura quae dicit: "Venit Nabuchodonosor rex Babyloniae in Hierusalem, et expugnabat eam, et dedit eam Dominus in manu eius." Datur autem potestas adversus nos malo secundum nostra peccata, sicut scriptum est: "Quis dedit in direptionem Iacob, et Israel eis qui praedantur illum? Nonne Deus cui peccaverunt, et nolebant in viis eius ambulare neque audire legem eius, et superduxit super eos iram animationis suae." Et iterum, Salomone peccante et a praeceptis atque a viis Domini recedente, positum est: "Et excitavit Dominus satanan ipsi Salomoni.

observatio - care
tentatio - temptation
nihil malo liceat - nothing is permitted to the evil one (devil)
inde - thence (from God)
expugnare - take by assault, storm
in direptionem - to plunder;
praedari - plunder;
Nonne Deus (supply: fecit hoc);
cui peccaverunt - against whom they have sinned;
superducere - bring upon;
iram animationis - the force of his wrath;
positum est - it is written (set down);
excitare - arouse;
satanan (Greek obj. of satanas) devil;
ipsi Salomoni - against Solomon himself;

[Si peccamus, potestas datur diabolo ut nos puniat; si non peccamus, victoria super temptationem ducet nos ad gloriam.]

26. Potestas vero dupliciter adversus nos datur, vel ad poenam, cum delinquimus, vel ad gloriam, cum probamur; sicuti de Iob factum videmus, manifestante Deo et dicente: "Ecce omnia quaecumque habet, in manus tuas do; sed ipsum cave ne tangas." Et Dominus in evangelio suo loquitur tempore passionis: "Nullam haberes potestatem adversum me, nisi datum esset tibi desuper." Quando autem rogamus ne in temptationem veniamus, admonemur infirmitatis et imbecillitatis nostrae, dum sic rogamus, ne quis se insolenter extollat, ne quis sibi superbe atque arroganter aliquid assumat, ne quis sibi aut confessionis aut passionis gloriam suam ducat, cum Dominus ipse

dupliciter - in two ways
sicuti de Iob... - as we see was done in the case of Job
desuper - from above
admonére - remind
imbecillitas - weakness
insolenter - boldly
arroganter - arrogantly
confessio - confession (of faith in persecution)
passio - suffering, passion
ducere - consider
vigilare - be awake, watch;
promptus - ready;

humilitatem docens dixerit: "Vigilate et orate, ne veniatis in temptationem. Spiritus quidem promptus est, caro autem infirma,"ut, dum praecedit humilis et summissa confessio, et datur totum Deo, quidquid suppliciter cum timore et honore Dei petitur, ipsius pietate praestetur.

summissus - lowly;
suppliciter - humbly;
praestare - grant;

[In fine orationis, petimus ut liberemur a malo. Hoc impetrato, nihil ultra postulandum est.]

27. Post ista omnia in consummatione orationis venit clausula universas petitiones et preces nostras, collecta brevitate, concludens. In novissimo enim ponimus, "sed libera nos a malo," comprehendentes adversa cuncta quae contra nos in hoc mundo molitur inimicus; a quibus potest esse fida tutela, si nos Deus liberet, si deprecantibus atque implorantibus opem suam praestet. Quando autem dicimus, "libera nos a malo," nihil remanet quod ultra adhuc debeat postulari, quando semel protectionem Dei adversus malum petamus; qua impetrata, contra omnia quae diabolus et mundus operantur securi stamus et tuti. Quis enim ei de seculo metus est, cui in seculo Deus tutor est?

consummatio - completion
clausula - clause
collecta brevitare - comprehensively
concludere - conclude
adversus - opposed
moliri - try, build up
fida tutela - faithful protection
implorare - beg
operari - work, perform
securus - secure;
tutus - safe;
Quis.. .metus - what fear;
tutor - protector;

Vocabularium

abluere, -luit, -lutus - wash away admonére, admonuit, admonitus - remind, admonish, warn complecti, -plexus est - embrace, include decipiunt, (3), decepit, deceptus - deceive delinquere, deliquit, delictus - sin, fail implorare, (1) - beg indulgére, indulsit, indultus - be favorable, kind forgiving to (w. dat.) praestare. -stitit, -stitus - grant, surpass, show, be better testari, (1) - testify, bear witness vigilare, (1) - watch, be awake	ceterum - as for the rest, furthermore secundum quod - according as indulgentia , a - kind - ness, favor. pardon pacificus, a, um - peaceful par, pari - equal, like tutus, a, um - safe venia, a - pardon

Nunc Exerceamus Nos

Let us review the special patterns of lessons 39 - 43.

LECTIO QUADRAGESIMA
Quinta De verbis supplendis

[Ergo in oratione brevi, multas doctrinas habemus. Sic Dominus docuit omnia quae necessaria sunt modo simplici, ut omnis homo discere possit.]

28. Quid mirum, fratres dilectissimi, si oratio talis est quam Deus docuit, qui magisterio suo omnem precem nostram salutari sermone breviavit? Hoc iam per Esaiam prophetam fuerat ante praedictum, cum, plenus Spiritu sancto, de Dei maiestate ac pietate loqueretur: "Verbum consummans," inquit, "et brevians in iustitia, quoniam sermonem breviatum faciet Deus in toto terrae." Nam, cum Dei sermo Dominus noster Iesus Christus omnibus venerit, et colligens doctos pariter et indoctos, omni sexui atque aetati praecepta salutis ediderit, praeceptorum suorum fecit grande compendium, ut, in disciplina coelesti, discentium memoria non laboraret sed, quod esset simplici fidei necessarium, velociter disceret. Sic, cum doceret quid sit vita aeterna, sacramentum vitae magna et divina brevitate complexus est, dicens: "Haec est autem vita aeterna, ut cognoscant te solum et verum Deum et quem misisti Iesum Christum." Item, cum de Lege et Prophetis praecepta prima et maiora decerperet: "Audi," inquit, "Israel, Dominus Deus tuus Deus unus est. Et diliges Dominum Deum tuum de toto corde tuo, et de tota anima tua, et de tota virtute tua. Hoc primum mandatum. Et secundum simile huic: Diliges proximum tibi tanquam te. In his duobus praeceptis tota Lex pendet et Prophetae." Et iterum: "Quaecumque volueritis ut faciant vobis homines bona, ita vos facite illis. Haec est enim Lex et Prophetae."

magisterium - teaching
salutaris - wholesome, salutary
breviare - shorten
praedicere - foretell
maiestas - majesty
consummare - finish
indoctus - unlearned
sexus - sex
edere - put forth
compendium - summary
decerpere - pluck, cull
de toto corde – with whole heart
virtus - strength
tamquam - as, like

[Dominus autem docuit nos orare non solummodo verbis, sed etiam exemplo suo.]

29. Nec verbis tantum, sed et factis Dominus orare nos docuit, ipse orans frequenter et deprecans, et quid facere nos oporteret exempli sui contestatione demonstrans, sicut scriptum est: "Ipse

contestatio - testimony
demonstrare - show,
secedere - withdraw
pernoctare - spend night
iugiter - constantly
frequentare - resort to frequently (Old

autem fuit secedens in solitudinem et adorans.' Et iterum: "Exivit in montem orare, et fuit pernoctans in orationem Dei." Quod si ille orabat qui sine peccato erat, quanto magis peccatores oportet orare? Et si ille per totam noctem iugiter vigilans continuis precibus orabat, quanto nos magis in frequentanda oratione debemus nocte vigilare?

English: Frequent)

[Dominus oravit, non pro se, sed pro nobis. Et oravit ut omnes unum sint: ergo, magnum peccatum peccat ille qui unitatem non servat.]

30. Orabat autem Dominus et rogabat non pro se (quid enim pro se innocens precaretur?) sed pro delictis nostris, sicut et ipse declarat cum dicit ad Petrum: "Ecce satanas postulavit ut vos vexaret quomodo triticum. Ego autem rogavi pro te, ne deficiat fides tua." Et postmodum, pro omnibus Patrem deprecatur, dicens: "Non pro his autem rogo solis, sed et pro illis qui crediturі sunt per verbum ipsorum in me, ut omnes unum sint, sicut et tu Pater in me et ego in te, ut et ipsi in nobis sint." Magna Dei propter salutem nostram benignitas pariter et pietas, ut, non contentus quod nos sanguine suo redimeret, adhuc pro nobis amplius et rogaret! Rogantis autem desiderium videte quod fuerit, ut, quomodo unum sunt Pater et Filius, sic et nos in ipsa unitate maneamus. Ut hinc quoque possit intelligi, quantum delinquat qui unitatem scindit et pacem, cum pro hoc et rogaverit Dominus, volens scilicet sic plebem suam salvam fieri et in pace vivere, cum sciret ad regnum Dei discordiam non venire.

triticum - wheat
postmodum - afterwards
benignitas - kindness
contentus - satisfied
redimere - redeem
Rogantis autem... - See what the desire was of the one (Christ) who asked...
scilicet - that is, namely
discordia - discord

[Quando oramus, non debemus de aliis rebus cogitare: quomodo possumus rogare ut Deus nos audiat, si nos ipsi non cogitamus de oratione nostra?]

31. Quando autem stamus ad orationem, fratres dilectissimi, vigilare et incumbere ad preces toto corde debemus. Cogitatio omnis carnalis et secularis abscedat, nec quidquam tunc animus quam id solum cogitet quod precatur. Ideo et sacerdos ante

incumbere - apply self to cogitatio - thought
carnalis - carnal, of bodily things secular is - worldy
abscedere - depart
nec quidquam tunc... ... - nor let the mind then think of anything (other) than that alone...

orationem, praefatione praemissa, parat fratrum mentes dicendo: "Sursum corda," ut, dum respondet plebs, "habemus ad Dominum," admoneatur nihil aliud se quam Dominum cogitare debere. Cludatur contra adversarium pectus, et soli Deo pateat, nec ad se hostem Dei tempore orationis adire patiatur. Obrepit enim frequenter et penetrat, et subtiliter fallens, preces nostras a Deo avocat, ut aliud habeamus in corde, aliud in voce, quando intentione sincera Dominum debeat non vocis sonus, sed animus et sensus orare. Quae autem segnitia est, alienari et rapi ineptis cogitationibus et profanis cum Dominum deprecaris! Quasi sit aliud, quod magis debeas cogitare, quam quod cum Deo loqueris! Quomodo audiri te a Deo postulas, cum te ipse non audias? Vis esse Deum me - morem tui cum rogas, quando tu ipse memor tui non sis? Hoc est ab hoste in totum non cavere; hoc est, quando oras Deum, maiestatem Dei negligentia orationis offendere; hoc est vigilare oculis et corde dormire. cum debeat Christianus et cum dormit oculis corde vigilare, sicut scriptum est ex persona Ecclesiae loquentis in cantico canticorum: "Ego dormio, et cor meum vigilat." Quapropter, sollicite et caute Apostolus admonet, dicens: "Instate orationi, vigilantes in ea," docens scilicet et ostendens, eos impetrare quod postulant de Deo posse, quos Deus videat in oratione vigilare.

praefatione praemissa - having said the preface (of the Mass)
sursum corda - (lift) up (your) hearts
cludatur = claudatur - shut
adversarius - enemy
patére - lie open, be exposed
adire - come to, approach
obrepere - creep up;
penetrare - penetrate;
subtiliter - subtly;
avocare - call away from;
intentio - intention, attention;
sonus - sound;
sensus - perception attitude;
segnitia - laziness;
alienare - withdraw;
ineptus - unfitting;
profanus - worldly;
memor - mindful of;
in totum - totally, at all;
ex persona Ecclesiae - in the person of the Church;
in cantico canticorum - in Canticle of Canticles (old Testament);
quapropter - wherefore;
sollicite - carefully;
caute - providently;
Apostolus - the Apostle (St. Paul);

Vocabularium

adire, -iit, -iturus - approach, go to demonstrare, (1) - show, point out, prove patére, patuit - lie open, be exposed, be free redimere, redemit, redemptus - redeem, buy back secedere, -cessit, -cessus - withdraw shortly	postmodum - afterwards scilicet - that is, namely, I suppose tamquam - as, like cogitatio, one. bona - thought continuus, a, um - constant memor, ore - mindful of secularis (saecularis) e, i - worldly, secular

Nunc Cogitemus et Exerceamus Nos

Often, both in English and Latin, the writer will leave out some words, knowing that we can easily fill in the thought without them, by relying on the general sense. For example, we find such a sentence in paragraph 31, where St. Cyprian says that our enemy, the devil tries to make us think of other things at the time of prayer: ut aliud habeamus in corde, aliud in voce. Here, obviously, the word habeamus is left understood in the second clause. Similarly, in the remainder of the same sentence: quando... dominum debeat non vocis sonus, sed animus et sensus orare. Here the full form would be: quando Dominum orare debeat, non vocis sonus, sed animus et sensus debeat orare. Notice the interlocking omission—in both clauses we need to feel "orare debeat", but one word is omitted in one clause, the other in the next.
So let us practice a bit. Repeat the following sentences, filling in the understood word or words. Then translate each example.

Sample: Paulus venit die, Marcus, nocte.
Answer: Paulus venit die, Marcus venit nocte.

Scipio Carthaginem vicit, Caesar, Galliam.
Marcus Mariam amavit, Paulus Octaviam.
Scipio erat in Gallia, Hannibal in Italia.
Hic odit Ciceronem, ille interfecit.

But now, let us notice that we can omit the word in the first rather than in the second clause.

Sample: Paulus die, Marcus nocte venit.
Answer: Paulus die venit, Marcus nocte venit.

Hic dux consiliis bonis, ille dux insidiis pugnat.
Roma in militibus, Carthago in nautis confidit.
Cicero Catilinam, Catilina Ciceronem odit.
Hic vir paucos, ille multos interfecit.
Vir bonus civibus, vir malus hostibus auxilium dat.
Caesar tibi, Vergilius mihi placet.
In Italiam Marcus, in Graeciam Paulus proficiscetur.
Multos Pompeius, plurimos Caesar vicit.

LECTIO QUADRAGESIMA SEXTA

Plura de verbis supplendis

[Sed debemus etiam bona opera facere: si haec non facimus, oratio nostra sterilis est, quia non facit fructum bonum.]

32. Orantes autem non infructuosis nec nudis precibus ad Deum veniant. Inefficax petitio est, cum precatur Deum sterilis oratio. Nam cum omnis arbor non faciens fructum excidatur et in ignem mittatur, utique et sermo non habens fructum promereri Deum non potest, quia nulla operatione foecundus. Et ideo scriptura divina instruit dicens: "Bona est oratio cum ieiunio et eleemosyna." Nam qui in die iudicii praemium pro operibus et eleemosynis redditurus est, hodie quoque ad orationem cum operatione venienti benignus auditor est. Sic denique Cornelius centurio cum oraret, meruit audiri. Fuit faciens multas eleemosynas in plebem et semper orans Deum. Huic circa horam nonam oranti adstitit angelus, testimonium reddens sui operis, et dicens: "Corneli, orationes tuae et eleemosynae tuae ascenderunt ad memoriam coram Deo."

infructuosus - fruitless
nudus - bare
inefficax - ineffective
sterilis - sterile
arbor - tree
excidere - cut down
utique - surely
promereri Deum - deserve well of God
operatio - work, good work
foecundus - fruitful
ieiunium - fasting
eleemosyna - almsgiving
redditurus est - will render or pay;
venienti - to the one who comes;
benignus - kind;
auditor - hearer;
centurio - centurion;
adsistere - present self to (w. dat.);
testimonium reddens - giving testimony;
ad memoriam - for a memorial;

[Si bona opera facimus, orationes cito ascendent ad Deum, sicut archangelus Raphael dixit Tobiae, et sicut Dominus ipse nos monuit per Isaiam prophetam.]

33. Cito orationes ad Deum ascendunt, quas ad Deum merita nostri operis imponunt. Sic et Raphael angelus Tobiae oranti semper, et semper operanti adstitit, dicens: "Opera Dei revelare et confiteri honorificum est. Nam quando orabas tu et Sara, ego obtuli memoriam orationis vestrae in conspectu claritatis Dei. Et cum sepelires tu mortuos simpliciter, et quia non es cunctatus

quas.. .merita... imponunt - which the merits of our works send up
revelare - reveal
honorificus - honorable
claritas - brightness
cunctari - hesitate, delay
exurgere - rise up
prandium - meal
condere - hide

exurgere et derelinquere prandium tuum, sed abiisti et condidisti mortuum, et missus sum tentare te; et iterum me misit Deus curare te et Saram nurum tuam. Ego enim sum Raphael, unus ex septem angelis iustis, qui assistimus et conversamur ante claritatem Dei." Per Esaiam quoque Dominus admonet et docet similia contestans: "Solve," inquit, "omnem nodum iniustitiae, resolve suffocationes impotentium commerciorum. Dimitte quassatos in requiem, et omnem consignationem iniustam dissipa. Frange esurienti panem tuum, et egenos sine tecto induc in domum tuam. Si videris nudum, vesti; et domesticos seminis tui non despicies. Tunc erumpet temporaneum lumen tuum, et vestimenta tua cito orientur, et praeibit ante te iustitia, et claritas Dei circumdabit te. Tunc exclamabis, et Deus exaudiet te, et dum adhuc loqueris dicet: Ecce adsum." Adesse se repromittit, et audire ac protegere se eos dicit, qui iniustitiae nodos de corde solventes et eleemosynas circa domesticos Dei secundum eius praecepta facientes, dum audiunt quod Deus praecipit fieri, ipsi quoque a Deo merentur audiri. Beatus apostolus Paulus in necessitate pressurae adiutus a fratribus, opera bona quae fiunt, sacrificia Dei dixit esse. "Saturatus sum," inquit,"recipiens ab Epaphradito ea quae a vobis missa sunt, odorem suavitatis, sacrificium acceptum et placitum Deo" Nam quando qui miseretur pauperis, Deum foenerat; et qui dat minimis, Deo donat, spiritualiter Deo suavitatis odorem sacrificat.

nurus - daughter - in - law
conversari - live
contestari - testify
Adesse se repromittit - He promises that He will be there.;
nodus - knot;
domesticus - member of household;
pressura - affliction;
opera bona... - he said that good works that are done are sacrifices to God;
saturare - fill, satisfy;
odorem suavitatis - a sweet odor
acceptus - acceptable;

quando qui - when anyone;
Deum foenerat - he lends at interest to God;

**Solve...* - Loose every knot of injustice, dissolve the oppressions of contracts that have no force. Let the harassed go into rest, and scatter every unjust engagement. Break your bread to the hungry, and lead the needy who have no roof into your house. If you see one naked clothe him, and do not despise those of your own line. Then your light shall break forth early, and your garments shall rise up swiftly [this last clause is a mistranslation of the Greek, in the version used by Cyprian. Should be: your healing will speedily arise] and justice shall go before you and the brightness of God will surround you. Then you will cry out, and God will hear you—" Isaias 58, 6 - 9;

[Tres pueri cum Daniele oraverunt hora tertia, sexta, et nona: sic praefigurabant mysterium Sanctissimae Trinitatis.]

34. In orationibus vero celebrandis invenimus observasse cum Daniele tres pueros in fide fortes et in captivitate victores horam tertiam, sextam, nonam, sacramento scilicet Trinitatis, quae in novissimis temporibus manifestari habebat. Nam et prima hora in tertiam veniens, consummatum numerum trini - tatis ostendit.

celebrare - frequent
observare - keep, respect
victor - victor
Trinitas - Trinity
manifestari habebat - was to be revealed
consummare - complete

Itemque ad sextam quarta procedens, declarat alteram trinitatem. Et quando a septima nona completur, per ternas horas trinitas perfecta numeratur. Quae horarum spatia iam pridem spiritualiter determinantes adoratores Dei, statutis et legitimis ad precem temporibus serviebant. Et manifestata postmodum res est sacramenta olim fuisse, quod ante sic iusti precabantur. Nam super discipulos hora tertia descendit Spiritus sanctus, qui gratiam dominicae repromissionis implevit. Item Petrus hora sexta in tectum superius ascendens signo pariter et voce Dei monentis instructus est, ut omnes ad gratiam salutis admitteret, cum de emundandis gentilibus ante dubitaret. Et Dominus hora sexta crucifixus, ad nonam peccata nostra sanguine suo abluit, et. ut redimere et vivificare nos posset, tunc victoriam suam passione perfecit.

declarat alteram - makes clear another group of three
terni - three each
repromissio - promise;
tectum - roof, house;
superius – above;
emundare – cleanse;
gentiles - gentiles (non - Jews);
vivificare - make alive;

**Quae horarum...* - And the adorers of God, spiritually determining these intervals of hours long ago, observed set times of prayer according to law (*legitimis*). And it was evident later on, that this practice of the just was a foreshadowing of things to come (literal: that the fact that the just used to pray thus was a mystery).;

[Sed nos, quia maiora dona a Deo accepimus, debemus orare non solummodo hora tertia, sexta, et nona, sed etiam mane, quia Dominus resurrexit mane. Debemus orare recedente sole: quia quando oramus ut lux iterum veniat, petimus adventum Christi. Christus enim est sol et lux. Ergo, debemus semper orare.]

35. Sed nobis , fratres dilectissimi, praeter horas antiquitus observatas orandi nunc et spatia et sacramenta creverunt. Nam et mane orandum est, ut resurrectio Domini matutina oratione celebretur. Quod olim Spiritus sanctus designabat in psalmis dicens: "Rex meus et Deus meus, quoniam ad te orabo Domine; mane exaudies vocem meam, mane assistam tibi, et contemplabor te." Et iterum per prophetam loquitur Dominus: "Diluculo vigilabunt ad me dicentes: Eamus et revertamur ad Dominum Deum nostrum." Recedente item sole, ac die cessante, necessario rursus orandum est. Nam quia Christus sol verus et dies est verus, sole ac die seculi recedente, quando oramus et petimus, ut super nos lux denuo veniat, Christi precamur adventum, lucis aeternae gratiam praebiturum. Christum autem diem dictum declarat in psalmis Spiritus Sanctus. "Lapis," inquit, "quem reprobaverunt aedificantes, hic factus est in caput anguli. A Domino factus est

antiquitus - of old
matutinus - morning (adj.)
designare - fore shadow
assistere - present self to, appear before (w. dat.)
contemplari - contemplate, look at
denuo - anew, again
Christum autem... - The Holy Spirit makes clear in the psalms that Christ was called the day
reprobare - reject
in caput anguli - the cornerstone
admirabilis - wonderful
iucundari - take pleasure
Malachin - Malachias (the prophet)
ala - wing

iste, et est admirabilis in oculis nostris. Iste est dies quem fecit Dominus, ambulemus et iucundemur in eum." Item quod sol appellatus sit, Malachin propheta testatur dicens: "Vobis autem, qui timetis nomen Domini, orietur sol iustitiae, et in alis eius curatio est." Quod si in scripturis sanctis sol verus et dies verus est Christus, hora nulla excipitur Christianis, quo minus frequenter ac semper Deus debeat adorari; ut qui in Christo, hoc est in sole et in die vero sumus, insistamus per totum diem precibus, et oremus; et quando mundi lege decurrens vicibus alternis nox revoluta succedit, nullum de nocturnis tenebris esse orantibus damnum potest, quia filiis lucis et in noctibus dies est. Quando enim sine lumine est, cui lumen in corde est? Aut quando sol et dies non est, cui sol et dies Christus est?

curatio - healing
quo minus - so that... not
insistere - persist
decurrere - run
vicibus alternis - in alternate turns
nox revoluta - the returning night follows;
nocturnus - of the night;
damnum - loss;

[Etiam nocte orandum est, sicut faciebat Anna, quae non recedebat a templo nocte et die]

36. Qui autem in Christo, hoc est in lumine, semper sumus, nec noctibus ab oratione cessemus. Sic Anna vidua sine inter - missione rogans semper et vigilans perseverabat in promerendo Deo, sicut in evangelio scriptum est: "Non recedebat, de templo, ieiuniis et orationibus serviens nocte ac die." Viderint vel gentiles, qui necdum illuminati sunt, vel Iudaei qui, deserto lumine, in tenebris remanserunt. Nos, fratres dilectissimi, qui in Domini luce semper sumus, qui meminimus et tenemus quid esse, accepta gratia, coeperimus, computemus noctem pro die. Ambulare nos credamus semper in lumine, non impediamur a tenebris quas evasimus. Nulla sint horis nocturnis precum damna, nulla orationum pigra et ignava dispendia. Per Dei indulgentiam recreati, spiritualiter et renati, imitemur quod futuri sumus. Habituri in regno sine interventu noctis solum diem, sic nocte quasi in lumine vigilemus. Oraturi semper, et acturi gratias Deo, hic quoque orare et gratias agere non desinamus.

nec noctibus - not even in the nights
vidua - widow (Anna, in Luke 2: 36)
in promerendo Deo - in deserving well of God
ieiunium - fasting
Viderint... - Let either the gentiles look to it, who are not yet enlightened (by faith)
piger - lazy
ignavus - base
dispendium - loss
recreare - remake, refresh
imitari - imitate (let us imitate that which we are going to be);
interventus - interruption;
hic - here;

Vocabularium

assistere (adsistere) -stitit (w. dat.) - present self to, appear before, stand by, aid	arbor, arbore, bona - tree
consummare, (1) - complete, perfect	benignus, a, um - kind
cunctari, (1) - delay, hesitate	eleemosyna, a - alms, almsgiving
imitari, (1) - imitate	ieiunium, o - fast, fasting
insistere, -stitit - persist, stand, attend to, halt	ignavus, a, um - base, lazy, cowardly
observare, (1) - observe, keep, respect	matutinus, a. um - morning
recreare, (1) - refresh, remake	operatio, one, bona - work
reprobare, (1) - reject	piger, -gra, -grum - lazy
	tectum, o - roof, house

Nunc Cogitemus et Exerceamus Nos

Let us practice a bit more on supplying words. But this time we will try some in which words are omitted in an interlocking style, somewhat like the one example we saw in the last lesson. Again, let us translate each example.
Sample: Marcus dona nobis, Paulus vobis dat.
Answer: Marcus dona nobis dat.

Paulus dona vobis dat.
Hic multa a Caesare, ille a Pompeio accepit.
Romani bene in terra, Carthaginienses in mari pugnant.
Marcus debet hic, Paulus ibi manere. Pompeius multum facere,
Caesar plus potest.
Livius historiam scribere, Horatius poemata amat.
Marcus die pugnare, Paulus nocte voluit.
Viris bonis parcere Caesar, pessimis Catilina vult.
Hi milites pontem facere, illi navem debent.
Ab his mala accipere, ab illis bona exspectaverunt.
Hi plus in equitibus, illi in militibus confidunt.

LECTIO QUADRAGESIMA SEPTIMA

De terminationibus novis

Sallust on Catiline's Conspiracy

We remember the conspiracy of Catiline from last year. Sallust, a former member of the Senate, wrote a history of the conspiracy. In it he presents the substance of two extremely interesting speeches, by Caesar and by Cato, on what should be done to the captured conspirators. Caesar, though under suspicion (probably unjust) of being implicated with Catiline, gives a clever, wonderfully persuasive speech, against the death penalty, and proposes instead the novel (for Rome) penalty of life imprisonment. He appeals forcefully (though not always rightly) to historical precedents, and to certain laws, whose exact nature is not clear to us. He probably would have carried the day had not Cato given a still more effective speech. In stinging rebuke he said: I have always defended righteousness, and made enemies in so doing. But you think more of your pos - sessions and pleasures than of the state. I warn you selfish people: it is against your self - interest to go light on the conspirators.

It is quite interesting to study the logic (and distortions thereof) in these speeches. But before reading the following stirring speech given by Caesar, it will be helpful to notice just two new endings. The objective plural of i-stem words in third declension can be -is instead of -es, e.g., omnis can be used instead of omnes, as objective plural. Similarly, in the perfect indicative, -ere can replace -erunt, e.g., amavere instead of amaverunt.

To make it easy at the start, we will underline these two endings wherever they occur in the reading of today's lesson. In addition, in a few places we will give Latin equivalents of a clause, or will supply words, in square brackets. Caesar speaks first:

"Omnis homines, patres conscripti, qui de rebus dubiis consultant, ab odio, amicitia, ira, atque misericordia vacuos esse decet, [omnes homines vacuos esse decet qui consultant..]. Haud facile animus verum providet ubi illa officiunt. Neque quisquam omnium libidini simul et usui paruit. Ubi intenderis ingenium,[ingenium] valet; si libido possidet, ea dominatur: animus nihil valet. Magna mihi copia est memorandi patres conscripti, qui reges atque populi, ira aut misericordia impulsi, male consuluerint [ex magna memoria dicere possum qui reges...male consuluerint]. Sed ea malo (I prefer) dicere quae maiores nostri contra libidinem animi sui recte atque ordine fecere. Bello Macedonico, quod cum rege Perse gessimus,

patres conscripti - senators
dubius - doubtful
consultare - consult,
amicitia - friendship
vacuus - free from
decet - it is fitting
haud: same as *non facile* - easily
verum - truth
providere - see
officiunt - hinder
quisquam omnium - anyone at all
libido - inclination, lust

Rhodiorum civitas, magna atque magnifica, quae populi Romani opibus creverat, infida et adversa nobis fuit. Sed postquam, bello confecto, de Rhodiis consultum est, maiores nostri—ne quis divitiarum magis quam iniuriae causa bellum inceptum diceret—impunitos eos dimisere. Item, bellis Punicis omnibus, cum saepe Carthaginienses, et in pace, et per indutias, multa nefaria facinora fecissent, numquam ipsi per occasionem talia fecere. Magis quid se dignum foret, quam quid in illos iure fieri posset quaerebant.

parére (+dat) - obey
intendere - apply
ingenium - mind
valére - be effective, hold sway
possidére - have power
dominari - rule

qui reges - what kings; impulsus - driven; recte atque ordine - rightly and in proper order; Bello Macedonico - in Macedonian war (with Persius, 171 - 67); Rhodii - the Rhodians (island near Asia Minor); magnificus - magnificent; infidus - faithless; adversus - opposed; consultum est - deliberation was held; confectus - finished; divitiarum... - for sake of riches more than...; impunitus - unpunished (not accurate - Rome set up free port of Delos to ruin trade of Rhodes); indutiae - truce; nefarius - wicked; facinus - deed; per occasionem - taking advantage of the opportunity; Magis... - They sought rather what was worthy of themselves; foret: same as *esset*; iure - rightly;

"HOC item vobis providendum est, patres conscripti, NE plus apud vos valeat P. Lentuli et ceterorum scelus, quam vestra dignitas. Neu magis irae vestrae quam famae consulatis. Nam, si digna poena pro factis eorum reperitur, novum consilium adprobo. Sin magnitudo sceleris omnium ingenia exsuperat, eis [poenis] utendum censeo quae legibus comparata sunt. Plerique eorum qui ante me sententias dixerunt, composite atque magnifice casum rei publicae miserati sunt. Quae belli saevitia esset, quae victis acciderent, enumeravere [dixerunt quae Saevitia belli esset...]—rapi virgines, pueros; divelli liberos a parentum complexu; matres familiarum pati quae victoribus conlibuissent; fana atque domos spoliari; caedem, incendia fieri; postremo, armis, cadaveribus, cruore atque luctu omnia compleri. Sed, per deos immortalis—quo illa oratio pertinuit? An uti vos infestos coniurationi faceret? Scilicet, QUEM res tanta et tam atrox non permovit, EUM oratio accendet! Non ita est, neque cuiquam mortalium iniuriae suae parvae videntur—multi eas gravius aequo habuere.

Hoc. - This also is to be looked out for by you
Lentulus - Lentulus (former consul and senator, now a conspirator)
scelus - crime
Neu: same as:
magnitudo - greatness;
exsuperare - surpass;
eis utendum... - I think those penalties should be used;
comparare - provide;
plerique - very many, most; composite atque magnifice - elegantly and wonderfully;
casus - misfortune;
miserari - pity;

Et ne - And may you not provide more for your anger than...
novum consilium - death penalty. Not unknown, of course, in Rome, but the Senate previously did not condemn anyone to death—that was done by vote of the people (at least as the court of last resort);

saevitia - savagery; enumerare - recount; rapere - carry off; divellere - tear away; complexus - embrace; quae conlibuissent - what it pleased the victors; fanum - shrine; spoliare - despoil; postremo -finally; cruor - blood; luctus - grief; quo... pertinuit - what was the purpose of that speech; uti: same as ut infestus - hostile; scilicet - I suppose (ironic tone); atrox -horrible; accendere - enkindle; cuiquam mortalium - to any man (Sallust likes mortalis for homo); gravius ... - consider more serious than they are

"Sed alia aliis licentia est, patres conscripti. Qui demissi in obscuro vitam habent, si quid iracundia deliquere, pauci sciunt—fama atque fortuna eorum pares sunt. Qui, magno imperio praediti, in excelso aetatem agunt, eorum facta cuncti mortales novere. Ita, in maxima fortuna, minima licentia est: neque studere, neque odisse, sed minime irasci decet. QUAE apud alios iracundia dicitur, EA in imperio superbia atque crudelitas appellatur. Equidem ego sic existimo, patres conscripti: omnis cruciatus minores quam facinora illorum esse. Sed plerique mortales postrema meminere, et, in hominibus impiis, sceleris eorum obliti, de poena disserunt, si ea paulo severior fuit.

alia... - some have one license, of her another
demissi -
in obscuro - low in obscurity
iracundia - anger
quid... delinq. - fail at all
praeditus - endowed with
in excelso - in lofty state
aetatem agunt - spend life;

studére - be partisan; minime - least of all; dicitur - is called; equidem - for my part, surely; existimare - think, judge; cruciatus - torment; postremus - last; in hominibus - in the case of wicked men; sceleris obliti... - forgetting their crime, talk about; paulor sererior - a bit too severe;

"D. Silanum, virum fortem atque strenuum, certo scio quae dixerit studio rei publicae dixisse, neque illum, in tanta re, gratiam aut inimicitias exercere [Scio Silanum dixisse quae dixerit studio rei publ., et non exercere gratiam aut inimicitias]. Eos mores, eamque modestiam viri cognovi. Verum sententia eius mihi non crudelis quid enim in talis homines crudele fieri potest?—sed aliena a re publica nostra videtur. Nam profecto aut metus aut iniuria te subegit, Silane, consulem designatum, genus poenae novum decernere. De timore supervacaneum est disserere, cum praesertim diligentia clarissimi viri consulis tanta praesidia sint in armis. De poena possum equidem dicere (id quod res habet) in luctu atque miseriis, mortem aerumnarum requiem, non cruciatum esse: eam cuncta mortalium mala dissolvere: ultra, neque curae, neque gaudio locum esse. Sed, per deos immortalis, quam ob rem in sententiam non addidisti uti prius verberibus in eos animadverteretur? An quia lex Porcia vetat? At aliae leges item condemnatis civibus non animam eripi, sed exsilium permitti iubent. An quia gravius est verberari quam necari? Quid autem

Decimus Silanus - consul-elect (designatus): He had proposed death.
strenuus - vigorous
res publica - the state
gratiam exercere... - is not playing favorites, or practising hostility
eos mores... - such (to be)the character
modestia - discretion, moderation
verum - but
in - against
aliena a re publ. - foreign to our state
profecto - surely
metus - fear
subigere - drive
supervacaneus - superfluous

acerbum aut nimis grave est in homines tanti facinoris convictos? Sin quia levius est, qui convenit in minore negotio legem timere, cum eam in maiore neglegeris?

disserere - discuss
diligentia - by the diligence;

id quod res habet - that which is really true; luctus - grief; miseria - misery; mortem... - that death is rest from sorrow, not a torment, that it dissolves—(Caesar does not believe in a future life); ultra - beyond (death); verberibus animadvertere - punish with whipping; An - or is it; lex Porcia (about 200 BC, seems to have prohibited scourging of citizens); At aliae leges... - But other laws order, not that life be taken from condemned citizens, but that exile be permitted.; verberare - scourge; necare - kill; acerbus - harsh; convictus - convicted of; levis - light, mild; qui convenit - how is it fitting;

"At enim quis reprehendet, quod in parricidas rei publicae decretum erit?—Tempus, dies, fortuna, cuius libido gentibus moderatur. Iiis merito accidet, quicquid evenerit. Ceterum, vos, patres conscripti, quid in alios statuatis considerate. Omnia mala exempla ex bonis orta sunt. Sed ubi imperium ad ignaros eius, aut minus bonos pervenit, novum illud exemplum ab dignis et idoneis ad indignos et non idoneos transfertur. Lacedaemonii, devictis Atheniensibus, triginta viros imposuere, qui rem publicam eorum tractarent. Ei primo coepere pessimum quemque, et omnibus invisum indemnatum necare; ea populus laetari, et merito dicere fieri. Post, ubi paulatim licentia crevit, iuxta bonos et malos libidinose interficere, ceteros metu terrere. Ita civitas, servitute oppressa, stultae laetitiae gravis poenas dedit. Nostra memoria, victor Sulla, cum Damasippum et alios eius modi, qui malo rei publicae creverant, iugulari iussit, quis non factum eius laudabat? Homines scelestos et factiosos, qui seditionibus rem publicam exagitaverant, merito necatos aiebant. Sed ea res magnae initium cladis fuit. Nam uti* quisque domum aut villam—postremo vas aut vestimentum—alicuius concupiverat, dabat operam ut is in proscriptorum numero esset. Ita illi, quibus Damasippi mors laetitiae fuerat, paulo post ipsi trahebantur. Neque prius finis iugulandi fuit quam Sulla omnis suos divitiis explevit. Atque ego haec non in M. Tullio, neque his temporibus vereor. Sed in magna civitate, multa et varia ingenia sunt. Potest, alio tempore, alio consule, cui item exercitus in manu sit, falsum aliquid pro vero credi. Ubi hoc exemplo per senatus decretum consul gladium eduxerit, quis illi finem statuet, aut quis moderabitur?

reprehendere - criticize
parricida - murderer
moderari - rule over (w. dat.)
exemplum - precedent
ignarus - unacquainted with (w. poss.)
idoneus - fit
tractare - manage (at end of Peloponnesian War in 404 BC, the 30 tyrants, supported by Sparta, ruled Athens)
pessimum quemque - all the worst men
invisus - hated
indemnatus - without trial
laetari: this (and several inf. in next sentence) can either depend on coepere, or be taken as historical infs. (trans. like indic, with subject in nom.)
paulatim - little by little
iuxta (adv.) - equally, indiscriminately
libidinose - capriciously;
servitute oppressa - crushed in slavery;
poenam dare - pay penalty of;

nostra memoria - within our memory; alios eius modi - others of that kind; iugulare - kill; factum - deed;

factiosus - seditious; seditio - sedition; exagitare - disturb; clades - disaster;
uti quisque - according as each one desired the home...; postremo - finally; vas - vessel, utensil; dare operam - take care, apply self to; proscriptus - proscribed; quibus Damasippi... - for whom the death of D had been (for) a joy; paulo post - a bit later; prius...quam - before (earlier... than); omnis suos - all his friends; explére - fill; vereri - fear;

"Maiores nostri patres conscripti, neque consili, neque audaciae umquam eguere. Neque illis superbia obstabat quo minus aliena instituta, si modo proba erant, imitarentur. Arma atque tela militaria ab Samnitibus, insignia magistratuum ab Tuscis pleraque sumpserunt. Postremo, quod ubique apud socios aut hostis idoneum videbatur, cum summo studio domi exsequebantur. Imitari quam invidére bonis malebant. Sed, eodem illo tempore, Graeciae morem imitati, verberibus animadvertebant in civis, de condemnatis summum supplicium sumebant. Postquam res publica adolevit, et multitudine civium factiones valuere, circumveniri innocentes, alia huiusce modi fieri coepere, tum lex Porcia, aliaeque leges paratae sunt, quibus legibus exsilium damnatis permissum est. Hanc ego causam, patres conscripti, quo minus novum consilium capiamus, in primis magnam puto. Profecto virtus atque sapientia maior illis fuit, qui ex parvis opibus tantum imperium fecere, quam in nobis, qui ea bene parta vix retinemus.

audacia - boldness
egére - lack, want
obstare quominus - prevent from
institutum - custom, institution
si modo - if only
probus - upright
tela militaria - military weapons
Samnites - the Samnites (people in mts. of central Italy)
insignia - badge, insignia
Tusci - Etruscans
ubique - everywhere
exsequi - carry out, pursue;
invidére - envy (w. dat.);
verberibus animadvertere - punish with scourging;
supplicium sumere - exact punishment from;

adolescere - grow up; factio - faction; circumvenire - surround, defraud; huiusce modi - of this sort; quibus legibus - by which laws; damnatus - condemned; profecto - surely; partus - obtained; vix - hardly, scarcely

"Placet igitur eos dimitti, et augeri exercitum Catilinae? Minime. Sed ita censeo: publicandas eorum pecunias, ipsos in vinculis habendos per municipia quae maxime opibus valent; neu quis de eis postea ad senatum referat, neve cum populo agat—qui aliter fecerit, senatum existimare eum

censére - judge, propose
publicare - confiscate
municipium - town
neu: same as:
Et ne - And let not anyone
ad senatum referre - refer to

contra rem publicam et salutem omnium facturum." the senate; the people;

aliter - otherwise; neve - nor; agere cum populo - discuss it before that the senate think that he would act against.; dare operam - take care, apply self to, exert self

Vocabularium

decet, decuit - it is proper, fitting
disserere, -seruit, -sertus - discuss
existimo, (1) - think, judge, consider
moderari, (1) - regulate, moderate, restrict (w. dat.)
necare, (1) - kill
reprehendere, -hendit, -hensus - criticize
equidem - for my part, surely
facinus, ore.magnum - deed
haud: same as non
idoneus. a.um - fitting,
suitable levis, e, i - light, mild
libido, -dine, magna - lust, whim
patres conscripti - senators
postremus, a, um - last
res publica - state
profecto - surely, definitely
uti: same as ut
vix - hardly, scarcely, with difficulty

LECTIO QUADRAGESIMA OCTAVA

Iterum de terminationibus novis

Cato's Speech

One new ending occurs just once in today's reading: -re for the second person singular passive ending -ris. This change can be made on any form that could have used the -ris. Today it comes in the second paragraph: persequare.

Of course, the new endings from the last lesson will appear in this lesson too. They will not be underlined this time.

And now, Cato tries to refute Caesar's arguments.

decide against them Nam cetera... - For you may prosecute (optional 2nd sg. ending) other evil deeds then, when they have been done...; implorare - beg; nihil reliqui - nothing left; villa - country estate; signa, tabulas - statues, paintings; pluris quam... - make more of them than of the state; cuiuscumque modi sunt... - of whatever sort they are which you embrace; otium - leisure; expergiscimini aliquando... - wake up sometime, and take care of the state; Non agitur - there is not question of; vectigalis - tribute paying (province)

Postquam Caesar dicendi finem fecit, ceteri verbo alius alii varie adsentiebantur. At M. Porcius Cato, rogatus senten - tiam, huiusce modi orationem habuit:

"Longe mihi alia mens est, patres conscripti, cum res atque pericula nostra considero, et cum sententias non nullo - rum ipse mecum reputo. Illi mihi disseruisse videntur de poena eorum qui patriae, parentibus, aris, atque focis suis bellum paravere. Res autem monet cavere ab illis magis quam quid in illos statuamus consultare. Nam cetera mali - ficia TUM persequare UBI facta sunt—hoc, nisi provideris ne accidat, ubi evenit, frustra iudicia implores. Capta urbe, nihil fit reliqui victis! Sed, per deos immortalis, vos ego appello, qui semper domos, villas, signa, tabulas vestras pluris quam rem publicam fecistis. Si ista (cuiuscumque modi sunt quae amplexamini) retinere, si voluptatibus vestris otium praebere vultis—expergiscimini aliquando! et capessite rem publicam! Non agitur de vectigalibus, neque de sociorum iniuriis; libertas et anima nostra in dubio est!

verbo... - one agreed verbally with another, variously
rogatus sententiam - asked for his opinion
huiusce modi - of this sort
longe mihi... - my attitude is far different
reputare - consider
focus - hearth
Res monet... - The situation warns (us) to take precautions against them rather than to deliberate on what (penalty) we may

"Saepenumero, patres conscripti, multa verba in hoc ordine feci. Saepe de luxuria atque avaritia nostrorum civium questus sum, multosque mortalis ea causa adversos habeo. Qui mihi atque animo meo nullius umquam delicti gratiam fecissem, haud facile alterius libidini male facta condonabam. Sed ea tametsi vos parvi pendebatis, tamen res publica firma erat; opulentia neglegentiam tolerabat. Nunc vero non id agitur: bonisne an malis moribus vivamus, neque quantum aut quam magnificum imperium populi Romani sit, sed haec, cuiuscumque modi videntur, nostra an nobiscum una hostium futura sint. Hic mihi quisquam mansuetudinem et misericordiam nominat? Iam pridem quidem nos vera vocabula rerum amisimus. Quia bona aliena largiri liberalitas, malarum rerum audacia fortitudo vocatur, eo res publica in extremo sita est. Sint sane—quoniam ita se mores habent—liberales ex sociorum fortunis. Sint misericordes in furibus aerari. Ne illi sanguinem nostrum largiantur, et, dum paucis sceleratis parcunt, bonos omnis perditum eant.

saepenumero - very often in hoc ordine - in this body (senate) luxuria - luxury avaritia - greed questus sum - I have complained adversus - opposed, hostile delictum - fault. crime gratiam facere - grant pardon haud facile - not easily did I forgive another's self - will (for evil deeds) tametsi - even though; parvi pendere - make little of; opulentia... - the power of the state endured negligence (..state was strong enough to withstand abuse)

non id agitur... - this is not now the question: whether (- ne) we should live...; sed haec... - but (the question is whether) these things, of whatever sort they seem to be, are to be ours, or the enemy's along with us.; hic - at this point; mansuetudo - meekness; nominare - name; iampridem - now for a long time; vocabulum - word, name; bona aliena... - to give a way other people's goods (is called) liberality; audacia - boldness; eo - because of this; in extremo - in extre - mity; sita est - is placed; Sint sane... - Let them be (i.e., even if they are); ita se mores habent - for such are morals; liberalis - generous; misericors - merciful; fures aerari - treasury thieves; sceleratus - wicked; perditum eant - go to ruin all good men;

"Bene et composite C. Caesar paulo ante in hoc ordine de vita et morte disseruit—credo falsa existimans ea quae de inferis memorantur: diverso itinere malos a bonis loca taetra, inculta, foeda atque formidulosa habere. Itaque censuit pecunias eorum publicandas, ipsos per municipia in custodiis habendos—videlicet timens ne, si Romae sint, aut a popularibus coniurationis, aut a multitudine conducta per vim eripiantur. Quasi vero mali atque scelesti tantum modo in urbe, et non per totam Italiam sint; aut non ibi plus possit audacia, ubi ad de - fendendum opes minores sunt. Qua re vanum equidem hoc consilium est, si periculum ex illis metuit. Sin in tanto omnium metu solus non timet, eo magis refert me mihi atque vobis timere. Qua re cum de P. Lentulo ceterisque statuetis, pro certo habetote vos simul de exercitu

composite - skillfully inferi - the dead memorare - tell diverso itinere... - that the bad have on a separate path from the good, loathsome, de - solate, foul, and fearful places censére - propose publicare - confiscate videlicet - I suppose populares coniurationis - comrades in conspiracy

Catilinae et de omnibus coniuratis decernere. Quanto vos attentius ea agetis, tanto illis animus infirmior erit. Si paulum modo vos languere viderint, iam feroces aderunt.

conductus - hired
quasi vero - just as if;
audacia - boldness;
vanus - vain;

eo magis - all the more because of that; refert - it is important; habetote (fut.imperative) - realize !; coniuratus - conspirator; quanto attentius. - .tanto - the more intently...the weaker (Note: tanto...quanto can be transl. by: the...the).; paulum - a little; languere - be weak, inactive;

"Nolite existimare maiores nostros armis rem publicam ex parva magnam fecisse. Si ita res esset, multo pulcherrimam eam nos haberemus. Quippe sociorum atque civium, praeterea, armorum atque equorum maior copia nobis quam illis est. Sed alia fuere quae illos magnos fecere, quae nobis nulla sunt—domi industria, foris iustum imperium, animus in consulendo liber, neque delicto neque libidini obnoxius. Pro his nos habemus luxuriam atque avaritiam, publice egestatem, privatim opulen tiam. Laudamus divitias, sequimur inertiam, Inter bonos et malos, discrimen nullum; omnia virtutis praemia ambitio possidet. Neque mirum. Ubi vos separatim sibi quisque consilium capitis, ubi domi voluptatibus [servitis], hic pecuniae aut gratiae servitis, eo fit ut impetus fiat in vacuam rem publicam.

quippe - for praeterea - besides foris - abroad
obnoxius - addicted to
pro his - in place of these
publice egestatem. . .in public, poverty, in private, riches (i.e., public interests are neglected, while individuals make display of wealth)
inertia - sluggishness
discrimen - difference

ambitio - ambition; mirus - wonderful, strange; ubi - since; separatim - separately, individually; voluptas - pleasure; gratia - influence (political) eo - because of this it happens; vacuus - empty, unattended;

"Sed ego haec omitto. Coniuravere nobilissimi cives patriam incendere. Gallorum gentem infestissimam nomini Romano ad bellum arcessunt. Dux hostium cum exercitu supra caput est. Vos cunctamini etiam nunc? Et dubitatis quid intra moenia deprensis hostibus faciatis? Misereamini, censeo—deliquere homines adulescentuli per ambitionem—atque etiam armatos dimittatis! Ne ista vobis mansuetudo et misericordia, si illi arma ceperint, in miseriam convertat. Scilicet res ipsa aspera est, sed vos non timetis eam. Immo vero maxime—sed inertia et mollitia animi, alius alium exspectantes cunctamini, videlicet dis immortalibus confisi, qui hanc rem publicam saepe in maximis periculis servavere! Non votis, neque suppliciis muliebribus auxilia deorum parantur. Vigilando, agendo, bene consulendo, prospera omnia cedunt. Ubi socordiae te atque ignaviae

omittere - pass by
coniurare - conspire
incendere - burn
infestus - hostile
arcessere - invite,
supra (w - obj.) - above
cunctari - hesitate
moenia - city walls
deprehensus - caught
misereamini censeo... - take pity, I propose (sarcasm)
adulescentulus - youth
armatus - armed
miseria - misery asper - dangerous, harsh
Immo vero... - Rather (you do fear it) very greatly
inertia et mollitia - out of

tradideris, nequiquam deos implores. Irati infestique sunt. Apud maiores nostros, A. Manlius Torquatus bello Gallico filium suum, quod is contra imperium in hostem pugnaverat, necari iussit; atque ille egregius adulescens immoderatae fortitudinis morte poenas dedit—vos de crudelissimis parricidis quid statuatis cunctamini? Videlicet cetera vita eorum huic sceleri obstat. Verum parcite dignitati Lentuli, si ipse pudicitiae, si famae suae, si dis aut hominibus umquam ullis pepercit. Ignoscite Cethegi adulescentiae, nisi iterum patriae bellum fecit. Nam quid ego de Gabinio, Statilio, Caepario loquar? Quibus si quicquam umquam pensi fuisset, non ea consilia de re publica habuissent. Postremo, patres conscripti, si, mehercule, peccato locus esset, facile paterer vos ipsa re corrigi, quoniam verba contemnitis. Sed undique circumventi sumus! Catilina cum exercitu faucibus urget. Alii intra moenia atque in sinu urbis sunt hostes, neque parari, neque consuli quicquam potest occulte. Quo magis properandum est.

sluggishness and softness
dis: abl. pl. of deus (w. confisus - trusting in)
votum - prayer
suppliciis muliebribus - by womanly supplications
prospera omnia cedunt - all things turn out well
socordiae ignaviae - to sloth and cowardice;
nequiquam - in vain;
implorare - beg;
immo-deratus - excessive;
poenam dare - pay penalty;
parricida - murderer;
Videlicet... - I suppose, the rest of their life stands in the way of this (tends to mitigate)
verum - but;
pudicitia - modesty;
adulescentia - youth; quid - why;
si quicquam... - if anything had ever been of value (respected);
postremo - finally;
mehercule - by Hercules;
si.. . peccato... - if there were room for a mistake;
corrigere - correct; undique - on all sides;
fauces - throat, jaws;
urgére - press, beset;
intra (w. obj.) - within;
sinus - bosom;
neque parari... - neither can anything be prepared or deliberated on secretly;
quo magis - all the more;
properare - hasten;

"Qua re ego ita censeo: cum, nefario consilio sceleratorum civium, res publica in maxima pericula venerit, eique indicio T. Volturci et legatorum Allobrogum convicti confessique sint caedem, incendia, aliaque se foeda atque crudelia facinora in civis patriamque paravisse, de confessis, sicuti de manifestis rerum capitalium, more maiorum supplicium sumendum."
P. S. — Cato won.

nefarius - wicked
indicium - testimony
T. Volt. - Titus Voltur cius and the legates of the Allobroges (Gauls)
foedus - foul;
manifestis rerum... - those caught in capital crime

more maiorum - in accord with customs of ancestors;
supplicium sumendum; depends on censeo - I think punishment should be exacted;
convictus - convicted

Vocabularium

censére, censuit, census - judge, propose, estimate queri, questus est - complain	iam pridem - long ago, now for a long time praeterea - besides, further more undique - on all sides, from all sides adversus, a, um - opposed opposite, hostile delictum, o - sin, crime discrimen, mine, magnum - difference, crisis, danger inertia, a - sluggishness infestus, a, um - hostile mansuetudo, dine, bona - meekness, mildness voluptas, tate, parva - pleasure

HOW DO YOU SAY IT DEPARTMENT

Last year we learned some ways of saying certain things. This year we want to add new ways of saying things, and to make our old information more exact. Therefore the following sections will add new things and review old. To make things convenient to remember and to use, we are going to group everything around certain classes of ideas. Thus, for example, we shall learn all the ways to express the following ideas: because, although, in order that, etc. With each group we shall have some English to Latin sentences. The sentences will be connected more or less with the Old Testament history. If you look over the pages of the Old Testament that will be indicated, you will find it a help in doing these sentences.

But, by way of introduction to this material, we need to explain one or two general principles that have very wide usefulness. They concern the curious fact that sometimes a clause that ordinarily would have the indicative (e.g., a because clause with quia) may turn to subjunctive.

Why Indicatives Leave Home (and go Subjunctive)

We shall have three principles: the first two cover only dependent (subordinate) clauses—the third applies to any kind of clause, dependent or independent alike. So here are three situations in which an indicative may leave home:

1. Attraction of a subjunctive: When one dependent clause comes (at least logically) inside of another dependent clause that is subjunctive, both may be subjunctive, just to be sociable. Notice this sentence first:

Misit milites ut latronem interficerent.
He sent soldiers to kill the thief.

Of course, the ut clause (purpose) should be subjunctive anyway. But now suppose we put inside the ut clause, a quia clause (which would ordinarily be indicative):

Misit milites ut latronem, quia vir malus esset, interficerent.

Even if the word order were different, the result would be the same:

Misit milites ut latronem interficerent, quia vir malus esset.

2. Within an indirect statement that has objective and infinitive:
For practical purposes, this works the same as the attraction. of the subjunctive—the objective & infinitive indirect statement seems to hold a sort of attraction:

Aaron dixit omnes homines timere Moysen quia magnus esset.
Aaron said that all men feared Moses because he was great.

3. Nature of the thought: (See p. 150) Any clause, independent or dependent, may be subjunctive merely because the idea involved calls for subjunctive. The most common ideas that call for subjunctive in this way are: obligation, ideal condition, softened statement etc.:

Obligation: Nihil est quod hic maneas.
There is no reason why you should remain here.
Ideal Cond.: Is qui hoc faceret, latro esset.
He who would do this would be a thief.(Feeling: IF anyone would...he would)
Softened Velis hic manere ?
Statement: Would you like to stay here?
Note: Practically all authors agree in situations covered by the 3rd point (the nature of the thought) but some authors pay little attention to the first two principles—and again, if the writer thinks of a thing as very strongly FACTUAL or wants to stress a factual character, he will use indicative in spite of the first two principles.

How Do You Say: Although? (or: Even if)
De clausulis adversativis: Adversative or Concessive Clauses)

Although God had given them many good things, they murmured against Him.

1. QUAMQUAM	multa	bona	Deus	illis	DEDERAT,	contra	eum	murmuraverunt.
2. CUM	“	”	“		DEDISSET,	“	”	“
3. QUAMVIS	“	”	“	”		“	”	“
4. QUAMLIBET	“	”	“	”		“	”	“
5. LICET	“	”	“	”		“	”	“
6. ETSI	“	”	“		DEDERAT	“	”	“
7. TAMETSI	“	”	“	”		“	”	“
8. ETIAMSI	“	”	“	”		“	”	“

If we change the English sentence just a bit, we can also say:
They murmured against God WHO (i.e., although He) had given them many good things.
9. Contra Deum, QUI multa bona eis DEDISSET: murmuraverunt.

Notice the large list of combinations possible. We have used the moods that most Latin writers use with them (this will be a policy throughout all this section—but let it be understood that there are many exceptions in this matter of mood). We could summarize the results thus:

A. Indicative: Quamquam

B. Subjunctive: Cum, Quamvis, quamlibet, licet, qui (any form of Qui—relative clause)

C. Indicative or Subjunctive: Etsi, Tametsi, Etiamsi—the mood depends on whether we have a REAL or an IDEAL condition on hand (review the difference from last year, or look ahead to the section in this book on IF).

Notes: 1. Once in a while we find UT meaning ALTHOUGH—almost always subjunctive.

2. Recall from last year that an ablative absolute or participle may carry an *although* idea. E.g.,

Contra Deum, multis bonis ab eo acceptis, murmurmaverunt.

3. Late Latin sometimes has quando (indic. or subj.) to mean although.

English to Latin (Cf. lesson 2)

1. Although they had traveled only three days, they murmured against Moses.
2. Even though they were in the desert, they were able to have water.
3. Even though God had sent them quail, they did not serve Him well.
4. Although God is just, He did not punish them because of this murmuring.
5. They do not love God who is good to them.

How Do You Say: Because? (or Since)

De clausulis causalibus: Causal Clauses

Because Moses was great, the people feared him.

1. QUOD (or: EO QUOD) Moyses magnus ERAT, populus eum timuit.
2. QUIA
3. QUONIAM
4. CUM " " ESSET,

If we change the English sentence just a bit, we can also say:
The people feared Moses WHO (i.e., BECAUSE he) was great.

5. Moysen, QUI (or: QUIPPE QUI or UTPOTE QUI) bonus ESSET: populus timuit. Two special refinements are possible in BECAUSE clauses:

a) Rejected Reason

He left home not because he did not love his father, but to serve God.

6. Ille domo discessit NON QUOD patrem non AMARET, sed ut Deo, serviret.

The NON QUOD clause gives a reason that is rejected—note it is subjunctive.

b) Quoted Reason: Here is a refinement that English does not have. Thus, if the Dean sends a teacher an excuse for a student, he may write on it:

He was absent because he was sick.

Does the Dean guarantee the student really was sick? or is the Dean merely quoting the student (quoted reason)? English cannot say—but Latin can: it uses subjunctive to show that the reason is only quoted:
7. Aberat quia aeger esset.
He was absent because (as he says) he was sick.

Let us summarize our results:
A. Indicative or subjunctive (they turn subj. to show quoted reason or rejected reason) Quod, Quia, Quoniam (Test quoted reason by inserting "as he says" etc.)
B. Subjunctive: Cum, Qui (any form of Qui—with or without Quippe, Ut, or Utpote) (rel. cl.)
NOTES: 1. Quando with indicative can mean because or since.
2. Remember that an ablative absolute or participle may carry a because idea. E.g., Multis miraculis visis. . . . Because many miracles had been seen. . . ,

English to Latin (Cf. lessons 3 - 5)

1. Because God will descend, the people must not ascend the mountain.
2. They feared Moses who had been on the mountain with God.
3. Because Moses delayed on the mountain, they came to Aaron.
4. Aaron made a molten calf because (as he said) the people asked him.
5. God did not destroy them, because Moses prayed.

How Do You Say: If?
De sententiis conditionalibus : (Conditional Sentences)

Here are some different kinds of IF sentences — notice that each comes in 2 parts:

1.	IF Moses	comes (will come, will have come)	it will be well.
2.	IF Moses	is here	it is well.
3.	IF Moses	was here	it was well.
4.	IF Moses	SHOULD come (comes)	it WOULD be well.
5.	IF Moses	were here	it WOULD be well.
6.	IF	had been here	it WOULD HAVE been well.

It is easy enough to translate these into Latin —the only problem is to recognize what variety of IF sentence we have. But notice the above six:

The last group of three all have WOULD in the second part (the conclusion). The first group of three do not have would in the second part. This fact makes it easy for us to classify the different varieties:

All that have WOULD in the conclusion use: **Subjunctive—ideal Conditions**

All that do not have would in conclusion: **Indicative—real Conditions**

So— let us translate the six:

1.	SI Moyses	veniet (venerit)	— bene erit.	
2.	SI Moyses	adest	— bene est.	REAL—INDICATIVE
3.	SI Moyses	aderat	— bene erat.	
4.	SI Moyses	veniat (venerit)	— bene sit.	
5.	SI Moyses	adesset	— bene esset.	IDEAL—SUBJUNCTIVE
6.	SI Moyses	adfuisset	— bene fuisset.	

Now we need to notice the tenses of the indicative and subjunctive.
All reals— normal tenses—obvious—future (fut. perf.), present, past.
All ideals—tenses ONE NOTCH OFF:

There is no future subjunctive—so we use present (present perfect)
We used present for future —so we use imperfect for present ideal.
We used imperfect for present ideal—so we use pluperfect for past ideal.

Here would be a table of moods and tenses:

Future		Future (Future Perfect
Present	REAL —INDICATIVE	Present
Past		Past (any tense, as needed)
Future		Present (Present Perfect)
Present	IDEAL —SUBJUNCTIVE	Imperfect
Past		Pluperfect

Note: The first and second part of conditional sentences may be of different types.

Then we are said to have a "Mixed Condition".

Summary: All reals have indicative, with obvious, natural tenses.
All ideals have subjunctive, with tenses one notch off.

English to Latin (Cf. lesson 5)

1. If Moses had not prayed, the Lord God would have destroyed them.
2. If they belong to the Lord, the sons of Levi will do this.
3. If Moses were here, we would not be worshipping the molten calf.
4. If he should see us, what would he say?
5. If he had not prayed for us, we would not be here.

How Do You Say: So that (as a result)?
De clausulis consecutivis: Consecutive or Result Clauses)

He was so good that all loved him.

1. Tam bonus erat UT omnes eum AMARENT
2. " " " QUOD omnes eum AMARENT

If we change the English just a bit we can get the same sense:
There was no one who did not love him.

3. Nemo erat QUI eum non AMARET (Who was "such that" he did not love him).

Take a similar thought, for a different structure: He was worthy to be (who should be) loved by all.

4. Dignus erat QUI ab omnibus AMARETUR.

To sum up, we have:
Subjunctive: Ut (negative: ut non), Qui (any form of Qui—notice the special use of Qui after words meaning worthy or fit, as in 4) QUOD— This is a strictly Medieval, but good usage.
Notes: 1. If you remember the rules for subjunctive tense sequence, from last year—there is a fairly frequent exception possible in this sort of structure:
Franciscus tam sancte vixit ut omnes hodie ament eum.
Francis lived so holily that all men today love him.

Last year we learned the sequence of tenses thus:

MAIN VERB	DEPENDENT VERB (Subjunctive)
Primary — Any tense but a past	Present or Perfect (according to sense)
Secondary any past tense	Imperfect or Pluperfect (according to sense)

But in the above example, we have a secondary main verb (vixit) with a primary subjunctive (ament). Why? Just because the sense demands it—try the same sentence with an imperfect — how could that fit with hodie, today? Similarly, a perfect subjunc - tive could be used in secondary sequence, if the sense called for it.

2. Look again at sentence #3 above — instead of using QUI. . . NON, we could have:

Nemo erat QUIN eum amaret.

This same word quin can be extended a bit farther:

Nemo potuit eum videre QUIN amaret eum.
No one could see him WITHOUT LOVING HIM.

Quin can be used only when English would have such a combination as WITHOUT LOVING—that is, the word WITHOUT, followed by —ING. So our first quin example:

Nemo erat *quin* eum amaret.
No one was *without loving* him.

This structure is very handy when you get used to it.

We sometimes find: Dignus amari: or Dignus ad amandum—worthy to be loved.
To see if an English sentence is the type 3 above, use the test phrase: "such that"
At times in Late or Medieval Latin we find *quatenus* with the subjunctive instead of ut.

English to Latin (Cf. lesson6)

1. Core was so proud that he did not fear Moses.
2. He was not a man who wanted to obey.
3. He was not worthy to put incense on the fire before the Lord.
4. No one can blaspheme the Lord without being punished.
5. The land swallowed them, so that even today their bodies have not been found.

How Do You Say? It happened that . . . . He brought it about that . . . .
De clausulis consecutivis substantivis: Substantive Result clauses

It happened that they came to Mount Hor.

1. Accidit UT ad Montem Hor VENIRENT.
2. " QUOD " "
3. " " " " VENERUNT.
4. Contigit eos ad Montem Hor VENIRE.
5. Effecit UT omnes eum AMARENT.
6. Fecit omnes eum AMARE.

We can summarize our results thus:

A. Subjunctive: Ut (ut non)

B. Indicative or Subjunctive: Quod (Largely Medieval, but good)

C. Objective and Infinitive: no conjunction used (this structure used only with a few verbs - It is Late Latin)

Note: Here is an odd type that one often finds in the Scriptures.

Factum est, mater locuta est ad eum.
It happened (that) his mother spoke to him.

What is strange about it? There is no word for that. In the examples above, we omit that word only with the objective + infinitive structure, not with the subjunctive or indicative. This sort of example is not frequent in most writers. It is called a paratactic clause of result. (Paratactic is a word from the Greek meaning "arrange side by side" —in it we have two clauses side by side—no grammatical dependence: for there is no conjunction such as that, but there is a thought dependence).

English to Latin (Cf. lessons 6 - 7)

1. It happened that Moses struck the rock twice.
2. Moses brought it about that water came from the rock.
3. He made water flow from the rock.
4. God made fiery serpents come among the people.
5. It happened that they were healed when they looked at the bronze serpent.

How do you say: There is no doubt/I doubt whether he is...?
De clausulis post verba dubitationis: Clauses after verbs of Doubt

Remark: Both English and Latin have somewhat different conjunctions with doubt ideas depending on whether there is a negative (e.g., there is no doubt) or not.

NEGATIVE: There is no doubt that (but that) he is a saint.
1. Non est dubium QUIN SIT sanctus.
2. Non est dubium eum ESSE sanctum.

AFFIRMATIVE: I doubt whether (that) that man is a saint.
1. Dubito NUM ille sit sanctus.
2. Dubito illum ESSE sanctum.

We can summarize our results thus:
A. Subjunctive: After a negative — *Quin*
After an affirmative—*Num* (any indirect question - and so might be indicative at times)
B. Objective and Infinitive: - no conjunction; no distinction of affirmative& negative
Note: The Objective and Infinitive form is largely Late Latin, but perfectly good. Late Latin also uses, at times, Quod or Quia.

English to Latin (Cf. lesson 7)

1. There is no doubt that Josue was a faithful servant of Moses.
2. Moses had doubted whether water would come from the rock.
3. There is no doubt but that the Lord has given over all this land into our hands.
4. Because of his doubt, he did not go into the land which God gave to the sons of Israel.
5. Do you doubt Moses died on Mount Nebo?

How Do You Say? I fear that (lest) ....
(De clausulis post verba timoris: Clauses after verbs of Fear)

I fear [that he is coming.
lest he come.

1.	Timeo NE VENIAT.
2.	" eum venire.
3.	" QUOD VENIAT.
	I fear that he is NOT coming.
4.	Timeo UT VENIAT.
5.	" eum non venire.
6.	'' QUOD non VENI

We can summarize our results thus:
A. Subjunctive - Ne or ut (note that ut means that not)
Quod— Late Latin, but good.
B. Objective & Infinitive - No conjunction— Late Latin,

Notes: 1. Look at sentences 1 and 4. Notice that the *ut* has the strange meaning of that not, while *ne*, which we translated by lest, could just as well be translated by that. In other words—after verbs (or ideas) of fear, *ut* and *ne* get scared, and reverse their meanings. But why?
In early times, sentences 1 and 4 would have been written in 2 pieces each, not in one piece, thus:

1. Timeo. Ne veniat.
I fear. May he not come.
4. Timeo. (Ut) veniat.
I fear. May he come.

A little thought will show that to say: I fear. May he not come—means the same as:
I fear lest he come (or: that he is coming)
But to say: I fear. May he come—means the same as:
I fear that he may not come.
2. Ne. . . non may replace ut.

English to Latin (Cf. lesson 8)

1. Do not fear that God will not dry the Jordan for us.
2. The people of Jericho feared that the sons of Israel would take the city.
3. The priests who carried the ark did not fear that the waters would not be dried up.
4. The men of Jericho feared that God would hand over their city.
5. But they did not fear that the walls of the city would collapse.

How Do You Say: In Order that ....
De clausulis finalibus: Purpose (final) clauses

He sent many men [to free the city.
in order that they might free the city.

1. Misit multos viros UT urbem LIBERARENT.
2. " " " QUI " "
3. a) " " " AD LIBERANDAM urbem.
   b) " " " LIBERANDAE urbis *causa* (or: *gratia*).
4. " " " LIBERATUM urbem.
5. " " " LIBERARE urbem.

Comments: 1. is familiar to us from last year. 2. is really a relative clause—compare the relative clauses of result, cause, and concession that we have already seen: note that a relative clause, with no added idea, is indicative—with an added idea of cause, concession, result, purpose—is subjunctive. 3. a) and b) are the gerundive structure we saw last year (if there were no object, we would use the gerund). Notice above that the gerundive is an adjective, and so it agrees in gender, number, and case with its noun, (urbem). 4. is new to us—it is called "Supine in -um" [First Supine]. It is the same (in appearance) as the perfect passive participle with the -um ending. It is used to mean purpose only after verbs of motion (e.g., they were sent, and so are going somewhere). It is very rare in medieval authors though sometimes makes an appearance in the Renaissance. Amongst Roman authors it is also generally rare, being apart of the early period of Latin in the 3rd-2nd centuries B.C., and so is used much as in English one will say "cometh" or "thither", even though no one speaks that way today to recall a hallowed ancient usage. 5. is familiar from last year—it is the infinitive— it is not very frequent in most authors, and hardly appears outside of poetry until Late Latin.

We can sum up the results thus:

A. Subjunctive —Ut (negative ne) Qui, quae quod (any relative word)
B. Gerundive (Gerund) - with Ad, Causa, Gratia
C. Infinitive — No conjunction (poetic and Late Latin)
D. Supine in -um—Only after verbs implying motion

Notes:

1. When a comparative adverb is found inside a purpose clause, the conjunction is usually *quo*;

> Sol stetit, *quo* facilius hostes vincerent.
> The sun stopped, that they might more easily conquer the enemy.

2. The gerund and gerundive structures may also have *pro* (w. abl.); *propter* or *ob* (w. obj.) ; or the dative case alone. Thus:

Misit multos viros [pro liberanda urbe.
propter (or ob) liberandam urbem.
Liberandae urbi.

3. A few Late Latin writers may use *quod* with the subjunctive; or, still fewer, may use *ut* with the future indicative.
4. The present active or the future active participle appears (rarely) to express purpose:
Misit viros liberantes (or: liberaturos) urbem.
5. Sometimes Late and Medieval Latin has quatenus with the subjunctive.

English to Latin (Cf. lesson 9)

1. God sent great stones from the sky to strike the enemy.
2. The sun and moon stopped in the sky in order that the enemy might escape.
3. He sent men to capture the five kings.
4. The kings hid themselves in a cave lest they be seen.
5. God prolonged the light that they might more easily follow the enemy.

How do I say? I [command / urge/ask / advise/wish] that
(De clausulis substantivis volitivis: Volitive Substantive Clauses)

Remark: These clauses are called volitive from the root of the verb *velle*: will or wish. They all follow after verbs that involve some action of will: command, urge, ask, advise wish etc. The will in each case is wanting something, but in different ways.
These clauses are called substantive, because they act like nouns. For example notice that these two sentences mean the same:

God commands that he come.
" " his coming.

Notice: "that he come" is really a noun—it can be replaced by a verbal noun: coming. These clauses are also sometimes called substantive purpose clauses—for they do speak of a purpose. But the usual purpose clauses are mostly adverb clauses (except *qui* clauses)—while these are noun clauses.

1. He orders them that they be patient (to be patient).
Imperat UT patientes SINT.
2. He urges tham that they be patient (to be patient).
Hortatur eos UT patientes SINT.
3. He asks them that they be patient (to be patient).
Rogat eos UT patientes SINT.
4. He advises them that they be patient (to be patient).
Monet eos UT patientes SINT.
5. He wishes that they be patient (them to be patient)..
Vult UT patientes SINT.

We can sum up our results thus: Most verbs involving expression of the will, such as those meaning command, urge, ask, etc. take a clause with *ut* (neg. *ne*) and the SUBJUNCTIVE. Some of these verbs, however, never take the *ut* structure, but use objective + infinitive instead—e.g., *Iubet eos patientes esse.* Or: *Vetat* (forbids) *eos impatientes esse.* The usage of various Latin authors varies on these matters—the best teacher is experience (though you can refer to a dictionary or grammar at times). Here are some of the more common principles, which many Latin authors follow:

1. Never use *ut* and subj. — iubére, vetare
2. Seldom use *ut* and subj. cogere
3. Rarely use objective + inf. imperare, rogare, quaerere, postulare, petere
4. Freely use both structures—velle, nolle, malle, cupere

Note: 1. Some of these verbs sometimes do not say what is wanted (willed) but rather tell what is true or not true. Then they must take the objective + inf. For example, monére, may either advise someone to do something (tells what is wanted): or may advise someone that something is true.

Moneo te ut hoc facias. I advise you that you do this.

Moneo te hoc esse malum. I advise you that this is evil.

2. English omits the word that when it uses the infinitive in these clauses. But Latin often omits *ut* even with the subjunctive:

Hortatur eos veniant. He urges them (that) they come.

To be exact, Latin doesn't really omit the word "that" —rather, the original form in Latin had no *ut*. Thus: Hortatur. Veniant. He urges. Let them come.

English to Latin (Cf.lessons 9 - 10)

1. He urged them to keep all the things that were written in the book of the law.
2. He asked them not to serve the gods of other nations.
3. Gedeon wished that he might conquer the Madianites.
4. The angel orders him to destroy the altar of Baal.
5. Joas advised the people not to kill his son.

How do you Say?: [Prevent from doing
Hinder from doing.

De clausulis post verba prohibendi et impediendi:
Clauses after Verbs of Prohibition and Hindering

Remark: Here (somewhat as was the case after verbs of doubt) it makes a great difference whether or not there is a negative with the verb of hindering.

NEGATIVE: Nothing prevents him from serving God.
1. Nihil prohibet QUIN Deo SERVIAT.
2. Nihil prohibet QUOMINUS Deo SERVIAT.
3. Nihil prohibet eum servire Deo.

AFFIRMATIVE: Sin prevents men from serving God.
1. Peccatum prohibet NE homines Deo SERVIANT.
2. Peccatum prohibet QUOMINUS homines Deo SERVIANT.
3. Peccatum prohibet homines servire Deo.

We can summarize our results thus:

A. Subjunctive: Quin (only after a negative)
Ne (usually only after an affirmative)
Quominus (after either affirmative or negative)

B. Objective + infinitive: no conjunction—no distinction of affirmative and negative

Note: 1. Not only verbs that mean prevent or hinder belong to this group, but also a few other verbs, especially *vetare* (forbid) and *recusare* (refuse: give reasons against).

2. Older Latin authors often have rather definite preferences in their choice of structures with various verbs: *prohibére* is apt to take either the subjunctive or the infinitive structures; *vetare* takes only the infinitive; *recusare* takes only subjunctive, unless it is negative—then it may have infinitive; other verbs almost invariably take only the subjunctive structures.

English to Latin (Cf. lesson 11)

1. God did not refuse to give a sign to Gedeon.
2. Nothing can prevent God from doing His will.
3. The small number of men does not hinder them from conquering.
4. God forbids Gedeon to take 22 thousand men.
5. A dream hindered two Madianites from fighting.

How Do You Say? Provided that. ....

God will help you, provided that you serve Him.

1. Deus vos adiuvabit, DUM ipsi SERVIATIS.
2. " " " DUM MODO ipsi SERVIATIS.
3. " " " MODO " "
4. " " " TANTUM UT " "

We can sum up our results thus:
SUBJUNCTIVE: dum. dum modo, modo, tantum ut (for negative: add ne).

English to Latin (Cf. lesson 12)

1. I will tell you provided that you do not tell the Philistines.
2. I will play before you provided that you lead me to the pillars on which the whole house rests.
3. I will not refuse to die provided that many Philistines die with me.

How Do You Say?: Who, Which (Without a question mark).

Remark: There are two groups of relative clauses:

1. Simple relatives
2. Relative plus

1. Simple relatives:

Anna, who was a pious woman, did not have children.
Anna, QUAE ERAT mulier pia, liberos non habuit.

2. Relative Plus . . .

a) idea of purpose:

He sent men to (who should) guard the camp.
Misit viros QUI castra CUSTODIRENT.

b) idea of result or characteristic

There was no one who (such that he) did not love him.
Nemo erat QUI eum non AMARET.

c) idea of cause:
All men loved Samuel who (because he) was good.
Omnes homines Samuelem quippe QUI bonus ESSET amabant.

d) idea of concession (adversative);
Francis who was poor (although he was poor) gave much to the poor.
Franciscus QUI pauper ESSET multa pauperibus dabat.

e) ideal condition:
He who would (if he would) do such things, would be wicked.
QUI talia FACERET, impius esset.

Let us summarize our results:
A. Simple relative (no other idea added)—INDICATIVE
B. Relative plus—purpose, result, cause, concession, ideal cond.—SUBJUNCTIVE

Notes: 1. Relative plus characterstic (2b above) is found especially after adjectives like *dignus, aptus, idoneus* (worthy, fitting, suitable):
Dignus est qui ab omnibus honoretur - He is worthy to (who should) be honored.
2. Relative plus cause—often has *quippe, ut,* or *utpote* before the relative.
3. Relative restrictive is sometimes indicative, sometimes subjunctive.

Omnium quos quidem cognoverim, ille optimus est.
Of all whom I know, he is the best.
(Note how the relative limits the field—with the relative, he is not best of all, but best of all I know.)
4. Relative plus characteristic after an indefinite positive antecedent, such as the type: *sunt multi qui . . . .* may be indicative, instead of subjunctive
5. Any relative that would otherwise be indicative may become subjunctive by attraction or because it is inside an indirect statement with the obj. and inf.; see p. 238.
6. A simple participle (not an ablative absolute) may substitute for a relative clause.

English to Latin (Cf.lesson 12)

1. Anna who prayed to God, received a son.
2. Heli did not punish his sons who took parts of the sacrifices.

3. God punished Ophni and Phinees who scorned Him.
4. There was no one who did not honor Samuel.
5. Of all the prohpets whom I know he is the most devout.

How Do You Say? When, After, While, As long as, As soon as

De Clausulis Temporalibus: Pars Prima—Temporal Clauses: Part One

A. Use *cum* — to mean When or After: WITH INDICATIVE OR SUBJUNCTIVE

1. When he is here, the people are glad.
   Cum ille ADEST, populus laetus est.
2. When Ramses was king, Moses was in Egypt.
   CUM Ramses rex ERAT, Moyses in Aegypto erat.
3. When they saw Samuel, they praised God.
   CUM Samuelem VIDERENT, Deum laudaverunt.
4. After they saw him, they ran to him.
   CUM eum VIDISSENT, ad eum cucurrerunt.

We have given four examples, to show various possibilities. *Cum* means WHEN or AFTER according to the general sense. But as to the mood, INDICATIVE or SUBJUNCTIVE. Principle: Distinguish the primary and secondary sequence:

In primary sequence, CUM will have the indicative whenever it is to be translated WHEN or AFTER (example #1 above).

In secondary sequence, CUM will have an indicative when the clause means *merely* time—no other idea in the background (such as a feeling of "because" or "although" or "under these circumstances"). Thus: in example #2 above, only time is meant—hence it is indicative. In examples #3 and #4 above—there is also a BECAUSE feeling, hence it is subjunctive

B. Use *postquam* (*posteaquam*) — to mean AFTER: WITH INDICATIVE

5. After they saw him, they ran to him.
   POSTQUAM eum viderunt, ad eum cucurrerunt.

Comment: Note that the perfect indicative is used where we would expect pluperfect.

C. Use *quando, ubi, ut*—to mean WHEN: WITH INDICATIVE

6. When they saw him, they ran to him.
   Quando (UT, UBI) eum VIDERUNT, ad eum cucurrerunt.

Comment: Note the perfect ind.(as with postquam) where we would expect pluperfect

D. Use *simul ac, cum primum, ut primum, ubi primum,* – to mean As soon as: WITH INDICATIVE

7. As soon as they saw him, they ran to him.

SIMUL AC (CUM PRIMUM, UBI PRIMUM) eum VIDERUNT, ad eum cucurrerunt.

Comment: Note the perfect ind.,(as above) where we might expect pluperfect.

E. Use *dum, donec, quoad*–to mean While or As long as: WITH INDICATIVE

8. While (as long as) he was here, the people served the true God.

DUM (DONEC, QUOAD) hic ERAT, populus Deo vero serviebat.

Summary: 1. CUM –WHEN, AFTER:
a. Primary sequence: always INDICATIVE
b. Secondary:INDICATIVE if it means MERELY TIME. See notes 1 & 2 below.

2. POSTQUAM AFTER
3. QUANDO, UBI, UT –WHEN
4. SIMUL AC, CUM PRIMUM, ut primum UBI PRIMUM AS SOON AS
5. DUM, DONEC, QUOAD–WHILE, AS LONG AS – INDICATIVE
(see note 4 below on tenses of DUM)
2-5: INDICATIVE (in past time, use Perfect tense, not pluperfect.

Notes 1. Inverted CUM: He was coming into the city, when they ran to meet him.
In urbem veniebat, CUM populus obviam ei CUCURRERUNT or: (CURRUNT) Comment: Here the logical order of clauses is inverted:
The historical present, or the perfect indicative is used with CUM.

2. WHENEVER: The pluperfect indicative may be used with CUM to mean WHENEVER: WHENEVER HE came into the city, all wanted to hear him. CUM in urbem venerat, omnes eum audire volebant.

3. The historical present indicative may be used in place of the perfect indica - tive after POSTQUAM, QUANDO, UBI, UT, SIMUL AC, CUM PRIMUM, UT PRIMUM, UBI PRIMUM e.g., After they had seen him, they ran to him.
POSTQUAM eum VIDENT, ad eum cucurrerunt.

4. With DUM in the sense of WHILE, the tenses are as follows:

a) While Caesar was snoring, the soldiers were fighting.
DUM Caesar STERTEBAT, milites pugnabant.

b) While the soldiers were fighting, a messenger arrived.
DUM milites PUGNANT, nuntius pervenit.

In a) we have two actions that are coextensive — Caesar snored solidly from 9 AM to 10 AM, and the soldiers fought all that time too.
In b) we have the action of the main clause taking up only part of the time of the action of the DUM clause: they fought 9 - 10 AM— the messenger arrived at one point during the period 9 - 10 AM.

Rule: If the actions of the 2 clauses are:
Coextensive—then usually the same tense of ind. will be in both clauses (impf. is most common)
NOT COEXTENSIVE—Then the present or historical present indicative will be used for the DUM clause.

5. An Ablative absolute or a simple participle may substitute for a clause meaning WHEN, AFTER, or WHILE.

English to Latin (Cf. lesson 13)

1. When the Philistines heard the voice of a great shout in the camp of the Hebrews, they were afraid.
2. As soon as the ark came into the camp, the people shouted.
3. When they had arisen in the morning, they found Dagon lying on his face.
4. After they saw Dagon, they feared the God of Israel.
5. The army was coming to the camp, when they saw the horses of the enemy.
6. While they were fighting, he was praying.
7. While he was traveling, he saw an altar of Dagon.

How Do You Say?: Before, or Until
(De Clausulis Temporalibus: Pars Secunda—Temporal Clauses: Part Two)

BEFORE — ANTEQUAM, PRIUSQUAM
UNTIL— DUM, DONEC, QUOAD

1. Before they came to the city, they saw a sick man by the road.

ANTEQUAM (PRIUSQUAM) ad urbem venerunt.virum aegrum ad viam VIDERUNT.

2. Let us help him before he dies.

Adiuvemus eum ANTEQUAM (PRIUSQUAM) moriatur.

3. They walked until the sun set.

Ambulaverunt DUM (DONEC, QUOAD) sol OCCIDERAT.

4. They did not stop until they had caught him.

Non cessaverunt DUM eum CONSECUTI ESSENT.

Principles on mood: Notice that examples 1 and 3 have indicative while 2 and 4 have subjunctive. What is the difference?

Examples 2 and 4 are such that the persons involved have a PERSONAL INTEREST in doing something before or until. They definitely want or desire things to happen in this particular order, and would be displeased or disappointed if the order of events were different. We call this a SUBJECTIVE ATTITUDE. Hence: SUBJUNCTIVE.

Examples 1 and 3 lack this personal interest—no one mentioned in the sentences is thought of as wanting something to be done before or until something else happens—the sentences merely describe the order in which things happen, but the persons are not concerned. This is the MERELY OBJECTIVE way.

Conclusion: Subjective interest (something wanted): SUBJUNCTIVE
No subjective interest: INDICATIVE

Note: Since this use of the Subjunctive looks forward to something called the Anticipatory Subjunctive.

English to Latin (Cf., lessons 13-14)

1. He did not give them a king until they asked for a king.
2. Even before this time they had desired a king.
3. Samuel did not anoint Saul until God ordered him to do it.
4. Before this happened, Saul was only a son of the last tribe of Israel.
5. Before he could ask, Samuel told him all things that were in his heart.

How Do You Say: The fact that, As to (the fact) that
De Clausulis Substantivis: Substantive Clauses

Use *Quod* with the Indicative:

1. The fact that they want a king displeases Samuel.
QUOD regem volunt Samueli displicet.
2. As to that which you ask, it is difficult to do.
QUOD rogas, difficile factu est.
3. What of the fact that all love him:
QUID QUOD omnes eum amant?

English to Latin (Cf. lesson 14)

1. The fact that Saul was king did not please some.
2. As to the fact that they despised him, he pretended that he did not hear.
3. What of the fact that they did not give him gifts?

How Do You Say?: It is necessary that (etc.)
De verbis impersonalibus: Impersonal verbs

A. Verbs that are always impersonal:

1. It is permitted that you go. *Licet te ire. Licet eas.*
2. It is proper that you go. *Oportet te ire. Oportet UT eas.*
3. It pleased the senate that he should die.
   The senate decided that he should die.
   Placuit senatui ut moreretur.

Principle: Almost any of these verbs may take the objective and infinitive - - and also, if there is an idea of WILL in it, it may have UT with subjunctive (neg. NE).

B. *Verbs that are not always impersonal.*

a) Any verb may be used impersonally in the passive 3rd singular:

Ventum est (Someone) came.
Itum est (Someone) went.

b) A verb that takes the dative in the active voice, must become impersonal in the passive, and keep the dative:
Brutus harmed Caesar: Brutus Caesari nocuit.
Caesar was harmed by Brutus: Caesari a Bruto nocitum est.
(Harm was given to Caesar by Brutus).

Notes: 1. The principal verbs regularly used impersonally are:

decet - it is fitting, it becomes
libet — it pleases (also spelled lubet)
licet — it is permitted
miseret — it makes (one) pity
necesse est — it is necessary
oportet — it is proper
piget — it irks (disgusts)
placet — it pleases (also has personal uses)
pudet - - it makes (one) ashamed
taedet — it disgusts
paenitet — it makes (one) repent (or: grieve)
interest — it concerns, it makes a difference (also has personal uses)
refert " " " " (also has personal uses)

2. Case uses with impersonal verbs

Licet: with dative: Licet mihi hoc facere: it is permitted to me to do this.
Placet: with dative: Placet mihi hoc facere: It pleases me to do this. (I decide to do this).

miseret paenitet piget pudet taedet (pertaesum est)	1. Possessive—cause of feeling 2. Objective—person affected, e.g. I am sick of Caesar. Me Caesaris taedet.

interest refert	1. Person or thing concerned—if English uses personal pronoun, Latin uses abl. sing. fem. of possessive adj. otherwise, Latin uses possessive case. 2. Thing which is important—nominative case or clause 3. Thing in reference to which something is important: ad and obj. 4. Degree of importance: possessive of value. adverb, or neuter adverbial accusative E.g., Whether Cato lives or not does not make a great difference to Cicero or me in regard to our safety. Utrum Cato vivat necne non magnopere Ciceronis vel mea refert ad salutem nostram.

3. UT is often omitted with a subjunctive clause after these verbs.

<u>English to Latin</u> (Cf.lessons 14 - 15)

1. Saul, you are not permitted to offer the holocaust.
2. The king of Amalec was not harmed by Saul.
3. He was spared by him.
4. They came to Bethlehem.
5. Samuel was not irked by the journey.
6. The safety of the people of Israel was of great concern to Samuel.
7. Samuel regretted that God had rejected Saul.

	<u>Let us, Let him, Do not</u> . . . <u>What shall I do?</u>
<u>How do you say?</u>	<u>May they do it, Someone may say</u>
	<u>I would like, One could see</u>

De Subiunctivo in Clausulis Principalibus: Subjunctive in Independent Clauses

1. Hortatory Subjunctive: (Expresses an exhortation)

Let us go.	Let us not do this.	Let him come.
Eamus.	Ne faciamus hoc.	Veniat.

2. Jussive Subjunctive: (Expresses a command) (Subjunctive of Obligation)

Let him do it.	Let him not do it.	They should do this.
Faciat hoc.	Ne faciat hoc.	Hoc faciant.

(The negative form is also called Prohibitive Subjunctive)

3. Deliberate Subjunctive: (In questions or exclamations of doubt, deliberation, indignation etc.)

What shall I do?	Shall I not do this?
Quid faciam?	Non faciam hoc?

4. Optative Subjunctive: (Expresses a wish)

May they be good soldiers.	May they not do it.
Sint boni milites.	Ne hoc faciant.
Utinam sint boni milites.	
I wish they were here	I wish they had come.
Utinam adessent.	Utinam venissent.

Note: In the last two examples, notice the imperfect and pluperfect subjunctive: Impossible Wishes — same tenses as ideal conditions.

5. Potential subjunctive: (Expresses a possibility)

Someone may say. . .	You could see. . .
Dicat aliquis . . .	Videas . . .
	Videres ....

6. Softened Statement: (For politeness)

I would like to do this.	I wish you would do this.
Velim (vellem) hoc facere.	Vellem hoc facias.

Note: the omission of UT in the second example — very common.

7. Ideal Condition: (see the conditional table)

I would not have done it.	He would not be doing it.
Hoc non fecissem.	Hoc non faceret.

English to Latin (Cf. lessons 15 - 16)

1. Let one man of Israel dare to fight alone with me!
2. You could see Goliath come out every day.
3. I would like to fight against him.
4. The men of Israel said: What shall we do, for this man is ten feet tall ?
5. Goliath said: I wish I had not fought with David.
6. May God help me in this fight.
7. We would not have dared to fight with Goliath.
8. He should not do this.

A CASE OF TRICKS

Possessive Case

Here are some special uses of the possessive case. Can you figure them out?

1. Satis laboris; nihil mali; si quid boni.
2. Peritus belli; cupidus piscandi.
3. Viri boni est mortem non timere.
4. Haec parvi puto.
5. Marcum capitis damnavit.
6. Huius viri memini.

1. The first example in 1. means: enough labor—literally, enough of labor—but don't translate it that way. So what does nihil mali mean? Si quid boni is not hard, except that we must remember about the indefinite form quid—after si, nisi, ne, num, an, we use quis, quid, not aliquis, aliquid.

Rule: Instead of the nom. or obj. case (not to replace other cases), most authors will use the poss. after the neuter singular of the following (and similar) words: tantum, multum, paulum, satis, hoc, quid, quantum, plus, minus, parum, id, aliquantum, plurimum, minimum, nihil, idem. Do not bother to memorize the list, but read it a few times, and you will soon get the feeling.

Now: How do we say: Much danger—Enough reward—So much business—No good—If any evil—Very much good—Less work.

2. Experienced in war: desirous of fishing. These are easy.

Rule: Some few adjectives (chiefly those meaning: fulness, participation, power, knowledge, ignorance, desire, disgust) take the possessive case. Now: How do we say: Disgusted with study—Devoid of reason—Experienced in many things— A sharer in the plan.

3. It is the part (characteristic) of a good man not to fear death.

Rule: A possessive case in the predicate (that is, coming after the verb to be in the English form of the sentence) may be translated: it is the part of, it is the role of, it is the characteristic of, it is proper to, etc. This use is called predicate possessive, or possessive of characteristic.
Now: How do we say: It is the part of a brave man to die for his country. It is characteristic of a greedy man to love money.

4. I think this worth little.

Rule: Verbs of rating (pricing, valuing) and buying, *may* put the price in the possessive if the price is vague or indefinite (also *may* use abl.— must use abl. for definite price)
How do we say: This is (worth) little. This is (worth) five denarii.

5. He condemned Marcus to death.

Rule: Verbs of accusing, convicting, condemning, acquitting, put the charge in the possessive (verbs of condemning and acquitting sometimes also use the ablative). Verbs of charging and accusing also can use de with abl.
How do we say: I accuse him of murder. He condemns him to a large fine.

6. I remember this man.

Rule: Verbs of forgetting and remembering often use the possessive (recordari, however, rarely uses the possessive).
How do we say: I remember Marcus. I forgot my money. How do we say: I remember Marcus.

Dative

Try to figure these out:

1. Auxilio nobis erit Marcus.

2. Agnus est mihi.
3. Parcitur Marco a Caesare.
4. Hoc faciendum est mihi.
5. Marcum exercitui praefecit.

1. Marcus will be (for) a help to us. English would not use a dative for help. This combination is called a double dative, or dative of purpose and reference. The dative of reference is no problem—much as in English.
But for purpose:
Rule: The Dative may express the reason or goal for which something is or is done. How do we say: He sent 20 men as a help to us. This will be an example to us.

2. I have a lamb (there is a lamb to me).
Rule: With the verb esse, the dative may indicate the possessor: translate by the verb have, making the Latin dative the subject in English. How do we say: He has much money. We have many friends.
3. Marcus is spared by Caesar.
Rule: Any verb that takes the dative in the active voice must be impersonal in the passive and keep the dative. (By impersonal we mean a 3rd sing. form, with the subject it in English). In translating, make the Latin dative the subject in English. How do we say: The sons of Israel are harmed. We are spared by the Lord. I am persuaded.

4. This is to be done by me. I must do it.
Rule: The agent with the future passive participle is in the dative (unless there would be danger of confusion—then use a, ab with abl.). This dative of agent sometimes also appears with other verb forms (but is quite rare.)
How would you translate: Veniendum est nobis. Pugnandum est mihi.
How do you say: You must kill him. We must go.

5. He put Marcus in charge of the army. This is the dative with a compound verb (a verb having a prefix). No absolute rule can be given except to say that many verbs having a prefix will take the dative (especially with the prefixes ad, ante, con, in, inter, ob, prae, post, sub, super). In general, if the prefix, rather than the body of the verb, affects a certain word, the word is likely to be dative. Above: He makes Marcus to be ahead of (prae) the army. But the dictionary is the best way to be sure. And many verbs without prefixes take the dative—again, use the dictionary.
Note: We can even get a *from* meaning:

Gladium Marco aufert:
He takes a sword from Marcus.

Objective

Try to figure out:
1. Decem pedes longum est. Remansit decem dies. Decem millia passum venit.
2. Romam venit. Domum venit.
3. Milites flumen traducit.

1. It is 10 ft. long. He remained 10 days. He came 10 miles (10,000 of paces).
RULE: The objective case without a preposition can express extent of space or time. How do you say: He remained 5 years. He came 5 miles. The sword is two feet long.

2. He came to Rome. He came home.
Rule: The objective case without a preposition is used to express the place to which someone (or thing) moves, when the place is a city, town, or small island (the same holds for a few other words: domus, rus, humus).
How do you say: We came to Agrigentum. He came to the country.

3. He leads the soldiers across the river.
Rule: A few verbs (e.g., docére, rogare) take two objectives. Each needs to be learned separately—see the dictionary.

Ablative

Recall the various translations that can be used when the ablative has no preposition: in, by, with, from, because of, in accordance with.
Here are a few odd ones in which the usual meanings do not suffice:
(NB: prepositions should not be used with any of these)

1. Gladio utitur.
2. Tribus diebus mansit.
3. Tribus diebus veniam.
4. Dignus honore est.
5. Tribus denariis emit hoc.
6. Capite punitur.

1. He uses a sword.
Rule: A few special verbs take what appears to be their object in the ablative. These include five deponents: uti, frui, fungi, potiri, vesci— and a few other verbs, e.g., verbs of depriving, filling, plenty and want (including opus est: there is need of).
How do you say: He eats grain. He enjoys work.

2. He remained three days.
Rule: The ablative without a preposition may express extent of time. This use is scarce in the 1st century BC, but grows in popularity thereafter.
How do you say: I will remain two years.

3. I will come within three days.
Rule: The ablative may express time within which.
How do you say: He will complete it within five days.

4. He is worthy of honor.
RULE: Dignus and indignus usually take the ablative (sometimes possessive).
How do you say: He is worthy of death. He is worthy of a reward.

5. He bought this for three denarii.
Rule: Verbs of rating (pricing, valuing) and buying, *may* use the ablative (if the price is a *definite* amount, it must be abl.—otherwise it may also be possessive).
How do you say: I bought it for a small price. I bought it for 100 denarii.

6. He is punished with capital punishment.
Rule: Verbs o£ condemning and acquitting may take either abl. or poss. to indicate the charge and the punishment (but a definite amount of a fine is abl. and indefinite (large, etc.) amount is possessive). How do you say: He is fined (use damnare) 100 denarii.

THE USE OF PREPOSITIONS WITH THE ABLATIVE

Latin came from an older language, called Indo - European, and developed into several Romance languages—French, Italian, Spanish, etc. Indo-European had no prepositions, but used case endings to indicate the ideas that a preposition could have carried. The Romance languages have dropped case endings, and use only prepositions. Latin is in an in-between stage, having some preposition uses, and some cases without prepositions. There is no logical reason for the various uses or omissions of prepositions in Latin—purely a matter of custom. This custom varied at different periods of the history of Latin, and also varied, often without reason, in the works of a given writer. Hence, it is idle toa ask a student to memorize highly detailed rules for when Cicero, for example, did or did not have the habit of using or dropping prepositions— his usage was not based on any logic anyway.

But most Latin writers, even over a long period of many centuries, did tend to observe certain habits in this matter. Hence we indicate some of the stronger tendencies:—
1. Ablative of Comparison: Altior est Marco.
He is taller than Marcus.
NO PREPOSITION here, except in Scripture, where we sometimes find *prae*.

2. Ablative of Description: Vir magno naso.
A man with a large nose.
NO PREPOSITION (The possessive case is used for similar ideas, and, of course no preposition. Some say that the ablative is preferred for external and transient qualities, and for parts of the body while the possessive is preferred for measure, number, time, space—but often either case is used indifferently).

3. With names of cities, towns, small islands, and with domus, rus, humus:

Domo venit.	Roma venit.
He came from home.	He came from Rome.

NO PREPOSITION unless the vicinity rather than the place itself is meant. Some variations are found with domus, rus, etc.

4. Ablative of Accompaniment: Cum Marco venit. Omnibus copiis venit.
He came with Marcus. He came with all his troops.
ORDINARILY THIS USES CUM, except in some military expressions.

5. Ablative of Means and Ablative of Agent:

Interficitur gladio.	Interficitur a Marco.
He is killed by a sword.	He is killed by Marcus.

If the action is done by a THING, it is MEANS: NO PREPOSITION. If the action is done by a PERSON, it is AGENT: use a, or ab.

PLACE IDEAS

There are three kinds of place ideas:

1. Going to a place — objective
2. Coming from a place — ablative
3. Staying in a place — ablative (sometimes locative)

The chief problem is with the special groups:
a) Names of cities, towns, small islands
b) A few other words: domus, rus, humus, militia
(home, country, ground, military service)

Ordinarily, place relations use prepositions.
But with the special groups there are NO PREPOSITIONS, except for:

Names of towns etc. may have a preposition to indicate the vicinity rather than the town itself. Domus sometimes has a preposition, especially when it means house rather than home, and when modified by a possessive pronoun or a word in the possessive case).

The locative case is used to indicate staying in a place, with the names of towns, small islands, domus etc. But the locative exists only in the singular of lst and 2nd declensions (-ae, -i). Elsewhere, the abl. without a preposition replaces the locative. The locative of the special words are: domi, ruri, humi, militiae. To say: my house, his house etc, use the possessive case of the adjective : domi meae, suae, etc.

LATIN TO ENGLISH VOCABULARY

abesse, afuit, afuturus - be absent
abiciunt (3), iecit, iectus - cast aside, reject
abire, iit, iturus - go away
abluere, - luit, - lutus - wash away
Abraham - poss.& dat.: Abrahae, other forms: Abraham
abscindere, - scidit, - scisus - cut off
abscondere, abscondit, absconditus - hide
absque (w. abl.) - without
accedere, cessit, cessurus - go to, approach
accendere, - cendit, - census - enkindle, arouse, set of fire
accidere, accidit, - happen
accipiunt, ere, cepit, ceptus - receive
accusare, - avit, - atus - accuse
acer, acris, acre, i - sharp, eager, keen
ad (w. obj.) - to, near
addere, - didit, - ditus - add
adducere, -duxit, -ductus - lead to, influence
adesse, adfuit, adfuturus - be present
adhaerere, -haesit, -haesus (w. dat.) - adhere to, stick to
adhibere, hibuit, hibitus - use, apply, employ
adhuc - yet, still
adiciunt, (3), iecit, iectus - add, throw to
adimplére, -plevit, -pletus - fill, fulfill, carry out
adire, -iit, -iturus - approach, go to
administrare, -avit, -atus - govern, manage
admirari, (1) - wonder at, admire
admonére, -monuit, -monitus - remind, admonish, warn
adolescens, -enti - youth
adorare, -avit, -atus - respect, reverence, adore
adventus, u - coming, arrival
adversum (us) (w. obj.) - against, opposite
adversus, a, um – opposed, opposite, hostile
aedificare, avit, atus - build
aeger, aegra, aegrum – sick
aequalis, e, i - equal
aes, aere, magnum - bronze
aetas, aetate, magna - age
afferre, attulit, allatus - bring to
afficiunt, afficere, affecit, affectus - affect, move
affligere, -flixit, -flictus - afflict
ager, agro - field, farm
agere, egit, actus - do, drive, discuss, spend (time)
aggrediuntur, aggredi, aggressus est - attack
agnoscere, agnovit, agnitus - recognize, know
agnus, o - lamb
agricola, a, bonus - farmer
ait - he says (pl.: aiunt)
alere, aluit, alitus - feed, nourish
alibi - elsewhere
alienus, a, um - foreign, unfavorable
aliqui, alquae, aliquod - someone etc.
aliquis, aliquid - someone, anyone
alius, a , um - other, another
altare, i, magnum - altar
alter, era, erum - one, the one, the other
altus, a, um - high, deep
amare, avit, atus - love
ambo, ae, a - both
ambulare, (1) - walk
amittere, amisit, amissus - lose
amor, -ore, magnus - love
amovére, amovit, amotus - remove, move away
amplius - more, any more
an - or (in questions only)
ancilla, a - handmaid, slave girl
angustia, a - difficulty, tight place
anima, a - soul, life, breath
animadvertere, -vertit, -versus – notice, punish
annus, o - year
annuus, a, um - annual, yearly
ante (w. obj.) - before; ago (ante multos annos: many years ago)
antea (adv.) - before antequam (conjunction) - before
anulus , o - ring
aperire, aperuit, apertus - open
apparere, apparuit, apparitus - appear
appellare, (1) - call, name
applicare, (1) (or: cuit, citus) - bring to, land, apply
apprehendere, apprehendit, apprehensus – seize, arrest
appropinquare, avit, atus - approach (with dative)
apud (w. obj.) - with, at, among, at the house of
aqua, a - water

ara, a - altar
arbitrari, (1) - think, judge
arbor, arbore, bona - tree
arcus, u - bow
arena, a - sand
argentum, o - silver
ars, arte, bona (poss. pl. - ium) – art, skill
aspiciunt, (3), aspexit, aspectus - look at
assistere (adsistere) -stitit (w. dat.) - present self to, appear before, stand by, aid
assumere, asumpsit, asumptus - assume, take up or along
at - but
atque - and
auctoritas, -tate, magna - authority, influence
audax, -aci - bold
audére, ausus est - dare (notice that the first part is normal, but the rest is deponent)
audire, -ivit, -itus - hear
auferre, abstulit, ablatus - take away some - thing (objective) from someone (dative)
augére, auxit, auctus - increase
aurum, o - gold
aut - or; aut... - aut - either.. . or
autem - however, moreover (never first word in its clause)
auxilium, o - help (pl: reinforcements, auxiliaries)
avunculus, o - uncle (on mother's side: on father's side is *patruus*)
beatus. a, um - blessed
bellare, (1) - make war, fight
bellum, o - war
benedicere, dixit, dictus - bless (sometimes w. dat.)
benignus, a, um - kind
bibere, bibit, bibiturus - drink
bibliotheca, a - library
biennium, o - (space of) two years
bonus, a, um - good
bos, bove - cow, bull, ox (masc, or fem.)
brevis, e, i - short
cadaver, ere, mortuum - corpse
caecus, a, um - blind
cadere, cecidit, casus - fall
caedere, cecidit, caesus - cut, kill
caelestis.e.i - heavenly
Caesar, are - Caesar
calcare, (1) - tread (on)
calidus , a, um - hot
calix, calic e .magnus - cup
campus, o - field, plain
canere, cecinit - sing, play (on instrument)
canis , e , parvus - dog
cantare, (1) - sing
capillus, o - hair
capitulum, o - chapter
capiunt, ere, cepit, captus - take, capture
caput, capite, magnum - head
caritas, -tate, bona - love ,charity
carcer, carcere, magnus - prison
caro, carne, bona - flesh, meat
catena, a - chain
causa - for sake of (w. poss.)
causa, a - cause, case, reason
cavére, cavit, cautus - beware, guard against
cedere, cessit, cessus - move, retreat, yield
celeriter - quickly, swiftly
censére, censuit, census - judge, propose, estimate
cernere, crevit, cretus - see, determine
certus. a.um - certain
cessare, (1), - cease, stop
ceteri, ae, a - rest, others
ceterum - as for the rest, furthermore
christus, o - anointed one cibus, o - food
cinis, cinere, multus - ashes
circa (w. obj.) - about, around, concerning, in regard to
circuitus, u - circuit, circle;
in circuitu - around about circum (with obj.) - around
circumcidere, cidit, cisus - circumcise
circumdare, dedit, datus - surround
circumire, iit, iturus - go around
circumstare, -stetit, -status - surround
cito - quickly
civis, i, bonus - citizen
civitas, civitate, magna - city, citizenship
clam - secretly
clamor , ore, magnus - shout, cry
clarus, a, um - famous, brilliant
classis, i, magna - fleet
claudere, clausit, clausus - close
coelestis, e, i - heavenly
coelum, o (but plural is masc: coeli) - heaven, sky
coepit, coeptus (the last part has active meaning) - begin
coetus, u - assembly, crowd

cogere, coegit, coactus - compel
cogitare, avit, atus - think
cogitatio, -one, bona - thought
cognoscere, -novit, -nitus - learn (and therefore the perfect means: know)
colere, coluit, cultus - worship, till, cultivate
colligere, collegit, collectus - collect
comburere, bussit, bustus - burn
comedere, comedit, comesus - eat
comminuere, minuit, minutus - crush
committere, commisit, commissus - commit, intrust
compellere, pulit, pulsus - compel, gather
complecti, plexus est - embrace, include
complére, plevit, pletus - fill, fulfill
comprehendere, prehendit, prehensus - grasp, arrest
computare, (1) - count, reckon
conari, conatus est - attempt
concedere, cessit, cessus - yield, grant
conciliare,(1) - win over
concipiunt,(3), cepit, ceptus - conceive
concors, cordi - harmonious, in agreement
concupiscentia, - desire, concupiscence
concupiscere, cupivit, cupitus - desire greatly
confestim - at once
confidere. confisus est - trust in (half deponent)
confirmare, (1) - confirm, strengthen
confitéri, fessus est - confess, praise (w. dat.)
confortare, (1) - strengthen
confundere, -fudit, -fusus - confound, disturb
congregare, (1) - gather
coniuratio, ione, mala - conspiracy
coniux, iuge, husband, wife, spouse
consecrare, (1) - consecrate
consentire, sensit, sensus - consent, agree with (dat.)
consequi, consecutus est - follow up, overtake, accomplish, obtain, attain
consilium , o - plan
conspectus , u - sight
conspiciunt, conspicere, -spexit, -spectus - see, catch sight of
constituere, stituit, stitutus - set up decide, determine
construere, struxit, structus - construct
consuetudo, tudine, bona - custom
consulatus, u - consulship
consulere, consuluit, consultus - consult
consumere, sumpsit, sumptus - consume
consummare, (1) - complete, perfect
consurgere, -surrexit, -surrectus - rise, get up
contemnere, -tempsit, -temptus - despise, scorn
conterere, -trivit, -tritus - crush, wear down
continére, continuit, contentus - hold together, restrain
contingere, tigit, tactus - touch, happen
continuus, a, um - constant
contra (w. obj.) - against
contra (adv.) - on the other hand
convenire , venit, venturus - come together, assemble, be fitting, agree with, fit with (w. dat.)
convertere, vertit, versus - convert, turn
convivium, o - banquet
copia, a - abundance, supply (pl.:troops)
coquere, coxit, coctus - cook
cor, corde , bonum - heart
coram (with abl.) - in the presence of, before
cornu, u - horn, flank, strength
corpus, corpore, magnum - body
corruere, ruit, rutus - rush, fall
cottidianus, a , um - (quotidianus) - daily
cottidie (quotidie) - daily
cras - tomorrow
creare, avit, atus - make, create
creber. bra. brum - frequent
credere, credidit, creditus - believe (w. dat. of the person believed)
crescere, crevit, cretus - grow
crimen, crimine, malum - charge , crime
crudelis, e, i - cruel
crux, cruce, bona - cross
cum - when, after, although, because
cum (w. abl.) - with
cunctari, (1) - delay, hesitate
cunctus, a, um - all
cupiunt, cupere, cupivit, cupitus - desire
cur - why
curare, avit, atus - take care of
(with obj - ective, not possessive case)
currere, cucurrit, cursurus - run
currus, u - chariot
custodire, (4) - guard, keep
custos , -tode, bonus - guard
dare, dedit, datus - give
dare operam - take care, apply self to, exert self
de (w. abl.) - about, concerning, down from

debére, debuit, debitus - owe, ought
debilis , e , i - weak
decet,2, decuit - it is proper, fitting
decipiunt,(3), cepit, ceptus - deceive
declarare, (1) - make clear, declare
decollare, avit, atus - behead
deese, defuit, defuturus - fail, be lacking to
deficiunt,(3), fecit, fectus - fail, lack, faint
defungi, functus est - die deinde - then, next
delectus, u - draft, levy
delére, delevit, deletus - destroy
deliberare, avit, atus - deliberate
delictum, o - sin, crime
delinquere, -liquit, -lictus - sin , fail
demonstrare, (1) - show, point out, prove
denique - therefore, next, then
deponere , posuit, positus - put down
deprecari, (1) - beg
derelinquere, -liquit, -lictus - leave, abandon
desiderare, avit, atus - desire, miss
desiderium, o - desire
desinere, desivit, desitus - cease, stop
despiciunt, (3) -spexit, -spectus - despise
destruere, struxit, structus - destroy
Deus, o - God (dea, a goddess)
dexter, -tera, -terum - right
diabolus , o - devil
dicere, dixit, dictus - say, tell
dies, die (5) - day
difficilis, e, i. difficult
digitus, o - finger
dignatio, one, bona - kindness condescension
dilectio, one, bona - love
diligere, lexit, lectus - love, choose
diluculum, o - daybreak
diluvium, o - flood, deluge
dimittere, -misit, -missus - dismiss
dirumpere, -rupit, -ruptus - break open
discere, didicit, discitus - learn
discedere, cessit, cessurus - depart
discernere, -crevit - distinguish, decide
discrimen, mine, magnum - difference, crisis, danger
disperdere, didit, ditus - spoil, ruin
displicére, plicuit, plicitus (w. dat.) - displease
disponere, posuit, positus - arrange, dispose
disserere, -seruit, sertus - discuss
diu - a long time
dives, divite - rich (poss. pl. - um)
dividere, divisit, divisus - divide
divitiae, is - riches
docére , docuit, doctus - teach
dolére, doluit, doliturus - grieve
dolor, ore, magnus - sorrow, pain, grief
dolus, o - guile, deception
domi - at home
Dominicus, a, um - of the Lord, Lord's
dominus, o - lord, master
donec - while, until, as long as
donum, o - gift
dormire, ivit, itus - sleep
dorsum, o - back
dubitare, (1) - doubt, hesitate
dubium, o - doubt
ducere, duxit, ductus - lead
ducere in matrimonium - marry
dum - while
durus , a, um - hard
dux. duce , magnus - leader
e, ex (w. abl.) - from, out from
ecce - behold
ecclesia. a - church
edere, edit, esus - eat
efficax, caci - effective, efficacious
efficiunt,(3), fecit, fectus - make, bring about
effundere, -fudit, -fusus, pour out
egrediuntur, -gredi, -gressus est - go out
egregius, a, um - excellent
eleemosyna, a - alms, almsgiving
elevare, (1) - raise
eligere, elegit, electus - choose
emere, emit, emptus - buy
en - look!
enim (never 1st word) - for
eo quod - because
episcopus, o - bishop
epistola, a - letter
equidem - for my part, surely
equus, o - horse
eques, equite, bonus - horseman
ergo - therefore
erigere, rexit, rectus - lift up, arouse, exalt
errare, (1) - wander, err
eruere, ruit, rutus - dig out, deliver
esse, fuit, futurus - be
estote (fut. imperat. pl.; sg.: esto) - be

et - and, even, also
etiam - even, also
etsi - even if, although
eunuchus, o - eunuch
evadere, evasit, evasus - escape
evangelium, o - Gospel
evenire, venit, venturus - happen, come out
exaudire, (4) - hear, grant, prayer
excipiunt,(3), cepit, ceptus - except, take out
exercére, exercuit, exercitus - practice, train
exercitus, u - army
exclamare, avit, atus - shout
exire, iit, iturus - go out
existimo, (1) - think, judge, consider
exorare, (1) - beg, appease
expedire, (4) - be expedient, free, prepare
expellere, -pulit, -pulsus - expell
explicare, avit, atus - explain
explorator, ore, bonus - spy, scout
exprobrare, (1) (w. dat.) - reproach
expugnare, (1) - attack, storm
exsilium, o - exile
exspectare, avit, atus - expect
extendere, -tendit, -tensus - extend, stretch out
extollere - lift up, exalt
fabula, a - legend, story
fac - imperative singular of facere
(pl. is regular: facite)
There are 4 irregular imperative singulars: dic, duc, fac, fer
facies, e (5) - face, appearance
facilis, e, i - easy
facinus , ore, magnum - deed
faciunt,(3) fecit, factus - do make
fallax, aci - false, deceptive
fallere, fefellit, falsus - deceive
fames, fame , magna - hunger, famine
famulus , o - se rvant
fanum, o - shrine
felix, ici - happy, successful
femina, a - woman
fere - almost, in general, about
ferox. feroci - fierce
ferre, tulit, latus - bear, bring, carry
ferus, o and fera, a - wild beast
festinare, (1) - hasten
festinus, a, um - speedy, quick
fidelis, e, i - faithful
fiducia, a - confidence, trust
filia , a - daughter
filius, o - son
fingere, finxit, finctus - form, fashion, pretend
finire, ivit, itus - finish, complete
finis, e (poss. pl. - ium) bonus - end
fiunt, fieri, factus est - become, happen (the infinitive is irregular—factus est is really the last part of facere —to be made means the same as: to become)
flagellum, o - whip
flare, avit, atus - blow
flectere, flexit, flectus - bend
flére , flevit . fletus - weep
fluere, fluxit, fluxurus - flow
flumen, flumine, magnum - river
fodiunt,(3), fodit, fossus - dig, pierce
foedus, foedere, bonum - pact, covenant
fons, fonte (poss. pl. - ium), magnus - fountain, spring
foras - forth, to the outside
foris, i, alta - door
forsan - perhaps
forte - by chance
fortis, e, i - brave, strong
fortiter - bravely
fortitudo , dine, magna - strength
forum, o - market, forum
frangere , fregit, fractus - break
frater , fratre, bonus - brother
frigidus, a, um - cold
frons , fronte , longa (pos s . pl. - ium) - forehead, front
frumentum, o - grain
frustra - in vain
fugiunt, fugere, fugit, fugiturus - flee
fulgur, fulgure, clarum - lightning
fundere, fudit, fusus - pour, shed
gens , gente , magna - tribe , people
(Doss. pl. - ium)
gaudére, gavisus est - rejoice
gaudium, o - joy
gemere, gemuit, gemitus - groan
gener, ero - son in law
genu, u - knee
genus, genere, bonum - kind, race
gerere, gessit, gestus - wage, wear
gladius, o - sword

gloriari, (1) - boast, glory
gradatim - gradually
grandis, e, i - great, large
gratia, a - favor, grace, gratitude
gratias agere - give thajiks
gratus. a.um - pleasing
gravis, e, i - heavy
grex, grege, bonus - flock
guttur, ure, magnum - throat
habére, habuit, habitus - have
habitare, avit, atus - dwell, inhabit
haud: same as non
hereditas, tate, bona - inheritance
heri - yesterday
hic, haec, hoc - this
hic (adverb) - here
hinc - from here, hence
hodie - today
hodiernus, a, um - of today, today4s
homo, homine, bonus - man (vir is man in the strictly masculine sense, almost meaning hero, homo is more general, and means merely: human being or mankind)
horreum, o - barn
hortari, (1) - urge, encourage
hostis, i - magnus - enemy
huc - to this place
iacére, iacuit - lie down
iaciunt,(3) iecit, iactus - throw
iam - already
iam pridem - long ago, now for a long time
ibi - there
idcirco - therefore, for this reason
idem, eadem, idem - same
ideo - therefore, for this reason or purpose
idoneus, a, um - fitting, suitable
ieiunare, (1) - fast
ieiunium, o - fast, fasting
igitur - therefore
ignavus, a, um - base, lazy, cowardly
ignis, i, calidus - fire
ignorare, (1) - not know. be ignorant
ignoscere, ignovit, ignotus - forgive (with dative and objective; Caesari multa ignovit - He forgave Caesar many things)
ille, illa, illud - that
illic - there
illuc - to that place
illustrare, (1) - enlighten, adorn, shed light on
imago, imagine, bona - image
imber, imbre, bonus - rain
imitari ,1 - imitate
immo vero - rather, furthermore
immolare, (1) - immolate, sacrifice
immutare. avit. atus - change
impedire , ivit, itus - hinder , impede
imperare - avit, atus - command
imp erator, ore, bonus - general
imperium, o - command, power
impetrare, (1) - obtain (by asking)
impetus , u - attack, onrush
impius, a, um - wicked, impious
implére, implevit, impletus - fill, fulfill
implorare, (1) - beg
imponere, posuit, positus - place in or on
in (w. abl.) - in, on;(w. obj.) - against, for, as, into
incedere, cessit, cessurus - go, walk
incidere, cidit, casus - fall into or upon
incipiunt,(3), cepit, ceptus - begin
incolumis. e.i - unharmed
incumbere, cubuit, cubitus - lean on, attend to
inde - thence, from there.therefore
indicare, (1) - tell, indicate
indigére, diguit (w. poss. or abl.) - need
indignari, (1) - be indignant or angry
inducere, duxit, ductus - bring or lead in
induere, duit, dutus - put on
indulgentia, a - kindness, favor, pardon
indulgére, dulsit, dultus - be favorable, kind, forgiving to (w. dat.)
indurare, avit, atus - harden
inertia, a - sluggishness
inferre, intulit, illatus - bring in infer
infestus, a, um - hostile
infundere, fudit, fusus - pour in
ingenium, o - talent, natural ability
ingrediuntur, gredi, gressus est - enter
inimicus, o - enemy (personal enemy)
iniquitas, tate, male - iniquity, sin
iniquus, a, um - unfair, unjust, evil, uneven
inire, iit, iturus - go in
initium, o - beginning
iniustus , a, um - just
inopia , a - need
inquit - he says in
sempiternum - forever

insidiae.is - ambush, snare
insilire, -siluit - leap on, jump on
insistere, -stitit - persist, stand, attend to, halt
instare, -stiti, -status - press on, be near
instruere, -struxit, -structus - teach, instruct, draw up
insuper - in addition
integer , gra, grum - fresh, untouched
intellegere, -tellexit, -tellectus - understand inter (w. obj.) - between, among
intercludere, interclusit, interclusus - cut off
interea - meanwhile
interficiunt,(3) -fecit, -fectus - kill
intermittere, -misit, -missus - interrupt
interpretari, (1) - interpret
interrogare, avit, atus - question, ask
intrare, (1) - enter
introducere, duxit, ductus - bring in, introduce
introire, iit, iturus - enter
invadere, vasit, vasus - invade, go in
invenire, venit, ventus - find
invidia, a - envy, unpopularity
ipse, ipsa, ipsum - himself, herself, itself
ira, a - anger
irasci, iratus est
ire, iit, iturus - go
irruere, ruit - rush on, attack
is, ea, id - this, that, he, she, it
iste, ista, istud - this, that (often with feeling: "that of yours", or with feeling ita - so of contempt
itaque - and so item - likewise
iter , itinere, magnum - journey
iterum - again
iubére, iussit, iussus - order
iudex, iudice, bonus - judge
iudicium, o - judgement, court, trial
iugum, o - yoke, ridge
iungere, iunxit, iunctus - join, yoke
iurare, (1) - swear
ius , iure , verum - right, law
iustitia. a - justice
iuvare, iuvit, iutus - help, please
iuvenis. e - bonus - young man
iuventus, -tute, bona - youth (time of life)
iuxta (w. obj.) - along, beside, according to labi, lapsus est - slip, glide
labor, ore, multus - work, suffering
lacessere, cessivit, cessitus - harass
laedere, laesit, laesus - injure
laetari, (1) - be glad
laetificare, (1) - make joyful, gladden
laetitia, a - joy
laetus, a, um - glad
lapis, lapide, durus - stone
largiri, -itus est - give abundantly
latére, latuit - lie hidden, escape notice (of)
latus, ere, longum - side
laudare, avit, atus - praise
lavare, (1) (or: lavavi, lotum or lautum) - wash
lectus, o - bed
legere, legit, lectus - read
leo, one .magnus - lion
levare, avit, atus - raise, relieve
levis, e, i - light, mild
lex, lege, bona - law
liber, libro - book
liberare, avit, atus - free
liberi, is (plural only) - children
libido, dine, magna.lust, whim, inclination
licentia. a - permission
licet, licére, licuit, licitum est - it is permitted
ligare, avit, atus - bind
lignum, o - wood
limen, -mine, longum - threshold
lingua, a - tongue, language
locus, o (plural shifts to neuter:loca) - place
loqui, locutus est - speak
ludére, lusit, lusus - play
lugére, luxit, luctus - grieve, mourn
luna. a - moon
lux, luce, magna - light
macula, a - spot
magis - more, rather
magister, -tro - teacher
magnus, a, um - great, large
maior, maius, maiore - greater
maiores - ancestors (merely pl. of maior in special sense)
maledicere, dixit, dictus (w. dat.) - curse
malitia, a - malice, wickedness
malle, maluit - prefer
málum, o - apple
malus, a, um - bad, evil
mandare, (1) - order, send word, intrust
mane (indeclinable) - morning, in morning
manére, mansit, mansurus - remain

manifestare, (1) - show, manifest
mansuetudo, -dine, bona - meekness, mildness
manus, u, longa - hand
mare, i, magnum - sea
mater, matre, bona - mother
matutinus, a, um - morning
maximus, a, um - very great, greatest
Medi, is - Medes
melior, melius, meliore - better
memento (fut.imperat,. pl.:mementote) - remember!
memor, ore - mindful of
memoria tenére - remember
mens, mente, mea - mind (poss. pl.—mentium)
mensa, a - table
mensis , i, unus - month
mentiri, (4) - lie
merces, -cede, magna - pay, reward
merére, meruit, meritus - earn, deserve
meridionalis, e, i - south
merito - deservingly
metus, u - fear
meus, a, um - my, mine
miles , milite , bonus - soldier
mille - 1000, (indeclinable to mean 1000; to mean more than 1000, it is neuter plurali millia followed by poss.)
minimus, a, um - least, smallest
minuere, minuit, minutus - diminish, lessen
mirabilis, e, i - wonderful
mirari, miratus est - wonder, admire
miscére, miscuit, mixtus - mix, join
miseréri, itus est (w. dat. or poss,) - have mercy or pity on
misericordia. a - mercy, pity
Mithradates, e, malus - Mithradates
mittere, misit, missus - send
moderari, (1) - regulate, moderate, restrict (w. dat.)
modestus, a, um - modest, quiet, moderate
modicus , a , um - little, moderate
modus, o - manner, way, measure, limit
mola, a - mill, meal
monére, monuit, monitus - warn, advise
monitio , ione , bona - advice, warning
mons, monte, magnus - mountain
monstrare, monstravit, monstratus - show
mora, a - delay
morari, moratus est - delay, stay
moriuntur, mori, mortuus est - die
mors, morte, bona - death
mos, more, bonus - custom, habit (in plural: morals, character)
movére, movit, motus - move
mox - soon
mulier -re - bona - woman
multus , a, um - much, many
mundare, (1) - cleanse, purify
mundus, o - world
munire, (4) - fortify, strengthen
munus, munere, bonum - duty, gift, bribe, function
murus, o - wall
mutare , avit , atus - change
mysterium, o - mystery, rite
nam - for
narrare, -avit, -atus - tell
nasci, natus est - be born
nauta. a - sailor
navigare, navigavit, navigatus - sail
navis, i, longa - ship
ne - lest
ne...quidem - not even (Lat.word comes in between, but is transl. after the quidem)
nec (neque) - and not: nec. nec - neither... nor
necare, (1) - kill
necesse (indecl.) - necessary
negare, avit, atus - deny, say no, refuse
negotium, o - business ,trouble
nemo, nemine (has no poss.) - no one
nequaquam - by no means
nescire, nescivit, nescitus - not know
neuter, tra, trum - neither
nihil - nothing;
nihil certi - nothing certain
nihilorninus - nevertheless
nimis (adverb) - very, exceedingly, too
nimius, a, um - excessive - very great
nisi - unless, except if... not
niti, nisus est - lean on (w. abl.(, strive)
nocére, nocuit, nociturus - harm (w. dat.)
nolle, noluit, - be unwilling
nomen, nomine, bonum - name
non - not, no
nondum - not yet
non iam - no longer
non nisi - only
non solum...verum etiam: - not only.. but also
noscére, novit, notus - learn (but the perfect means:

has learned, and therefore knows.)
notare, (1) - note, mark
novus, a, um - new
nox, nocte, longa - night
nubes, e (poss. pl. - ium), magna - cloud
nullus, a, um - no one
num - whether
numerare, avit, atus - count, number
numquid : same as: num
nunc - now
nuntiare, 1 - announc e
nuntius, o - messenger, message
ob (w. obj.) - on account of
obedire, obedivit, obeditus - obeyCw. dat.)
oblatio, one, bona - offering
oblivisci, oblitus est - forget (w. poss. or obj.)
obsecrare, (1) - beg
observare, (1) - observe, keep, respect
obsidere, sedit, sessus - besiege
obviam (adverb) - to meet (w. dat.)
occidentalis. e.i - western
occidere, occidit, occisus - kill
occupare, (1) - seize, occupy
occurrere, -currit, -cursus (w. dat.) - meet, come to meet
oculus, o - eye
odit, osurus - hate
odium, o - hatred
offerre, obtulit, oblatus - offer
oleum, o - oil
omnino - altogether, at all, in all
omnis, omne, i - all, every
onus , onere, durum - burden
operam dare - take care, apply self to, exert self
operatio, one, bona - work
operire, peruit, pertus - cover
oportet, oportére, oportuit - it is necessary, it is proper
oppidum, o - town
opprimere, pressit, pressus - crush, oppress
oppugnare, (1) - beseige
ops, ope, bona - help, resources
optare, (1) - wish
optimus, a, um - best, very good
opus, opere, magnum - work
opus est (w. abl.) - there is need of
orare, avit, atus - beg, pray
oratio, ione, magna - speech, prayer
orationem habére - give a speech
ordo, ordine, bonus - row, order, rank
orientalis, e, i - eastern
oriuntur, oriri, ortus est - rise, arise
ornare, (1) - adorn, decorate
ós, ore, magnum - mouth
os, osse, durum - bone (note difference from ós - mouth)
osculari, (1) - kiss
ostendere, ostendit, ostensus - show
ostium, o - door
ovis, i, parva - sheep
pacificus, a, um - peaceful
pactum, o - pact, agreement, covenant
panis, e - bonus - bread
par, pari - equal, like
parare, avit, atus - prepare
parcere, pepercit, parcitus (or:parsus) - spare (w. dat.)
pariter - likewise, equally, together
pariunt,(3), peperit, partus - bring forth
pars, parte (poss., - ium) , bona - part
parum - little, too little parvus, a, um - small
pascere, pavit, pastus - feed, nourish
pasci, pastus est - feed on (w. abl.)
passim - here and there, scattered
pastor, ore, bonus - shepherd, herdsman
pater, tre, bonus - father
patére, patuit - lie open, be exposed, be free
patiuntur, pati, passus est - suffer
patres conscripti - senators
patria, a - fatherland, home land
patrocinium, o - patronage , help
pauci, ae, a (plural only) - few
pax, pace, bona - peace
peccare, avit, atus - sin
peccatum, o - sin
pectus, ore, magnum - heart, breast
pecunia. a - money
peior, peius, peiore - worse
pellere, pepulit, pulsus - drive, rout
pendere , pependit - hang , be suspended
per (w. obj.) - through
percutiunt, percutere, percussit, percussus - strike
perdere, didit, ditus - destroy, ruin, lose
perfodiunt,(3), fodit, fossus - pierce, dig through
perfrui, fructus est (w. abl.) - enjoy thoroughly
pergere, perrexit, perrectus - proceed, go on

periculum, o - danger
permittere, misit, missus - permit
(permisit hoc Marco)
perseverare, avit, atus - continue, persevere
persuadere, -suasit, -suasus - persuade (w. dat.)
perterrére, -terruit, -territus - terrify greatly
pertinére, pertinuit, : pertain. belong
pes, pede, magnus - foot
pessimus, a, um - very bad, worst
petere, petivit, petitus - ask, seek
petitio, one, bona - petition, request
pietas, tate, bona - piety, devotedness
piger, gra, grum - lazy
pinguis, e, i - fat
pius, a, um - pious, devoted
placare, (1) - appease
placet, placére, placuit, placitum est (w. dat.) - it pleases, it is decided
plaga. a - blow, plague
plangere, planxit, planctus - lament, wail
planus, a, um - flat
plenus, a, um - full
plurimus, a, um - very many, most
plus, plure (in sing. Neut only; plural: plures, plura—two termination
type, with - ium poss. plural) - more
pluvia, a - rain
poena. a - punishment
poenitentia, a - penance, repentance
poenitet (paenitet), ére, ituit - cause to repent
(poenitet eum - he repents)
pollicéri, pollicitus est - promise
pondus, ere, magnum - weight
ponere, posuit, pontus - put, place
pons, ponte, longus - bridge
pontifex, fice, magnus - priest
porro - then, moreover
porta, a - gate, door
portare, avit, atus - carry
posse, potuit - be able
possidére, possedit, possessus - possess
post (w. obj.) - after
postea - afterwards
postmodum - afterwards, shortly
postquam - after
postremus, -a, -um - last
postulare, (1) - ask, demand
potens, enti - powerful
potestas, tate, magna - power
prae (w. abl.) - because of, more than
praebére, praebuit, praebitus - furnish, offer
praecedere, -cessit, -cessurus - go before
praecidere, -cidit, -cisus_cut
praecipiunt, praecipere, praecepit, praeceptus - command
praeco, -cone, bonus - herald
praeda, a - booty, plunder
praedicare, (1) - preach, proclaim
praedicere, dixit, dictus - foretell
praeficiunt, praeficere, fecit, fectus - put someone in charge of something (praefecit Iosephum frumento)
praemium, o - reward
praepositus, o - chief, one in charge
praesertim - e specially
praesidium, o - protection, garrison
praestare, stitit, stitus - grant, surpass, show, be better
praeter (w. obj.) - beyond, besides, except
praeterea - besides . furthermore
praeteritus, a, um - past
praetermittere, -misit, -missus - pass by, omit
praevalére, valuit, valiturus - prevail
praevidére, vidit, visus - foresee
precari, (1) - pray
precatio, one, bona - prayer
premere, pressit, pressus - press
pretiosus, a, um - precious, rare
prex, prece, bona - prayer
primus , a, um - first
princeps, cipe, magnus - chief, leader
principium, o - beginning
prius - before, earlier
priusquam - before
privare, privavit, privatus - deprive (w. abl.)
pro (w. abl.) - for
probare, avit, atus - prove, test
prodesse, profuit, profuturus - be profitable to (w. dat.)
proelium , o - battle
profanare, avit, atus - defile
profecto - surely, definitely
proferre, protulit, prolatus - bring forth
proficisci, profectus est - set out
prohibére, prohibuit, profhibitus - prohibit, prevent
proiciunt, proicere, iecit, iectus - throw forth
proles, e - bona, offspring, child

promittere, misit, missus - promise
pronus, a, um - prostrate prope - near
propitius, a, um - merciful, kind
proponere, posuit, positus - propose
proprius , a, um - own, one's own, proper
propter (w. obj.) - on account of
propterea - therefore. for that reason
proscribere, -scripsit, -scriptus - proscribe, list
protegere, texit, tectus - protect
proximus, a, um - next, nearest (as noun: neighbor)
puella. a - girl
puer, puero - boy pugna, a - battle
pulcher, chra, chrum - beautiful
pulvis, pulvere, multus - dust
punire, punivit, punitus - punish
putare, avit, atus - think
quaerere , quaesivit, quaesitus - seek
qualis, e, i - such, what kind
quam - than, how (w. adv.)
quamdiu - as long as
quamquam - although
quando - when
quantus, a, um - how great
quare - why
-que - and
quemadmodum - how, just as
queri, questus est - complain
qui, quae, quod - who, which, that
quia - because, that (ind. disc.)
quicumque , quaecumque , quodcumque (decline only the "qui") whoever, whichever, whatever
quid - what?, why?
quidam, quaedam, quiddam - certain
quiescere, quievit, quietus - become quiet, rest
quis, quid - who, what?
quis, quid - someone, anyone (indef.)
quisquam, quicquam (or: quidquam; decline the quis part, not the quam) - anyone, anything
quisque, quaeque, quidque (or iquodque) - each, each one (unus quisque—each and every one)
quisquis, quidquid (decline both parts) - whoever, whatever
quod - because, that (ind. disc.), the fact that, as to the fact that
quod si - but if
quomodo - how;
quomodo...sic - just as...so also
quoniam - since, that (ind. disc.)
quoque - also, even (never first word)
quotidie - daily
rapiunt, rapere, rapuit, raptus - seize, snatch
recedere, cessit, cessurus - go back, recede
recensére, censuit, censitus - review, examine, search
recipiunt, recipére, cepit, ceptus - take back, recipére se - retreat
recordari, recordatus est - remember (w. poss.)
recreare, (1) - refresh, remake
recusare, (1) - refuse
redarguére, guit, gutus - refute, contradict
reddére, reddidit, redditus - give back return
redimere, emit, emptus - redeem, buy back
redire, rediit, rediturus - return, go back
reducere, duxit, ductus - lead back, reduce
referre, retulit, relatus - bring back, report
refert (impersonal) - it makes a difference, it is important
reficiunt,(3), fecit, fectus - remake, restore
regere, rexit, rectus - rule
regina, a - queen
regio , one , magna - region
regius, a, um - royal
regnare, avit, atus - reign
reiciunt,(3) -iecit, -iectus - reject, throw back
relinquere, reliquit, relictus - leave
reliquus, a, um - rest of (used like medius: middle of)
remanére, mansit, mansurus - remain
remittere, misit, missus - send back
reperire, reperuit, repertus - find, find out
replére, -plevit, -pletus - fill
reprehendere, hendit, hensus - criticize
reprobare, (1) - reject
repromittere, misit, missus - promise
reputare, (1) - think, consider, reckon
requies, e (5th) - rest
requiescere, requievit, requietus - rest
res, re (5th) - thing
resistere, stitit (w. dat.) - resist
respondére, respondit, responsus - answer
responsum, o - answer
respiciunt, spexit, spectus - consider, look back on, look on with favor
res publica - state.republic
restituere, restituit, restitutus - restore
retinére, retinuit, retentus - keep back, retain

revelare, (1) - reveal
reverti, reversus est - return
revocare, avit, atus - recall
rex, rege , magnus - king
rogare, avit, atus - ask
rotundus, a, um - round
ruber, rubra, rubrum - red
ruere, ruit, rutus - fall, rush
rumpere, rupit, ruptus - break
sacerdos, -dote , bonus - priest
sacramentum, o - mystery, sacred thing, sacrament
saeculum, o - century, age
saepe - often
saltem - at least
salus, salute - safety, salvation, health
salvare, (1) - save
sanare, (1) - heal
sanctificare, - make holy, sanctify
sanguis, sanguine, bonus - blood
sapiens, enti - wise
sapientia, a - wisdom
satiare, (1) - satisfy
satis - sufficiently, very, enough
scelestus, a, um - wicked, criminal
scientia, a - knowledge
scilicet - that is, namely, I suppose (ironic)
scindere, scidit, scissus - cut, tear, rend
scire, ivit, itus - know
scribere, scripsit, scriptus - write
scriptor, ore, bonus - writer
scyphus , o - cup
secedére, cessit, cessus - withdraw
secularis (saecularis) e, i - secular, worldly
secundum (w. obj.) - according to, following
secundum quod - according as
secundus, a, um - second, successful
sed - but
sedére, sedit, sessurus - sit
sedes, e, dura (poss. pl.may be - ium) - seat
semel - once
semen, mine, bonum - seed, descendant (s)
seminare, (1) - sow
semper - always
sempiternus, a, um - eternal
senator, ore, magnus - senator
senatus , u - senate
senex, sene, bonus - old man
sententia. a - opinion, motto
sentire, sensit, sensus - feel, realize, perceive
seorsum - separately
separare, (1) - separate
sepelire, (4) - bury
septentrionalis, e, i - northern
sequi, secutus est - follow
sermo, one , bonus - word, conversation
servare, avit, atus - save
servire, (4) (w. dat.) - serve, be slave to
servus, o - slave
si - if
siccus , a, um - dry
sicut - as, just as, as if
signum, o - sign, signal, standard
silére, siluit - be silent
silva, a - forest
similis, e, i - like, similar (w. poss or dat.)
simul - at the same time
simulare, avit, atus - feign, pretend
sin - but if
sine (with ablative) - without
sinere, sivit, situs - allow, permit
singuli, ae, a (plural only) - one at a time, each
sinister, tra, trum - left
sive... sive - whether... or
socius , o - ally, companion
sol, sole, bonus - sun
solére, solitus est - be accustomed
solium, o - throne
solus, a, um - alone, only
solvere, solvit, solutus - loose, pay, free
soror , ore, bona - sister
sors, sorte, bona - lot
spargere, sparsit, sparsus - scatter
Spartiates. a - Spartan
speciosus, a, um - beautiful, handsome
spectare, avit, atus - look at
spelunca, a - cave
sperare, avit, atus - hope
spernere, sprevit, spretus - scorn, despise
spes, e (5) - hope
spiritus, u - spirit, breath, wind, life
spolium, o - plunder, spoils
stare, stetit, staturus - stand
statim - at once
statuere, statuit, statutus - set, decide, establish
stultus, a, um - foolish
stupére, stupuit - be amazed

suadére, suasit, suasus (w. dat.) - persuade
sub - under (cases are like in—obj. for motion; abl. for rest)
subiciunt, subicere, -iecit, -iectus - subject
subito - suddenly
sublimis , e, i - lofty, sublime
subsidium, o - help, aid
subvertere, vertit, versus - overturn, destroy
succendere, cendit, census - enkindle, arouse
sui, sibi, se, se - himself. etc.
sumere, sumpsit, sumptus - take, assume
sumere supplicium de eo—exact punishment from him
super (w. obj.) - above, over
superbus , a, um - proud
supplicium, o - punishment
suscipiunt, suscipere, -cepit, -ceptus - undertake, take
suscitare, (1) - raise up
suspendere, pendit, pensus - hang
sustinére, sustinuit, sustentus - withstand, hold up, bear
suus, a, um - one's own, his, hers, its, theirs
tabernaculum, o - tent, tabernacle
tabula, a - table, picture
tacére, tacuit, tacitus - be silent
talis, e, i - such
tam - so
tam...quam - both - ... and; as well... as tamen - nevertheless
tangere, tetigit, tactus - touch
tantum - only
tantus, a, um - so great, so large
tectum, o - roof, house
tempus, tempore , longum - time
tendere, tetendit, tentus (tensus) - stretch, spread
tenebrae. is - darkness
tenére, tenuit, tentus - hold, keep
tentare , (1) - test, try, tempt
terra, a - land
terrenus, a, um - earthly, of earth
terrére, terruit, territus - terrify
testari, (1) - testify, bear witness
testis , i, verus - witness
thesaurus, o - treasure, treasury
timére, timuit - fear
tollere, sustulit, sublatus - remove, take lift, raise
torquere , torsit, tortus - twist, torture
torrens, enti - stream
totus, a, um - whole
tradere, tradidit, traditus - hand over
trahere, traxit, tractus - draw, drag
trans (w. obj.) - across
transgrediuntur,(3), gressus est - cross over, transgress transire, iit, iturus - cross
tribuere, buit, butus - assign, give
tribunus, o - tribune
tribus, u, bona - tribe
tum - then
tunc - then
turba, a - crowd, mob
turbare, (1) - disturb
turris, i - magna - tower
tutus , a, um - safe
ubertas, -tate, magna - fertility, richness
ubi - where
ubicumque - wherever
ulcisci, ultus est - avenge, punish (ulc. se de ... - any avenge self on)
ultimo - at last
ultimus, a, um - last
ultra (adverb and prep.w. obj.) — more, further, beyond
unde - whence, from where
undique - on all sides, from all sides
ungere, unxit, unctus - anoint
Unigenitus, o - Only begotten (Christ)
unusquisque (decline both parts) - each & every one
urbs, urbe, magna - city
urere, ussit, ustus - burn
usque ad - as far as, even to, up to
ut - that (with subj.); as, when (w.ind.);
ut...ita - just as...so also
uti: same as ut
uterque, traque, trumque - each, both
utrum - whether
uxor, ore, bona - wife
vacuus, a, um - empty
vadere (no other parts) - go
valde - very
valére, valuit - valiturus - be strong, well, able
vallis, e (poss. pl. - ium) - bona - valley
vas, vase, parvum - vessel, utensil (in pl.: vasa, is)
vastare, (1) - lay waste
vates, i - bonus - soothsayer, prophet
vehemens, -menti - forceful

vehere, vexit, vectus - convey (pass .ride on)
vel - or, even
velle, voluit - wish
vendere , vendidit, venditus - sell
venerari, (1) - venerate, honor
venia, a - pardon
venire, venit, venturus - come
ventus, o - wind
verbum, o - word
veréri, veritus est - reverence, fear
veritas , tate, bona - truth
vero - but
vertere, vertit, versus - turn, change, translate
vertex, tice, altus - peak, eddy
verumtamen - however
verus, a, um - true
re vera - in truth, really
vesci (no other parts) - eat (often w. abl.)
vestigium, o - footprint, trace
vestis, i - bona - garment
vetus, vetere - old
vexare, (1) - trouble, torment
via, a - way, road, means
victoria. a - victory
vidére, vidit, visus - see
vigilare, (1) - watch, be awake
vigilia. a - watch, guard
vincere, vicit, victus - conquer
vincire, vinxit, vinctus - bind
vincuium, o - bond, chain
vinum, o - wine
vir, viro - man
virgo, virgine , bona - virgin, maiden
vis (obj.: vim; abl.: vi; plural: vires, ium, etc.) - force, strength
viscera, -ibus - entrails
vita. a - life
vitium, o - vice, fault
vitulus , o - calf
vivere, vixit, victurus - live
vivit Dominus - as the Lord lives (oath) - followed by a quia that is not translated
vix - hardly, scarcely, with difficulty
vocare, vocavit, vocatus - call
vociferari, (1) - shout
volatile, i, bonum - flying thing, bird
voluntas, tate, bona - will
voluptas, tate, parva - pleasure
volvere, volvit, volutus - roll
vox, voce, magna - voice
vulnerare, (1) - wound
vulnus, vulnere, magnum - wound
vultus , u - face, appearance
zelus, o - zeal, emulation

ENGLISH TO LATIN VOCABULARY
DANGER! ! ! ! HANDLE WITH CARE ! ! !

There is nothing else so treacherous in this book as this vocabulary. Used carelessly, the results can be ridiculous, as what one student did with such a vocabulary as this. He wrote "*hiems sub ubi*" (hiems=winter), Figure it out for yourself.

Not all words used in the sentences are given here—it is presumed you know the verb esse, and magnus, parvus etc: As to proper names, make comparisons to the sections of the stories indicated. In general, no parts of the words are given b since the parts are in the Latin to English.

act - agere
adorn - ornare
advise - monére
afraid (be) - timére
alive (be) - vivere
alone - solus
altar - ara, altare
ancestral - patrius, a, um
angel - angelus
angry (be) - irasci
announce - nuntiare
anoint - ungere
answer - respondére
arise - surgere
ark - arca
army - exercitus
arrow - sagitta
ascend - ascendere
ask - rogare
ass - asinus
attack - impetus
believe - credere
belong to - pertinére ad
(or esse w. poss.)
bend - flectere
beseige - obsidére
blaspheme - blasphemare
body - corpus, cadaver (dead)
book - liber
bread - panis
bring about - efficiunt
bronze - aeneus
build - aedificare
burden - gravare
business - negotium
buy - emere
calf - vitulus
call - vocare. appellare
call on - invocare
call together - convocare,
congregare
camel - camelus
camp - castra
captivity - captivitas
capture - capiunt
carry - portare
cave - spelunca
city - urbs
cloud - nubes
collapse - corruere
come - venire
come out - evenire
come together - convenire
complete - complére, perficere
concern - interest, refert
condemn - damnare
conquer - vincere
consume - consumere
country - rus, rure (bonum)
danger - periculum
dare - audére
day - dies
dead - defunctus
death - more
delay - morari
deprive - privare
descend - descendere
desert - desertum
deserted - desertus
desire - desiderare, cupiunt
despise - despiciunt, contemnere
destroy - delére
devoid of - expers, perte
devout - pius
die - moriuntur
disgusted - fastidiens
divide - dividere
dream - somnium
dry up - siccare
eat - vesci, comedere
enemy - hostis. inimicus
enjoy - frui
enter - ingrediuntur, inire
entice - sollicitare
escape - evadere, effugiunt
establish - constituere
eternal - aeternus
even - etiam
everyday - quotidie (cottidie)
example - exemplum
experienced - peritus
face - facies
faithful - fidelis
fear - timére
fear - timor
fiery - ignitus
fight - pugnare
f ind - invenire
fine - multa, a

fire - ignis
flex, pulex, -ice
flow - fluere
follow - sequi
food - cibus
forbid - vetare
forget - oblivisci
forgive - ignoscere (w. dat.)
for sake of - propter (w. obj.)
friend - amicus
fulfill - complére, implére
gentiles - gentes
gift - donum, munus
girl - puella
give - dare
give over - tradere
go - ire
go down - descendere
gold - aurum
greedy - avarus
hand - manus
hand over - tradere
happen - accidere
harm - nocére
heal - sanare
hear - audire
heart - cor
hlep - auxilium
help - adiuvare
hide - abscondere
hinder - impedire
holocaust - holocaustum
holy - sanctus
honor - honorare
horse - equus
house - domus
incense - incensum
interpret - interpretari
irk - piget
journey - iter
judge - iudex, ice
judge - iudicare
just - iustus
keep - custodire
kill - interficere
king - rex
knee - genu
land - terra
last - novissimus
law - lex
lead - ducere
legumes - legumina (n. pl.)
lie down - iacére
lie - mentire
light - lux
look at - spectare, aspiciunt
Lord - Dominus
love - amare, diligere
make - faciunt, efficiunt
mantle - pallium
meat - carnes (usually in pl.)
mile - mille passuum
minister - ministrare
molten - conflatilis , e, i
money - pecunia
moon - luna
morning - mane
mount (ain) - mons
murder - homicidium
murmur - murmurare
murmuring - murmuratio, one
nation - gens , natio
number - numerus
obey - obedire
obtain - obtinére
odor - odor, foetor
offer - offerre
order - imperare, iubére
part - pars
peace - pax
people - populus
perhaps - forsan
permit - permittere, licet
persuade - persuadére
pillar - columna
play - ludére
please - placére
pork - carnes porcinae
power - potestas
powerful - potens
pray - orare
prefer - malle
pretend - simulare
prevent - impedire, prohibére
price - pretium
priest - sacerdos
prolong - prolongare
promise - promittere, pollicéri
prophet - propheta
protect - protegere, defendere
proud - superbus
punish - punire
quail - coturnix, -ice
queen - regina
question - interrogare
reason - ratio, one
receive - accipere
refuse - recusare
regret - paenitet
reign - regnare
reject - abiciunt, reiciunt, reprobare
remember - memini
reproach - exprobrare (w. dat.)
rest on - inniti
resurrection - resurrectio
return - reverti, redire
reward - praemium
ride on - vehi, vectus (w. abl.)
rock - petra
royal line - semen regium
sacrifice - sacrificium
safety, salvation - salus
sanctuary - sanctuarium
save - salvare, servare
scorn - contemnere
see - vidére, conspiciunt
send - mittere
sentence - sententia
serpent - serpens
servant - servus
serve - servire
sex - sexus , u
sharer, sharing - particeps, ipe
sheep - ovis
shout - clamor
sight - conspectus
sign - signum
sin - peccare
sin - peccatum
sling - funda
son - filius
spare - parcere
spirit - spiritus

staff - baculus
stone - lapis
stop - stare
strike - percutiunt
study - studium
sun - sol
swallow - deglutire
sword - gladius
take - capiunt, sumere
take possession of - potiri (w. abl.)
teach - docére
tell - dicere
temple - templum
temptation - tentatio, temptatio
terrify - terrére
terror - terror
three times - tres vices, ter
time - tempus
today - hodie
transgress - transgrediuntur, praevaricari
travel - iter facere
treasure - thesaurus
tribe - tribus
troublesome - molestus
trust in - confidere in (w. abl.)
truth - veritas
twice - bis
understand - intelligere
urge - hortari
voice - vox
walk - ambulare
wall - murus
want - velle, cupiunt
watch - spectare
water - aqua
weep - flére
whether - utrum, num
whole - totus
widow - vidua
will - voluntas
wisdom - sapientia
wish - velle, optare
woman - mulier, femina
work - labor, opus, ope ratio
worship - colere
worthy - dignus
write - scribere
year - annus

Printed in Great Britain
by Amazon

53990417R00163